海外中国研究文库

皇帝的四库

乾隆朝晚期的学者与国家

[美] 盖博坚（R. Kent Guy）/著
郑云艳/译

THE EMPEROR'S
FOUR TREASURIES
SCHOLARS AND THE
STATE IN THE LATE CH'IEN-LUNG ERA

中国人民大学出版社
·北京·

中文版序

每一部书都是在特定背景下撰写的,都是为了解决某些特定的问题。在给郑云艳女士翻译的中文译本作序时,我也想谈一谈这部书的撰写背景。《皇帝的四库》一书撰写于美国对近代中国历史研究的转型时期。1960 年代和 1970 年代出现的大量作品都在关注 19 世纪的中国,以及它所代表的儒家秩序所面临的挑战。当年《皇帝的四库》成书后则被视作清史研究的新一代作品。这一代人尤其关注 18 世纪。他们深信,通过对西方到达中国之前的时期进行研究,可以更好地衡量 19 世纪清朝的实力。在 1980 年代,新出现了一批有关 18 世纪的作品。它们大部分被视作社会史作品,包括有关抗灾机构、仓储机构和治水机构等的社会史作品。这是由于受到了 1970 年代西方史学的社会史转向的影响。并且,越来越多的人认为,清政府代表着一个非常薄弱的阶层,依赖于一个庞大且基本上自治的社会。

《皇帝的四库》一书关注朝廷,以及当时与众不同的学者。在选择该研究主题时,我受到了以往有关俄罗斯历史研究的影响。在俄罗斯历史上,学者对国家的态度转变问题是一个十分重要的问题,而"知识分子(intelligentsia)"一词就是被创造出来描述那些反对国家的学者的。清朝中国存在这么一个群体吗?在西方武力到达中国的前夕,学者对清朝的态度如何?当我向哈佛大学的余英时教授请教这样一个问题时,他建议我研究一下《四库全书》。在《四库全书》编纂项目中,学者与国家进行着互动,并体验着国家的支持和控制。这似乎是考察学者的政治态度的良好机会。

我的研究结论是,18 世纪晚期中国最杰出的学者都自愿,甚至热情地参与了这一帝国项目。事实上,他们开始想象他们最重要的一些目标可能会通过《四库全书》编纂项目得以实现,包括重建中国的古代黄金时代的目标。我强调了该项目成果在多大程度上反映了参与者的标准和目标。其中肯定存在审查。许多存世图书未被收入《四库全书》之中,因此该丛书并没有很好地反映清朝和满族的治理。但中国国家在学术界所扮演的角色已经被广泛接受了;事实上,这种角色是中国传统国家的本质。我试图突出这个角色。当然,我不是有意为该政权的许多残忍行为做辩护。

自《皇帝的四库》成书以后,人们对《四库全书》的了解也越来越多。该丛书已经被全部重印,并出现了多种可供选择的版本。许多新资料被发现了,有关校阅和审读图书的机制和途径也被人做了更加细致的研究。大量没有被收入《四库全书》的图书也被收集起来,并成为一部新的丛书——《续修四库全书》。这对许多领域的研究者来说都大有裨益。随着相关知识的增多,学者也开始提出与1980年代不一样的问题。学者和当权者之间存在着一个特殊而又珍贵的关系,我希望我在《皇帝的四库》中所提出的这一观点,在21世纪仍然为人所认可。

盖博坚(R. Kent Guy)
西雅图,2018年

致　谢

这部书源于我在哈佛大学的博士学位论文。感谢博士生导师史华兹（Benjamin I. Schwartz）教授对我的指导，以及其他前辈给我提供的研究灵感。余英时先生最早与我讨论了本研究话题，且在关键时刻给我提供了不少相关参考书目和机构信息，并鼓励我做进一步研究。孔飞力（Philip Kuhn）教授是促使我从事中国研究和教学的重要动力。白彬菊（Beatrice S. Bartlett）教授、陈捷先教授、康浩（Paul J. A. Clark）、杜敬轲（Jack L. Dull）、艾尔曼（Benjamin Elman）、傅礼初（Joseph Fletcher）、费正清（John K. Fairbank）、柯伟林（William Kirby）、韩书瑞（Susan Naquin）、史景迁（Jonathan Spence）、铃木中正（Suzuki Chusei）、吴哲夫、吴才德（Alexander B. Woodside）和尹讲义（Yin Chiang-yi）都给过我许多珍贵的看法和建议；华盛顿大学历史系的中国史研究专家们及其举办的研讨会，以及耶鲁大学、哈佛大学、华盛顿大学和鲍登学院历史系的学者们也给了我很多帮助。虽然我无法在本研究中悉数采纳他们的建议，但是我十分感谢他们的评议。京都大学人文科学研究所中国图书馆、台北"故宫博物院"、北京中国第一历史档案馆、哈佛燕京图书馆和华盛顿大学东亚图书馆的工作人员给我提供了很多帮助，为我查找相关资料节约了大量时间。杜泰池（Deane Thatcher Deane）、安东尼·费尔班克（Anthony Fairbank）、约翰·赫尔曼（John Herman）和丹雅·陈·赫尔曼（Tanya Ch'en Herman）在该书出版过程中付出了许多劳动。我尤其需要感谢的是华盛顿大学国际研究学院的研究人员和行政人员，以及先后担任该学院院长的杜敬轲和尼古拉斯·拉迪（Nicholas R. Lardy）先生，在本书最终定稿阶段给予我的支持和帮助。

《四库全书》是在乾隆皇帝、二百余位学者、不计其数的藏书家和其他工作人员的通力合作下，耗时二十余年，方编纂而成的。相比而言，我的这部书虽然耗时较短，贡献相对较少，但是也同样需要寻求多方支持方得以完成。现在我终于可以向上文已经提及和未能提及的诸位同事、学生、亲人和朋友表示诚挚的谢意，感谢他们为本研究提供的支持和帮助。

目 录

第一章 引 言	1
第二章 帝国的动机	8
一、清代之前的政策和特权	9
二、清代背景	14
三、乾隆统治时期的皇家出版及审查	24
四、1771年诏谕	31
第三章 学者的回应	34
一、18世纪的考证学	35
二、朱筠的圈子及其重要意义	44
三、朱筠的奏折	51
第四章 乾隆朝的学者和官僚：《四库全书》的编纂	62
一、乾隆朝廷的决策：《四库全书》馆的建立	64
二、校勘人员及其投入	73
三、图书采集和审查	82
四、原谅和恩宠：讹误清单和清朝行政管理	89
五、成果	98
第五章 对审稿人的考察：学术派别与《四库全书总目》	114
一、《四库全书》与汉学：邵晋涵的提要稿	117
二、《四库全书》与宋学：姚鼐的提要稿	133
三、宋学渊源及其意义：一个假说	147
第六章 吹毛求疵：错误审查	150
一、活动的起源（1772年2月—1774年9月）	151
二、文字审查的发展（1776—1782）	158

三、个案研究：江西祝氏家族的诉讼案 ……………………… 175
四、审查活动的系统化（1780—1782） ……………………… 181
五、18世纪的史书审查和史学 ………………………………… 187

第七章　结　论 …………………………………………………… 191

注释中使用的缩略语 …………………………………………………… 197
参考文献 ………………………………………………………………… 199
词汇表 …………………………………………………………………… 217
索　引 …………………………………………………………………… 238
译后记 …………………………………………………………………… 259

第一章
引　言

　　1772年冬，乾隆皇帝发起了《四库全书》编纂项目。为此，他命令地方官员搜寻、汇报和抄写其辖区内各藏书楼所藏珍稀图书，并呈送北京。与此同时，乾隆皇帝要求私人藏书家自愿将其藏书呈送北京。1773年3月，朝廷在北京设立了专门的管理机构，以接收各地上呈的图书，以及评估图书的内容。因此，该项目的工作人员不断增加。最终有七百名纂修者、校勘者和誊抄者参与此事，其中包括了不少当时的政界和学界要员，经过二十二年的编辑和校勘方形成最终成果。其成果体现在一部含一万零六百八十种图书的目录之中，该目录将图书分为四类（经、史、子、集）。其成果还体现在一部含三千五百九十三种图书、共三万六千余卷的大型丛书之中。此编纂过程也存在一个黑暗面：朝廷在1770年代晚期和1780年代早期发起的图书审查运动。据称，该运动共销毁了两千四百种图书，另外四百到五百种图书被朝廷责令修改。毋庸置疑，《四库全书》具有重大的文献学意义。但在某种程度上，《四库全书》编纂过程中涉及的图书采集、修订、审查过程的意义更大。这对了解《四库全书》的编纂时代，以及该时代的一个重大问题，更具有启发意义。

　　这个重大问题就是"中华帝国知识分子在政府中充当的角色"问题，该角色是大量中国文人从事创造活动的基础。以往许多具有代表性和创新性的研究，都涉及了中国知识分子的政治和社会功能，但是尚未形成定论。在中国，人们经常用观念、特权和制度等复杂的网络系统来定义学者的角色。尽管整个帝制时期的中国思想家及启蒙运动以来的西方思想家，都将中国视为一个权力与学术紧密结合的国度，但令人惊讶的是，无论是中国、日本学者，还是西方学者，他们都没能勾勒出中国政府对学术和文献享有的特权，也没有探究过中国知识分子对学术和文献的态度。中国历代官方发起的图书采集和审查活动，最为清晰地揭示了这种特权和态度。比如说，知识分子和统治者通过编纂《四库全书》，共同定义了皇权的本质，并探索了皇权的限度。

该定义和探索过程，则是发生在中国特有的制度体系之下的。在中国，从理论上来说，唯一合理的统治术便是德治，而德治的特征及其运行机制又是被儒家经典定义，并通过学者对儒家经典的注疏而得以阐发的。对儒家经典的管理，以及对儒家经典进行修改的特权，是昭示某王朝统治合法性的重要基础。因此，与儒家经典相关的管理机构在中国统治机关中占有重要的地位，且远远超过了西方。相应地，这些机构的发展历史，也更能揭示中国政治发展的驱动力。中国官僚精英不仅参与了保存经典的活动，而且在评论经典时，他们还尤其强调一些重要问题，诸如在政策制定中所需要考虑的文本先例和历史先例问题，皇帝所充当的创造者、仲裁者或者学术圣人的多重角色问题。学界（尤其是西方学界）对相关问题的研究，如对中国考试制度、翰林院以及礼部的研究，存在着明显不足。因此，我们对传统社会的印象也不够准确。我们往往认为，中国是被集权的独裁者及其追随者控制着的，而他们不可能与那些理想主义者和常以隐士身份存在的儒者，通过协商形成共识。① 如果以上研究不足可以被弥补，那么，中国儒家帝国体系下的政治生活的本质和特征，将会变得更加清晰。

帝国学术机构不仅是政府理念的反映，也同时影响着政府理念本身。诸如思想与言论自由，以及宗教与国家分离的概念，已经成为西方政治体系不可缺少的一部分。因此，西方人很难想象，在一个统治者身影无处不在的社会，其知识分子的创造力将会以什么形式呈现。确实，这已经成为西方人认识中国的障碍。西方人很难理解中国也经历过真正的学术发展、活跃和变化的历史。中国学者对人性的一致理解，以及中国政府的专制，阻碍了历史学家寻找其中所蕴含的变化和带有争论性的因素。我虽然认可"思想和言论自由是理想秩序的必要特征"这一观点，但是，在下文中，我将主要试图论证

---

① 这些研究中最令人难忘的是：Florian Znaniecki, *The Social Role of the Man of Knowledge*；Karl Mannheim, *Ideology and Utopia: An Introduction to the Sociology of Knowledge*。关于知识社会学的文献综述，请参考 Edward A. Shils, "Intellectuals," in vol. 8 of *International Encyclopedia of the Social Sciences*, pp. 399－414。

"在儒家政府框架中，创造和争议仍然是可能的"这一观点。

因此，从理论上来说，这部书将考察"中国学者所发挥的政治作用"。具体来说，该书将考察 18 世纪最后二十五年间中国知识分子与政府之间的互动。该时期不仅是帝国实力空前雄厚之期，也是王朝命运的转折期。现代历史学家还未对该转变做全方位的研究，但是他们已经注意到了一些最突出的表现：中国政治与社会统治者的态度变化和道德堕落。乾隆时期的统治集团自信到几近傲慢。但是在几十年之内，清朝统治集团便发生了翻天覆地的变化。这个新统治团体牢骚满腹，他们的作品中充斥着帝国衰败和昏暗的景象。①

有关乾隆朝晚期的一个重大争议是"乾隆朝晚期到底应当被视为清朝盛世的最后几年，还是应当被看作清朝衰败的开端"。这是不是"清朝统治下的中国小阳春"：满人通过谨慎地使用汉族统治政策为中国带来了一个富裕与和谐的时代？还是说，它是一个衰败的时代：繁华的表面下是腐败和堕落的真实？② 很显然，要回答这个问题，我们需要考察当时君主、官僚和社会文化精英对待彼此的态度、他们对朝廷的态度，以及他们对传统国家既定目标的态度。

君主制背后所要实现的目标可能是最难揣摩的，因为尽管乾隆朝是世界历史上产生过最多文字作品的朝代，然而这些文本之后的那个统治者却依旧像谜一样令人难以捉摸。无论是在沿着大运河南下并将帝国旗帜插在东南部

---

① Adam Yuen-chung Liu 的 *The Hanlin Academy: Training Ground for the Ambitious* 以及 Miyazaki Ichisada 的 *China's Examination Hell* (Conrad Schirokauer, trans.) 都是重要的机构研究著作，但并没有真正探索其所描述的政府机构的意义。Thomas A. Metzger 的 *The Internal Organization of the Ch'ing Bureaucracy: Legal, Normative and Communicative Aspects* 和 John Watt 的 *The District Magistrate in Late Imperial China* 探讨了清代中国学术和政治角色的关系，但没有涉及决策机构的结构。有关早期研究，请参考 John Meskill, *Academies in Ming China: A Historical Essay*; John H. Winkelman, "The Imperial Library in Southern Sung China, 1127–1279"; Howard S. Galt, *A History of Chinese Educational Institutions*。

② 比如可参考 Philip A. Kuhn, Susan Jones, "Dynastic Decline and the Roots of Rebellion," pp. 107–162; James Polachek, *The Inner History of the Opium War*; Judith Whitbeck, "The Historical Vision of Kung Tzu-chen, 1792–1841"。韩书瑞（Susan Naquin）在其书中解释了为什么在这个时代出现了具有突破性的千禧年之乱（参考 *Shantung Rebellion: the Wang Lun Uprising of 1774*, pp. 148–151, 160–164）。

的时候，还是在吹嘘并追忆自己为开疆拓土而创下"十全武功"的时候，还是在指挥学者从事大量有关其统治目标、方法、思想基础研究的时候，乾隆皇帝似乎只关注君主政权本身的形象。① 那么，这个自大、做作，且又逍遥自在的君主，对国家制度和思想发展到底产生了什么样的影响呢？也许这部分取决于他如何系统化和美化汉族精英与满族统治者之间的关系。

当时社会精英对政府的态度是怎么样的呢？许多学者已经研究过"精英的道德和态度取向的转变对 19 世纪中国历史的重要作用"这个问题。② 但是，很少有人关注 18 世纪的精英。这些精英与其 19 世纪的继承者一样，对清朝统治的成败肯定也发挥了重要作用。18 世纪那些曾经作为地主、藏书家、座师和门生的政治家与知识分子是如何看待其生活的时代和统治他们的政体的呢？18 世纪的精英中存在着两种不同的社会观：一种流行于朝廷官员之间，另一种则流行于首都以外的精英世界。他们都有自己的倾向和视角。对于科举考试而言，那些朝廷官员有一个相同点：朝廷官员多数都曾用他们生命的头二十五年来学习科举考试内容，并用接下来的二十五年评估他人的成就。到了 18 世纪，参加科举考试所需要的技巧是有限的，但是考生们不得不对这些技巧极其精通，部分人几乎到达了着迷的境界。由于人口的增加，17、18 世纪的科举考试竞争变得更加激烈，且考试筛选机制日益完善，这促使应试人员和考官都开始关注科举考试过程中极为微小的细节。朝廷官员还有另一个关注点，那就是在正式场合进行优雅的文学创作的能力。翰林院就是许多激烈竞争的开展地。"翰林院"的字面意思是"羽毛的森林"，且该机构的非官方称呼"词垣"更为人所知。最后一点就是，所有朝廷官员都必须（至少在口头上）认同宋人对经典的阐释，尤其是要认同朱熹（1130—1200）和他的追随者的注释。朝廷曾不断资助翻印这些作品，并将其作为国家意识形态和科举考试的基础。

相反，18 世纪政府之外的知识分子之间流行着一种批判和怀疑的精神，而这种精神是通过研究儒家经典和历史体现出来的。长期以来被视作神圣文

---

① 徐中约（Immanuel C. Y. Hsu）在《中国近代史》（*The Rise of Modern China*）中强调了乾隆朝的辉煌；吴才德在他所撰的《剑桥中国史》的章节中，则强调了这个时代摇摇欲坠的状态。

② Harold L. Kahn, *Monarchy in the Emperors Eyes: Image and Reality in the Ch'ien-lung Reign*.

本的儒家经典受到了挑战。学者对难以理解的章节进行了深入阐释，同时也对经书流传过程中产生的错误进行了鉴别和修订。宋代零散的、教条化的评价被抛弃了，人们转而支持东汉时期经学家那种偏向语言学的精密阐释，比如说郑玄（127—200）的研究。对于这种学风的起源，学界提出了不同的理论。在这样一个受教育人数不断增长而官缺数基本保持不变的时代，对儒家经典文本本身的兴趣，可能成为朝廷之外或政府底层知识分子展示自身才华的一个新途径。经济和人口因素或许可以解释"新知识分子的作用是如何演化的"这个问题，但是却很难解释学者所提出的一些其他设想。余英时最近提出，乾隆朝知识分子之所以变得急功近利，除了一些外部因素外，可能还有一些内部因素。具体来说，他提出，学者们在为一些抽象的理论寻找文本支撑的过程中，重新发现了儒家理性主义的重要性。艾尔曼重新构造了清朝知识分子从理学到朴学的发展过程，以及促成这一转化的社会和思想力量。①

近来诸多相关学术研究都认为，那些选择与满族统治者合作的学者与那些拒绝合作的学者是不同的，他们之间存在着一种相互怀疑、妒忌和指责的不可逾越的隔阂。② 这貌似已成为一个可靠的理论，但是该假设并没有被充分论证。本书提供的不少证据表明，该理论必须被修正：尽管 18 世纪科举考试竞争异常激烈，且满族统治十分严苛，但这个时代却给中国人带来了一种史无前例的繁华与安全的景象。这一图景如此美好，以至于朝廷内外的许多知识分子都认为，中国远古的理想社会状态似乎已经实现了。虽然对于一些人来说，这是有些令人失望，因为该理想是在外族统治下实现的。《四库全书》的编撰历史提供了很多相关例子：各学术派系成功地借助皇帝实现了自己的目标；学者和官僚之间虽偶有矛盾，却尚能和谐相处；为了使皇帝认

---

① 不少研究提到了绅士效忠对于 19、20 世纪清朝统治之重要性，其中最有力的两个论断来自 Philip A. Kuhn, *Rebellion and Its Enemies in Late Imperial China: Militarization and Social Structure, 1796 – 1864*; Chuzo Ichiko, "The Role of the Gentry: An Hypothesis", pp. 297 – 318。

② Yü Ying-shin, "Ts'ung Sung-Ming ju-hsueh ti fa-chan lun Ch'ing-tai ssu-hsiang shih", "Ch'ing-tai ssu-hsiang shih ti i-ko hsin chieh-shih"; Benjamin A. Elman, *Philosophy to Philology: Intellectual and Social Aspects of Change in Late Imperial China*. 为了更全面地评价关于考证学起源的各种理论，请参见下文第二章。

可各自提出的理论，不同学派展开了激烈的角逐。毫无疑问，18世纪中国的学者和国家之间存在着差异，但也许我们应把重点放在那些克服了的矛盾上，而不是放在那些不可调和的冲突上。

尤其是，《四库全书总目》这部为皇家图书收藏而编写的作品，证明了一个学术圈子，即以朱筠和戴震为中心的北京学术圈的成功。该学术圈中的学者利用皇帝的图书编纂计划，来实现自己的追求。《四库全书总目》的提要撰写活动，不仅为他们的文本考证活动提供了基础，也为他们进一步阐发学术观点提供了平台。进一步来说，《四库全书总目》所展示的知识分子的目标和诉求，正是戴震、朱筠及其追随者的诉求。在接下来的三十年中，中国学术界在很大程度上都在践行这一目标。直到19世纪中期，在国内外压力下，中国学者的关注中心才转移到其他问题上。事实上，在朱氏观点占据统治地位的同时，也出现了后来被称为"宋学家"的学者的回应。朱筠的追随者和"宋学家"之间的争论，没有超过政府对学术的支持范畴，因为"宋学家"与他们的对手一样，都渴望得到君主的认可。他们的争论主要集中在对18世纪知识分子来说十分重要的一些问题上，即对经典文本、抽象的理念、历史哲学事实之间关系的认识。那么，这些知识分子如何能够最大限度地利用盛世带来的机遇，以再造远古的真理呢？被人称作"中国文艺复兴的经验先导"的朱筠以及他的弟子认为，他们可以通过文本考证来完成该目标；他们的宋学对手则主张重申传统道德原则及思想形式。这场持续到19世纪的汉、宋学之争，被认为源于删减和修改《四库全书总目》。

从学者和政府在《四库全书》项目中的许多亲密合作来看，学界也许需要对传统上被称作"乾隆文字狱"的图书审查运动，进行重新考查。当下有关该图书审查运动的研究者多将它视作满族统治者的预谋；他们认为，满族统治者此预谋的目标是加强对汉人及其思想的统治。① 那么，被卷入"文字狱"的汉人情况如何呢？或者说，在清中期这个似乎毫无危机的繁华盛世，

---

① Paul S. Ropp 在 *Dissent in Early Modern China: Ju-lin wai-shih and Ch'ing Social Criticism* 中研究了18世纪文人对官方正统观念感到不满的相关问题。我在1982年3月的亚洲研究学会会议上发表的一篇题为"The National Essence Movement and the Eighteenth Century"的论文，也探讨了这个论断的起源，即18世纪的学术任务就是反对清政权。

皇帝为什么会如此敏感，并在汉族精英阶层中开展这一运动呢？档案资料揭示了部分原因。乾隆皇帝试图美化他以及清朝前期统治者的功绩，或者试图抹去历史文献中所载满汉之间的不愉快冲突。但是这两点都让汉族精英不得不参与这项活动，因为他们看到了解决满汉宿怨的新机制。我们必须认识到，精英和皇帝在这场图书审查运动中发挥了不同作用：敏感的满族统治者发起了这场运动；当诸多汉族精英之间的矛盾和冲突被卷入其中时，这场运动呈现了恶性发展的势头。

在《四库全书》编撰以及接下来的文字审查运动中，汉族精英和满族统治者实现了合作，虽然偶尔也伴随着冲突。本研究就是为了探究该项目参与者的不同动机、其动机实现的途径，以及该项目对18世纪中国的影响。

学者与国家的互动只是18世纪历史的一部分。可以说这确实是一个很重要的部分，因为士绅知识分子是清王朝的支柱。但是，为了完整呈现18世纪晚期的图景，为了丰富我们对19世纪中国或同时期任何欧洲国家的认识，提供一小部分参考资料，许多研究还有待继续补充。因此，本研究提出的假设和本研究得出的结论一样重要，这些假设将有助于我们继续探索并理解当代中国。

第二章
帝国的动机

"诗歌和权力的黄金时代"①

朝廷于1772年2月2日颁布了编撰《四库全书》的诏谕。② 皇帝声称他一直从过往经典中获取统治灵感；他励精图治，试图掌握并运用儒家经典来治理国家。如诏谕所言，自登基以来，乾隆皇帝便开始资助儒家经典和正史的出版，然后再将其分发至整个帝国。但他认为，其他可用于引导世人行为的文字可能被忽视了。因此，皇帝要求总督、巡抚和学政令下属搜查各自辖区内的藏书，并罗列他们发现的每一部有价值的图书的作者和内容简介，再将其转送到北京，以供朝廷官员审查。当某省官员发现一部特别有价值或意义的图书时，他们应当将该书借来阅读并誊写副本，之后再将原件归还给图书持有者。通过这个途径，皇帝实现了他的最终目标。

但是其目标究竟是什么呢？从现代读者的角度来看，许多内容在诏书中并未明说，特别是原始动机和方法。这是一个思想控制项目，还是学术资助项目呢？汉族学者和他们的满族统治者之间存在着一个漫长且并非总是和谐的交流过程，而此项事业在此交流过程中究竟占据什么样的地位呢？皇帝发起该项目是基于什么特殊的动机呢？且他为什么要在登基三十六年之后的1772年才这样做呢？

要回答这些问题，不能仅关注诏书本身，更应该考虑该诏书所试图激发的帝国学术和藏书文化传统，以及试图激发该传统的乾隆皇帝的性格。在西

---

① Robert Frost, "For John F. Kennedy on His Inauguration," *The Poetry of Robert Frost*, p. 424.

② *Pan-li* I, p. 1a-b. 在整本书中，我会将皇帝视作帝国诏书的作者，尽管我知道其撰写过程是十分复杂的。

方，有关中国政治和思想史的研究，鲜少讨论此传统。然而，这是一个很重要的传统，因为智慧、王权，以及文化认同的结合，是传统中国统治合法性的基本要素。中国古代帝王不仅是政治领袖，也是圣人，以及儒家经典的管理者。因此，他们在学术和思想上的特权，与西方人习以为常的特权截然不同。这些特权及其所依托的哲学理论，不仅成为思想控制和学术赞助的决定因素，而且也包括思想生活本身。

一、清代之前的政策和特权

皇帝在1772年诏谕的结尾处提到了汉成帝（公元前32—前7年在位）和唐玄宗（712—756年在位）统治时期的图书采集活动。① 但是，几乎每个中国王朝都会开展图书采集活动，汉成帝、唐玄宗的图书采集活动只是其中最大的两次而已。由于发起这些项目的各朝统治者的能力和要求不同，这些活动所涉及的范围也各不相同。

秦始皇（公元前246—前210年在位）发起了一项后世统治者都将引以为戒的文化政策。如胡适（1891—1962）所指出的那样，到了公元前3世纪末，"无为而治"的时代已经过去了，这个时代面临的问题是如何治理新建立的帝国。② 为了防止知识分子"根据自己流派的思想"来批判朝廷，并"败坏统治者的声誉"，秦始皇在公元前213年颁布法令：

> 史官非《秦记》皆烧之。非博士官所职，天下敢有藏《诗》、《书》、百家语者，悉诣守、尉杂烧之。有敢偶语《诗》《书》者弃市。以古非今者族，吏见知不举者与同罪。令下三十日不烧，黥为城旦。所不去者，医药、卜筮、种树之书。③

该禁令的破坏性可能没有通常所说的那样巨大，因为它只生效了五年，而且好几类书籍及其持有者已被排除在外了。然而，在理论层面上，该法

---

① 参考姚名达：《中国目录学史》，177—201页。
② 胡适：《儒教在汉代被确立为国教考》，20—21页。
③ 《史记·秦始皇本纪》，6：254—255，见 Derk Bodde trans., *China's First Unifier: A Study of the Ch'in Dynasty as seen in the Life of Li Ssu*…（280? –208B.C.），pp.82–83。

令提出了几个重要的设想。首先，秦始皇的命令体现了文字对中国政府的重要意义，虽然其呈现形式是极其负面的。秦始皇之所以下禁书令，肯定是由于这位主张"实用主义"的皇帝及其属下将书籍看成了威胁其统治的因素。其次，秦朝统治者对某些种类的书籍显然是尊重的，主要是有实用价值书籍，如治病或占卜的图书；允许某些官员，如博士官，来阅读这些图书。秦朝统治者的目标不是要破坏所有图书，而是要用统一和控制知识来达到自己的目标，因为学术太重要了，不能任由学者发挥。

尽管秦朝的禁令被认为在汉朝得到了修正，但两者都是基于许多相同的预设。公元前191年，禁止私人藏书的法律被正式废除。汉武帝（公元前140—前87年在位）"建藏书之策，置写书之官，下及诸子传说，皆充秘府"。汉成帝时期，皇帝曾派遣专员采集整个帝国的图书，并任命了四位人员来校勘采集回来的书籍。① 其中最有名的是刘向及其儿子刘歆（公元前43—公元23）。他们负责整理编订经书及其评论、子书和诗集。②

与秦始皇的焚书政策不同，刘向和他的同僚们并不试图消解思想争端。事实上，学术争论贯穿了整个汉代。当时学者不仅对各种文本的真实性存在争议，也对可以从这些文本中吸取的教训争议颇多。③ 但是从现代文本考证学的角度，甚至是从18、19世纪那些新考证学家的角度来看，刘氏父子与秦始皇一样，都对学术产生了巨大的破坏性影响。④ 以皇帝的名义对文本进行的修改和注释，对随后的学术产生了巨大的或许是决定性的影响。西汉的政策和秦朝的效果相反：一个试图保存书籍，另一个试图摧毁它们。但西汉和秦朝统治者的政策都基于一个共同的假设：朝廷应当且必须关注学术——保存和传播真理的艺术。这个假设当然是对儒家观点的回应，即学者应当

---

① 《汉书·艺文志》，30：1701，见 T. H. Tsien trans., *Written on Bamboo and Silk*, p.13。

② 刘氏的传记，见《汉书》，36：1929-1974。

③ 有关这些冲突，请参考 Tjan Tjoe-som trans., *Po Hu T'ung: The Complete Discussions in White Tiger Hall*; R. P. Kramers, "Conservatism and the Transmission of the Confucian Canon," pp. 119-172; Jack L. Dull, "An Historical Introduction to the Apocrypha (Ch'an-wei) texts of the Han Dynasty"。

④ 例如康有为《新学伪经考》。梁启超在《清代学术概论》（Immanuel C. Y. Hsu 翻译本，pp. 92-93）中，对其观点进行了归纳。

且需要关注朝廷的状况。但是"国家在学术生活中应当发挥作用"这个观点并不只是源自孔子；秦始皇的政策表明，法家也持有类似的观念。正如通常提到的那样，因为中国古代的统治艺术和著述艺术是共同发展的，那么，将两者联合起来的意识，则是儒家和法家在学术和政府理念方面的共同关注点。

中国学术和政治相结合的观念，有助于人们更好地理解和评价在汉唐之间的动乱期，由不同政权发起的学术活动。159年，汉桓帝（147—167年在位）成立了"秘书监"这个特殊的政府部门，以定期收集和整理书籍。① 在当时，采集图书被认为是政府的合法活动。因此，在接下来的几百年里，多数南、北方统治者都重新设置了这个朝廷部门，来负责图书编目和出版工作。然而，在220年汉王朝垮台之后，中国很少有长久持续的统治王朝出现，因此也没有编制出一个完整的图书目录。此外，在这个战火纷飞的年代，皇家图书也历经了几次散佚过程，所以当时制作的目录通常很短，且不够准确。但历史上对这些目录的批评，多非针对其不准确性，而在于它们只是简单的目录。也就是说，那些主持这些项目的政权，并没有试图帮助人们更加方便地利用这些图书，或者试图对这些图书本身进行校订。显然，收藏书籍、校订文字，并且做出相应评价的能力，已成为判定该政权实力的一个标志。在某种程度上，一个政权如果没有做到这一点，则是不完善的。从某种意义上来说，著述和统治已经成为同一枚硬币的两面，或者说成为中华帝国士绅统治所具有的特征或表现形式。

隋（581—618）政权也急切地希望在这方面展示其能力。因而，隋朝发起了一个图书采集活动，并最终由三个阶段组成。第一阶段开始于该王朝统一中国之前。皇帝派专人收集稀有图书，且这些专员每收集一卷图书，都将获得一匹丝绸作为回报；原书在誊录之后，将被归还给它们原来的持有者。第二阶段从589年开始，朝廷召集学者整理并抄写所采集的文本。第三阶段，隋朝官员对所收图书之价值进行了评价，并将图书分为三类，还编制了

---

① Robert des Rotours, *Traite des fonctionaires et traite de rarmee*, vol. 2, pp. 204-207；Charles O. Hucker, *A Dictionary of Official Titles in Imperial China*, pp. 377-378.

一部名为《大业正御书目》的图书目录。①

唐玄宗（712—756年在位）期间编成了另一部图书目录。该目录共收录了四万八千六百一十七卷图书，并题为《群书四录》。正如姚名达所言，该目录并非在一日内编纂完成的。首先，唐代目录学家的整理工作，是建立在隋朝丰富的藏书收集基础之上的。其次，唐太宗（626—649年在位）时期，唐朝秘阁书库已经编制了第一个图书目录，当时皇帝为该机构配备秘书少监一人、修图副使两人、判官两人、撰修人员二十余人。②

宋代出现了两个重要的帝国图书目录。第一个是《崇文总目》。该目录是由王尧臣（1001—1056）主持编纂，并于1041年出版的。③ 它是保存至今的为数不多的皇家书目之一，且其主要内容是通过《四库全书》的纂修从《永乐大典》所保留的片段中辑佚出来的。宋朝皇家书库显然发挥着一个借阅图书馆的功能，因为据《宋史》记载，书库负责人曾抱怨"借出书籍亡失已多"的事宜。④ 到了1126年，大部分书库藏书因女真人入侵而被破坏了。宋朝政府在临安重建以后，试图马上恢复秘阁藏书，并"置补写所，又迭次求书州郡"来实现该目标。1177年至1178年，朝廷下令为重建的秘阁藏书编定图书目录，并将该目录命名为《中兴馆阁书目》。⑤

尽管取得了这些成就，但在宋代之后，秘阁藏书的编目和校勘活动却有所减少。这可能部分归因于蒙古统治者或明朝第一个皇帝朱元璋对文字工作缺乏兴趣。但是许多其他因素在塑造学者和国家关系的新格局上也发挥了重要作用，如学术群体的社会地位和地理特征的改变，以及印刷技术的发展等。

根据17世纪历史学家万斯同（1638—1702）的说法，元朝秘阁藏书毫不逊色于之前的朝代。而且，元朝政府在学术生活方面也有一些重要的创新。万氏写道：

---

① 《隋书·经籍志》，32：908。
② 姚名达：《中国目录学史》，187—188页；des Rotours, *Traite des fonctionaires* 2：207.
③ *TMTY*, p.1775（85：1a）.
④ 姚名达：《中国目录学史》，197—198页。
⑤ John F. Winkelman, "The Imperial Library," p.36.

（元代）郡邑儒生之著述，多由本路进呈，下翰林看详，可传者命江浙行省或所在各路儒学刊行……马氏之《通考》，且出于羽流之荐达，其他或命以官，或给以禄，亦古今来所未有。①

蒙古人的入侵和元朝早期统治者的严苛统治，促使许多汉族知识分子从首都回到家乡。至少在元朝最后的几年中，统治者对学术的关注程度不亚于他们的前任，但是他们面对的是一个在社会身份和地理特征上比以往任何政权都要多元化的知识分子群体。学术不再是那些试图在首都取得领导地位的贵族小群体的专利，而是许多来自不同地区，有不同背景、不同关切的人的使命和爱好。

印刷技术在宋代被广泛推广，这既是宋代社会发展的标志，也是其发展的结果。钱大昕（1728—1804）在其《补元史艺文志序》中提道：

唐以前藏书皆出抄写，五代始有印版，至宋而公私版本流布海内。自国子监秘阁刊校外，则有浙本、蜀本、闽本、江西本，或学官详校，或书坊私刊，士大夫往往以插架相夸。②

印刷术的发展使帝国图书采集活动显得更加困难，也更不必要：之所以更加困难是因为在确定某一文本的标准版本之前，必须广泛收集和校订诸多其他版本；之所以不太必要是因为当时学者已经可以获得许多相当准确的文本。宋代及之后的政权，对书籍内容的关注不亚于以往各朝；它们都曾在图书出版前、后实行审查。③

皇权与学术作品关系的变化，在明代所编的重要学术著作《永乐大典》中就有所体现。实际上，这是一部百科全书，而不是一部书目，但是它经常被乾隆皇帝及其纂修者当作值得思考的先例和反面例子来引用。该编纂

---

① 万斯同：《明史艺文志序》。据商务印书馆的编辑称，这段文字是从位于北京的中国国家图书馆所藏《明史稿》中发现的。这部书最早被归为王鸿绪的作品，但是图书馆工作人员认为这是万氏的作品。商务印书馆的编辑认为这段文字可能是万氏私修的一部有关元代艺文情况著作的序言。有关元代出版情况，参考叶德辉：《书林清话》，176—177页。关于元代知识分子的地域特征，可参考 Wing-tsit Chan, "Chu Hsi and Yuan Neo-Confucianism," pp. 197—231.

② 钱大昕：《补元史艺文志序》，8393页。

③ Hok-lam Chan, *Control of Publishing in China, Past and Present*, pp. 5–21. 也可参考 Denis Twitchett, *Printing and Publishing in Medieval China*.

项目显然是在明太祖（1368—1398 年在位）统治的最后一年开始的，当时皇帝命令唐愚士（活跃于 1400 年左右）依据重要的经典、历史和哲学作品编写一部分类纲要（《类要》）。但是，太祖之死引发了他的儿子朱棣和孙子朱允炆之间的皇位斗争。很多儒家学者显然是支持朱允炆的，但朱棣由于有一支更强大的军队，赢得了最终胜利。不久之后，他登基成为永乐皇帝（1403—1424 年在位）。由解缙（1369—1415）领导的朝廷知识分子，向永乐皇帝提出了继续推行早期计划的方案："天下古今事物散载诸书，篇帙浩穰，不易检阅。联欲悉采各书所载事物类聚之，而统之以韵，庶几考索之便，如探囊取物耳。"正如一些现代史学家所说，永乐皇帝接受了这个建议，因为他希望通过这个活动来收买中国知识分子，化解他们对其统治的不满。在一年之内，一个名为《文献大成》的稿子便被编成了。但是由于发现了很多错误，成祖下令对该稿子进行修改。到了 1409 年，修改后的文本再次被上呈给了皇帝；皇帝为其撰写了一篇序言，并将该作品命名为《永乐大典》。①

许多作品本身在被《永乐大典》的纂修者抄入这部类书之后便失传了，所以 15 世纪以来的学者都十分热衷于从《永乐大典》中辑佚古代文本。但是该编纂项目的初衷并非基于保存日益增长的知识本身，而是为了提取和浓缩这些知识，以供朝廷使用。当然，所有的帝国图书采集活动都有一个共同的目标，那就是收集对统治者有用的先例和原始资料。正如前面已经提到的那样，中国早期政府都十分关心学术状况，并且认识到了学术成果本身的价值。永乐皇帝所编的《永乐大典》从未真正印刷过。可见，该书显然是基于更狭隘、更实用的初衷编写的。因此，在私人学术变得越来越独立和多样化的同时，政府的学术活动却变得越来越狭隘和有局限。

二、清代背景

乾隆时代《四库全书》编纂项目代表了对"朝廷图书采集"传统的复兴，但却是在一种新的学术气氛中复兴的。在这个环境中，学者对公共学术

---

① 郭伯恭：《永乐大典》，5—8 页。

有了一种矛盾心理。"作为一种文字职业，高雅艺术和私人学术得到了认可，并且日益成熟。"① 毫无疑问，该衰落的传统之所以能够被复兴，得益于满族统治者与汉族臣民之间的特殊关系。满族是少数民族，至少在该王朝的最初几十年里，满族统治者与其所统治的广大人口在文化上是截然不同的，而且这极大地影响了其政权的正统性。最后，满人通过儒家经典来维护其政权的正统性，因为儒家经典强调，有德之人具有掌握政权的正义性。因此，某政权的正义与否，不取决于统治者的民族出身，而在于统治者的政治和道德资质。乾隆皇帝通过纂修《四库全书》来恢复帝国图书采集传统，这无疑是德治思想的一部分。《四库全书》编纂项目反映了所有满族统治者的目标和才能，虽然这样说可能不具有历史严谨性。小野和子（Ono Kazuko）、托马斯·费舍尔（Thomas Fisher）和司徒琳（Lynn Struve）的研究表明，满人的思想主张，以及汉族学者的态度，在清代早期发生了相当大的变化。②《四库全书》编纂项目是该思想和态度长期演变的高潮。在这期间，许多有关学者和国家关系的传统理论遭到了质疑。有的理论被抛弃了，有的理论被重申了。清代皇帝的主张反映了这一复杂的演变。

17世纪中期，当清朝政权刚刚建立之时，统治者面临着来自知识分子的三大挑战。第一个挑战来自文人结社（文社）。这种活动在明末之后日益频繁，一方面是因为文人试图在朝廷各项政策制定上发挥作用，另一方面且更重要的则是因为文人试图影响科举考试制度，从而增加他们自身在考试中获得成功的机会。文人组织在整个中国历史上一直存在，但晚明文社的特征和活力则异常突出。这表明学者在帝国晚期变得越来越独立，而这种独立性则是由于科举考试竞争日益激烈，受教育人口激增，以及官办学校质量越来越差。③ 晚明学者曾多次提到"文人结社，及

---

① Lynn Ann Struve, "Ambivalence and Action: Some Frustrated Scholars of the K'ang-hsi Period," p. 327.

② Thomas S. Fisher, "Lü Liu-liang (1628 – 1683) and the Tseng Ching Case (1728 – 1733)"; Ono Kazuko, "Shincho no shiso-tosei o megutte," pp. 99 – 123; Lynn Ann Struve, "Uses of History in Traditional Chinese Society: The Southern Ming in Ch'ing Historiography".

③ William S. Atwell, "From Education to Politics: The Fu-she in Late Ming," p. 338.

其侵犯统治者人事和执政特权"可能带来的危害。毫无疑问，这些对统治者的警示，在清朝统治时期并未完全消失。文人对新政权的第二个挑战则是反满的民族主义。由于满族上层统治者与被统治的汉人之间，在语言、社会风尚、发型和饮食方面存在差异，清朝统治者极易成为汉人攻击的对象。这些汉人一直对东亚环境下的农耕生活方式，有着强烈的认同感和自我中心感。毫无疑问，在想到那些所谓"粗俗鲁莽""与鸟兽无异"的"蛮族"将对自己实行统治时，一些汉人可能确实感到自己被侵犯了。还有一些人也许只是利用族群差异的事实，来实现自己的政治目的。满族需要持续压制民族主义引发的反叛，这使人们很理解这种思想的影响到底有多广泛或其目的究竟是什么。但毫无疑问，这是一个极其强大的政治武器。第三个挑战是，满族统治者不得不学习汉族政权使用的语言和理念，包括利用汉人古代经典来解释自己统治的正当性。虽然这些挑战以不同的方式表现出来，但从满人的角度来看，中国知识分子的教育、小团体主义和民族主义，则只是同一个问题的几个不同维度而已：如何统治这些受过良好教育，且经验丰富的中国知识精英？我们必须在这种背景下，对至少截止到18世纪末清政府所实行的学者和学术政策进行评价。

满族政权迁都北京之后，迅速而有力地宣布了其对全中国的统治。其第一个举措就是防止知识分子与地方官员暗中勾结影响政府决策。1651年，朝廷要求相关官员必须保存诸生造访其衙门的记录。根据该诏令，文人被禁止成立新书院，且超过十人的文人结社也被禁止。① 第二年，清廷在其控制下的各行省，设立了一个教育监督官（提学官）的职位，专门负责讲授经典教义，监督汉族学者的学习和行为。② 中央政府还下令，在每个书院的院子里竖立一块刻有八条学生活动禁令的石碑，要求学生"将平日所习经书义理，著实讲求，躬行实践。不许别创书院，群聚徒党及号召地方游食之徒，空谈废业，因而起奔竞之门，开

---

① HCCS 1：433-434（24：1a-b）；Ono Kazuko, "Shincho no shiso-tosei," p. 100.

② HCCS 1：461（26：1a）；Ono Kazuko, p. 100. 教育监督者作为地方治安官和地方学生接待者的身份特征并不明晰，这在明代和清代都是如此。参考 Tillman Grimm, "Ming Educational Intendants".

请托之路"①。

早期清廷对学者和知识分子的严酷政策,在朝廷制定的书籍出版和销售条例中,得到了最为明显的体现。1653年,清廷颁布了一个十分不利于图书采集活动的诏谕:

> 今后直省学政,将四子书、五经、《性理大全》、《资治通鉴纲目》、《大学衍义》、《历代名臣奏议》、《文章正宗》等书,责成提调教官,课令生儒诵习讲解,务俾淹贯三场,通晓古今,适于世用。坊间书贾,止许刊行理学政治有益文业诸书,其他琐语淫辞,通行严禁。②

到了清朝第二位皇帝的统治早期,该情况并没有发生很大的变化。正如安熙龙(Robert Oxnam)所言,年轻的康熙皇帝(1662—1722年在位)的辅政大臣们是满人权力斗争的幸存者,他们"不信任那些汉族精英,因此他们对使用汉族传统来进行统治的可能性也视而不见"。③辅臣们对汉人的敌意很明显。首先体现在大量削减三年一次进士考试的汉人通过数量,其次体现在其他两个著名案件,即江南奏销案和庄廷鑨(卒于1660)案。在第一个案件中,中国东南部经济繁荣、人口众多的省份的乡绅们,因经常顽固抵抗税收改革,而令辅臣们感到不满。④

庄廷鑨案件体现了因僵化政策而导致的猜疑和相互指控的气氛。庄氏去世后有人发现,这位浙江文人庄先生曾经得到过一部私修的晚明史稿本(含晚明及由遗民建立的政权的历史),之后他又继续集合了一批学者,准备写成一个明史定本。辅臣们对这一发现的态度十分严肃,并向所有汉族文人群体传达了他们的愤怒与担忧:庄廷鑨和其父亲被掘墓焚尸,

---

① HCCS 1: 39-41 (26: 1a); Ono Kazuko, p. 101, 见 Hsiao Kung-chuan trans., *Rural China: Imperial Control in the Nineteenth Century*, pp. 241-242。

② 该诏书的全文可见于(康熙)《大清会典》51: 20a。之后的会典和 HCCS 只摘录了该诏书的部分内容。参考 Ono Kazuko, p. 102。

③ Robert Oxnam, *Ruling from Horseback: The Politics of the Oboi Regency*, pp. 10 and 118。

④ Lawrence D. Kessler, "Chinese Scholars and the Early Manchu State," *Kang-hsi and the Consolidation of Ch'ing Rule 1661-1674*, pp. 158-166. 从其他视角考察康熙时期政策的研究,可参考 H. Lyman Miller, "Factional Conflict and the Integration of Ch'ing Politics"。

他们的作品被禁止传播,七十多位出版人、合作者和亲属被判处死刑或被流放。①

朝廷与知识分子之间的这种仇恨不可能长久持续。传统中国的政治统一依赖于文化精英与朝廷利益的微妙妥协。正如卫德明(Hellmut Wilhelm)所观察到的那样,清代早期政府与士大夫之间的分歧,"如果持久存在,可能将同时摧毁中国的政府和社会"。② 正如在其他许多领域一样,清王朝对知识分子和学术的政策,在辅臣们统治结束后的几年中,开始发生变化。

康熙朝知识分子最有名的活动是1679年举办的"博学鸿儒"考试。当时最著名的中国学者都被邀请来参加该考试;那些通过考试的人,则被任命为《明史》纂修者。这位年轻的皇帝也以其他方式,表达了对汉族学者和学术的兴趣。从1671年开始,他开始设立经筵日课。1676年,皇帝出版了经筵日课的文本。1677年,建立南书房后,皇帝可与汉族学者举行一些非正式的会面,并征求他们的意见。③ 他们向清政府注入的新活力很快便呈现了出来。1653年,朝廷颁布了有关书籍销售条例的诏谕,并于1687年和1714年重新修订发布。印刷或出售"淫秽和不道德的小说"仍然是被禁止的,但是朝廷不再禁止文人社团的出版物和作品,即那些"主动地将自己与经典作品区别开来"的作品。此外,皇帝有关注其子民之精神和思想的义务;考虑到这一点,则该新条例是合法的:"治天下以人心、风俗为本。欲正人心,厚风俗,必崇尚经学。"④ 清统治者通过这样的语言昭示,他们愿意用汉族社会的统治方法来治理国家。

新帝国政策中最明显的成果是,朝廷编纂了一系列有关经典和原始哲学文本的评论,并据此确定了朝廷的思想基调。当皇帝拓展到学术界时,他转

---

① 参考 ECCP,pp. 205-206;L. Carrington Goodrich,*The Literary Inquisition of Ch'ien-lung*,pp. 75-77;Lynn Ann Struve,"Uses of History," pp. 103-104。关于顾炎武对该事件的反应,参考 Willard J. Peterson,"The Life of Ku Yen-wu(1613-1682)(Ⅱ)"。

② Hellmut Wilhelm,"The Po-hsueh hung-ju Examination of 1679," p. 62。

③ 关于南书房,参考吴秀良:《南书房之建置及其前期发展》,6—12页。最先刊行的是《日讲四书解义》,参考 *TMTY*,pp. 746-747(36:5b)。

④ *HCCS* 1:166-167(7:1b-2a)。

向了此前中国王朝最支持的学术，即"理学"或新儒学。①《性理大全》是新儒家思想的集大成之作，因此，皇帝赞助此书的出版，要求官员们阅读该书，且偶尔对书中内容进行测试。另一部关于国家治理的宋代文献《大学衍义》也被译成了满文，并被分发给了所有的满族王公。在康熙统治后期，皇帝开始尤其关注12世纪的思想家朱熹。朱熹是一个十分典型的儒家学者。②康熙朝对新儒学的关注是出于许多不同的目标的。然而，这与其说是对"思想基调有意识选择"的体现，不如说是对"李光地和熊赐履等思想家对一个好政府标准的认识"的体现。实际上，在康熙时代，朝廷对个人思想的支持，既有好处，也有缺陷。对于那些受朝廷支持的学者来说，这个经历是令人兴奋的。朝廷与著名的学术世家和社团联系在了一起，并在首都营造了极

---

① 关于康熙时期官方学术的理学腔调，参考 Wing-tsit Chan, "The *Hsing-li ching-i* and the Ch'eng-Chu School," pp. 545–546。在其统治期间，康熙皇帝要求将相关的讲学笔记正式出版。它们是：

时间	文本	TMTY 出处
1676	四书	pp. 746–747 (36：5b)
1679	《书经》	pp. 246–247 (12：5b)
1683	《易经》	p. 83 (6：1a)
无	《诗经》	—
无	《资治通鉴》	—
1738	《春秋》	p. 575 (29：1a)
1749	《礼记》	p. 421 (21：4a)

除了这些文本以外，康熙皇帝还钦定了以下文本：

1715	《易经》	pp. 83–84 (6：1a)
1722	《春秋》	pp. 575–576 (29：1a)
1729	《书经》	p. 247 (12：5b)
1740	《诗经》	p. 319 (16：5a)

第二个出版系列及第一个出版系列中的最后两部是由康熙皇帝钦定的，但却是被康熙皇帝的继承者刊行的。

对清朝敕修图书最好的总结，可参考乾隆时期所撰《国朝宫史》(1769) 的引书目录，该书近年刚被重印。

② 《大清圣祖仁皇帝实录》39：13b, 120：5b–6a, 249：7b–8a。

好的学术氛围。在该时代,"人们因切合实际的表现和建议被认可,而声名鹊起",当时最为人看重的则是创造和创新能力。① 活跃的朝廷气氛让人久久不能忘怀,且此气氛影响了许多人,尤其是康熙皇帝的孙子,即后来的乾隆皇帝。

然而,康熙时代的赞助制度至少有两个缺点。第一个缺点是范围有限:虽然许多生活在首都的人得到了朝廷的慷慨资助,但生活在北京以外的学者,包括一些非常有创新意识的人却没有得到朝廷的支持。像阎若璩和胡渭这样的人,他们不仅并未积极参与抵制清政府,反而与朝廷官员进行了许多官方和半官方的接触。但是他们并没有被纳入首都学术圈,因为他们的研究集中在地方,而不是北京。当毛奇龄听说朝廷尤其关注朱熹和宋明理学时,他很不情愿地删去了他正在写作的作品中所提到的,有关朱熹注解"四书"所犯的错误。② 1686 年发生的一个事件,也体现了当时学者对皇家学术领导地位之拥护的范围是有限的。历代皇帝都曾试图扩大皇家藏书范围,很显然,康熙皇帝也是如此:

> 自古帝王致治隆文,典籍具备,犹必博采遗书,用充秘府,以广见闻,而资掌故,甚盛事也。朕留心艺文,晨夕披览,虽内府书籍,篇目粗陈,而裒集未备。
>
> 因思通都大邑,应有藏编;野乘名山,岂无善本。宜广为访辑,凡经史子集,除寻常刻本,其有藏书秘录,作何给值采集,及借本抄写事宜,尔部、院会同详议具奏。③

几天后,礼部遵旨给出了建议,并提出了实现该目标的方法。但该建议并没有产生什么结果。朝廷没有采集到任何图书,也没有编制出一部书目。17 世纪学者顾炎武在其文集中,对此现象做出了一些解释。顾氏写道,藏书家们"对必须回应朝廷发出的无数政令,并报告说他们没有相关图书,感到疲倦无比"。显然,康熙皇帝作为学术领袖的角色所得到的认可度是有限的,

---

① Lynn Ann Struve,"Uses of History," p. 140. 也可参考她的论文"The Hsu Brothers and Semiofficial Patronage of Scholars in the K'ang-hsi Period"。
② 戴逸:《汉学探析》,7 页。
③ *HCCS* 1:65—66 (3:1a-b).

而这就是康熙之孙在未来将试图避免的。①

康熙时代支持私家学术的第二个缺点就是，其促使了党派和偏见的产生。康熙皇帝曾经在许多场合抱怨学者之间的互相排挤现象，以及其可能对学者的政治行为产生的不良影响。甚至在康熙朝早期，17世纪学者顾炎武就曾经警告他的侄子潘耒（1646—1708），并反对他涉入官方学术世界，因为一旦进入，他必须"满口溢美之词"，浪费大量时间用来溜须拍马。② 在康熙朝结束的时候，学术派系与皇家的爱好产生了联系；更不幸的是，学术派系与朋党联系在了一起，参与了皇位继承之争。著名的辞典《佩文韵府》和《康熙字典》，都是由陪同皇帝远征噶尔丹和四次下江南的帝师张玉书（1642—1711）编纂的。皇帝第三子的门下学者编写了《古今图书集成》和《律吕正义》。③

党派之争一直持续到了该世纪结束。1711年对戴名世（1653—1713）的告发案被视为一个新时期的开端。④ 戴氏是一个以阴郁和孤僻自居的不合群的人；他穷其一生都在参加科举考试，但直到五十六岁时才取得成功。在担任了两年翰林编修以后，戴氏被一位年轻的御史告发了。他被告发的原因是他撰写了一部有关明末的历史书，并在书中将1640年代和1650年代的南明王朝统治者视作皇帝。对戴氏本人及其合作者的惩罚是很严重的，其亲属和其他同伙则被流放或被卖为奴。该御史指控戴氏的具体动机仍然是一个未解之谜，但据说可能与康熙诸子的储位之争有关。⑤

在康熙皇帝的儿子兼继承者雍正皇帝看来，在康熙皇帝学术赞助活动中所形成的朋党主义，毫无疑问应当被谴责。雍正皇帝早期通过反对陈梦雷（生于1651）来打击朋党。陈梦雷是《古今图书集成》的编纂者。这体现了

---

① 刘师培：《论中国宜建藏书楼》，2291页。

② Hellmut Wilhelm trans., "The Po-hsueh hung-ju Examination," p. 64.

③ ECCP, pp. 66, 93-95, 285-286; TMTY, pp. 2822-2823 (136: 5b), 874 (47: 12a). 也可参考 Silas H. L. Wu, *Passage to Power: Kang Hsi and His Heir Apparent, 1661-1722*, p. 165. 有关私人和官方对康熙敕修图书的兴趣，参考 Jonathan D. Spence, *Tsho Yin and the Kang-Hsi Emperor*, pp. 157-165。

④ Lynn Ann Struve, "Ambivalence and Action," p. 354.

⑤ Lynn Ann Struve, "Uses of History," pp. 193-195; Goodrich, *Literary Inquisition*, pp. 77-79; ECCP, p. 701.

皇帝的一些新关注点和目标。根据 19 世纪学者的记载，陈氏当时担任了皇帝第三个儿子胤祉的助手，并私下编纂了《古今图书集成》，然后再上呈给康熙皇帝。据说，皇帝还为其写了序言以表赞许，并将该书视作朝廷官方编纂成果。胤祉争夺皇位失败后，康熙第四子继位。之后，陈氏被指为"傲慢自大"。新皇帝为了维持朝廷稳定，而将其放逐了。《古今图书集成》由于曾经得到前任皇帝的认可，因此被称赞为"文献汇编的神话"。然而，新皇帝委派专员来纠正书中的错误，完成了陈氏之作所需的"必要补充"的工作，使已故皇帝的崇高理想得以实现。①

康熙朝最后几年和雍正朝最初几年的一些案件，标志着满族统治者的关注点发生了巨大变化。雍正皇帝在 1700 年代初期储位之争中，历经艰难困苦，方获得胜利。他对那些一直支持其对手的学者，以及大部分汉人派系，都持有特别的怀疑态度。新皇帝并没有特别颂扬某一位儒者，而是将儒家道德推广到了整个帝国。帝国对私人学术的赞助活动逐渐走向衰落。② 雍正元年，翰林院官员数被削减了一半；而在康熙朝，翰林院官员曾是帝国学者的基础。③ 由于帝国的赞助，官方学校的所有学生都将得到津贴，且无论其效果如何。同时，雍正皇帝还设置了"学政"一职，并亲自挑选官员担任；学政的职责便是确定各地享受朝廷津贴的人选。④

---

① 《大清世宗宪皇帝实录》，2：20a-21a；Lionel Giles, *An Alphabetical Index to the Chinese Encyclopedia*, pp. vi-vii. 后者的描述主要依据梁章钜的《归田琐记》（梁氏 1841 年致仕以后所撰）。梁氏的传记，可参考 ECCP, pp. 499-501。

② 雍正皇帝的几部敕修图书反映了他对行政和官僚管理以及孝道问题的兴趣：

时间	书名	TMTY 出处
1727	《清汉文小学》	—
—	《孝经集注》	p. 654（32：4a-6）
1727	《八旗通志》	p. 1734（82：10a）
1736	《功臣传》	—
1736	《执中成宪》	pp. 1941-1942（92：3a）
1726	《悦心集》	—

③ 《大清世宗宪皇帝实录》，12：16a-b。

④ 参考盛朗西：《中国书院制度》，132—133 页；Araki Toshikazu, "Yosei jidai ni okeru gakushinsei no kaikaku-shu to shite sono nin yoho o chushin to shite," pp. 27-43。

学者在雍正朝得到了前所未有的朝廷支持，但是他们也受到了前所未有的朝廷训斥。比如说，1724年雍正皇帝发布了著名的朋党论诏令。他说：

> 朕惟天尊地卑，而君臣之分定。为人臣者，义当惟知有君，惟知有君则其情固结不可解，而能与君同好恶。夫是之谓一德一心而上下交乃有。

雍正皇帝与宋代学者欧阳修有关朋党之争的观点不同。欧阳修认为，朋党之争是学者追求真理的体现：

> 宋欧阳修《朋党论》，创为异说，曰：君子以同道为朋。夫罔上行私，安得谓道？修之所谓道，亦小人之道耳。①

雍正皇帝认为，统治者应当拥有定义"道"的特权，这是一个十分传统的观念。但他为宣传此"理"而付出的努力，则显示了其统治时期的一个重要关注点。朝廷要求所有"秀才"在官方学校每月的聚会上阅读该诏令。

曾静煽动叛乱案给雍正皇帝提供了另一个向汉族知识分子宣扬儒家道德和满族正统问题的机会。在该案件中，一个普通的湖南秀才曾静（1679—1735），企图通过17世纪明朝遗民学者吕留良（1629—1683）的遗著煽动叛乱。其企图没有成功，并很快地引起了云贵总督鄂尔泰的注意，且最终传到了皇帝那里。接着便是一场大调查。朝廷很快便准备好了两篇驳斥曾氏、吕氏的文章——《驳吕留良四书讲义》和《大义觉迷录》。最后在雍正的私人指导下，清廷发起了一场托马斯·费舍尔所谓的传统社会出现过的最大的"媒体运动"。两篇驳斥文章都强调了满人统治的正当性，并提醒学者对家庭和统治者所应当承担的责任。其中《大义觉迷录》取得了更大的成功，因为它直接攻击吕氏的反清思想，并宣称"对国家的忠诚是人伦中最重要的环节"。②

因此，到了雍正朝末期，清朝统治的主要政策和困境基本上都已经定型。对于"如何能够在不触犯自身权威的情况下，表达对汉族文人的尊重"这个问题，满族统治者已经有了一些答案。早年严厉的政策曾保护了满人统

---

① HCCS 1：46-56（2：5a-9b）. David S. Nivison trans., "Ho Shen and his Accusers: Ideology and Political Behavior in the Eighteenth Century," pp. 225-226.

② Thomas S, Fisher, "Lü Liu-liang and the Tseng Ching Case," pp. 253-279.

治的权威,但却是以"让那些具有统治才干的汉族文人远离政府"为代价的。康熙朝所采取的措施是为了吸引这些汉族文人。但是这些非官方的和私人性质的纳贤举措,不可避免地导致了党争和政治动荡。雍正皇帝试图将文人参与政府的程序规范化,但为了维持统治安全,他不得不放弃康熙朝曾经出现的创造力和活力。当时清政府的某些行动确实存在压迫性——比如说庄廷鑨案和戴名世案,但这并不是清代政策的总体特征。实际上,甚至清代早期一些著名的"文字狱"也是最初由知识分子内讧引发,最终才由朝廷出面来解决的。当时清代政策应当是以"对儒家教义日益增长的认可,以及政教(统治和教育)结合"为总体特征的。乾隆朝对这种趋势的延续和扩大,正是本书接下来所要讨论的主题。

三、乾隆统治时期的皇家出版及审查

乾隆皇帝虽然遵循了其父亲及祖父发起的朝廷赞助和出版先例,但却采取了适应当时朝廷及全国政治局势的方式。1736 年,乾隆这位新皇帝登基。此时,最重要的是稳定和延续已存在的政策,而不是急于推行新政。因此,新皇帝似乎决定继续保持汉族政权统治者的方法——关注礼制、先例及传统。乾隆皇帝在其登基之前的一篇文章中便已经提到,统治者的责任是教导子民,这也是上天授予的重要职责。此观点的哲学基础是人性善恶并存的理论。人性本善,但是由于人们处在一个充满诱惑的世界,很容易误入歧途。上天因此创造统治者和教师去净化他们的情感,并恢复天地间最原始的美德。统治者实现这一目标的途径是"划分贵族和底层民众,建立社会等级制度,根据不同的官阶区分品级,赏罚分明",并且推行宴饮礼、社稷礼、婚礼、冠礼、丧礼和祖先祭祀礼。从本质上说,政府的每项举措都是为了启发民众。①

这种政府理念与新皇帝所受的教育是相符的,因为相比于他之前的清代君主而言,乾隆皇帝在登基时,已经十分了解汉人的历史和经典。此理念也

---

① 《乐善堂集》,1:9a—b。Harold Kahn 在 *Monarchy in the Emperors Eyes: Image and Reality in the Ch'ien-lung Reign*,以及 Chang Chun-shu 在 "Emperorship in Eighteenth Century China"中,都详细讨论了乾隆皇帝继位之前的文章。

很适应新皇帝当时所面临的任务：通过一个相对较小的官僚群体来统治一个庞大的帝国，而这些官僚的共同特征是他们都接受了经学教育。和大多数汉族皇帝一样，乾隆皇帝很少赞扬那些"为己之学"——他将学者和学术都视作政府的附属品，但是，他也明确表示了对有才之人的尊重。在一个早期诏谕中，他反对"书生"不宜为官的观点，并宣称官员们所需要的正是书中所载的修己治人之道、事君居官之理。①

新皇帝迫切希望向世人表明，雍正朝的严厉政策已经结束了，且康熙朝的活跃气氛将再现。这可能有两个原因。首先，乾隆皇帝十分崇拜他的祖父；乾隆皇帝曾经是康熙皇帝最喜爱的孙子，并且康熙皇帝曾亲自指导他的学习。其次，更重要的可能是，这个 25 岁的君主发现，他身边环绕着许多康熙朝被提拔起来的人。康熙朝晚期供职于南书房和翰林院的张廷玉（1672—1755）成为乾隆皇帝的总理事务大臣和首席军机大臣。至少根据当时的传闻，张廷玉可趁职责之便，将许多重要官职授予其故友和幕僚。② 乾隆登基之后，几乎立马启动了帝国资助体系。新帝继位后的第一年，便命令地方财政官员将政府赞助的学术著作进行印刷，并分发给各自管辖区的书肆。两年之后，皇帝又下发了另一条诏谕，允许私人翻印和销售政府主持编纂的作品。③

虽然从理论上来说，该诏谕适用于清代所有官方图书，但当时大部分官方主持编纂的图书都成书于康熙后期。只有《孝经集注》是在雍正时期发行的。乾隆皇帝对此书的态度，至少是对《孝经》的态度，也体现在了 1737 年的诏谕中。乾隆皇帝反对将《孝经》的地位与"四书"等同起来，并且接受了一些大臣的观点：《孝经》文本存在作伪情况，且该书并无十分重要的政治观点。④ 这与乾隆皇帝热情印刷和下发其他官修图书形成了鲜明的对比。

---

① 《实录》，5：3b-5a。
② ECCP，pp. 54-56. 有关张氏任用其友人和门生的情况，可参考《实录》所载刘统勋的告发和皇帝的回复。也可参考 R. Kent Guy, "Zhang Ting-yu and Reconciliation: The Scholar and the State in the Early Qianlong Reign"。
③ HCCS 1：92-93（14：1b-2b）；99-106（14：51-8b）。
④ 雍正皇帝出版《孝经》可参考 TMTY, p. 654（32：4a-b）。雍正皇帝也要求将《孝经》翻译成满语，参考《国朝宫史》，967—968 页。有关乾隆皇帝反对该文本，可参考 HCCS 1：94-98（14：3a-8a）。

乾隆皇帝的其他许多举措也体现了他对学者和学术的态度。1736年，以康熙朝为模版，乾隆皇帝发起了第二次"博学鸿儒科"考试。最令人惊讶的举措是，曾静这位被雍正皇帝赦免的学者，突然被处死了，而《大义觉迷录》也被禁止宣传。①

尽管乾隆皇帝在许多方面都有意模仿他的祖父，但与他的父亲一样，他也十分关注党派之争。在登基以前，乾隆皇帝便在很多文章中反复提到，统治者和大臣在治国理念和道德上应该保持一致；这也是雍正皇帝所强调的。乾隆皇帝对朋党问题十分敏感，并发布了若干有关朋党的诏谕。这表明他对党争的认识十分深刻，而实际上党争贯穿了他的整个统治时期。进一步来说，皇帝及其大臣都意识到了文字和朋党斗争之间的联系。朋党领袖张廷玉、鄂尔泰在1745年和1750年相继失势之后，其党羽被卷入了胡中藻和吕留良的"文字狱"，他们的声誉也一落千丈。在乾隆朝晚期，皇帝在其诏谕中赞扬了《通志堂经解》。该书是由徐乾学（1631—1694）担任康熙第四子老师时编纂的，书中批判了朋党之争。②

1741年，乾隆皇帝试图恢复雍正朝发起的图书采集活动：

> 从古右文之治，务访遗编。目今内府藏书，已称大备。但近世以来，著述日繁，如元明诸贤，以及国朝儒学，研究六经，阐明性理，潜心正学，醇粹无疵者，当不乏人。虽业在名山，而未登大府。著直省督抚学政，留心采访。③

但是该提议的社会反响不大。显然，在经历了康熙朝的朋党之乱和雍正

---

① 有关第二次"博学鸿儒科"考试，参考李富孙《鹤征后录》和萧一山《清代通史》（2：33-34）。有关曾静案，可参考 Thomas Fisher, "Lü Liu-liang and the Tseng Ching Case," pp. 280-283; L. Carrington Goodrich, *The Literary Institution of Ch'ien-lung*, pp. 84-85。有关皇帝谴责曾静的诏谕，参考《实录》，9：10b-11a。这个诏谕的发布形式表明，惩罚曾静的动机可能来自刑部的徐本（参考 ECCP, p. 602），他是鄂尔泰的一位门人，且刚被任命。有关乾隆早期的新举措是一个十分值得深入挖掘的复杂课题。

② 参考 *Pan-li* I, 69b; David S. Nivison, "Ho-shen and his Accusers," p. 229；萧一山：《清代通史》（2：14-32，各处）；Goodrich, *Literary Inquisition*, pp. 94-96。派系政治也在许多方面严重影响了《四库全书》项目，参考本书第四、五章。

③ HCCS 1：66 (3.1b).

朝的严苛氛围之后，要激发知识分子对官方赞助项目的兴趣，新皇帝需要给予他们更多的鼓励和保障。乾隆皇帝很快便满足了他们的这一需求。1749年，乾隆皇帝提道：

> 翰林以文学侍从。近年来因朕每试以诗赋，颇致力于词章，而求其沉酣六籍，含英咀华，究经训之阃奥者，不少概见，岂笃志正学者鲜欤，抑有其人而未之闻欤？夫穷经不如敦行，然知务本则于躬行为近。崇尚经术，良有关于世道人心……今海宇升平，学士大夫举得精研本业，其穷年矻矻宗仰儒先者，当不乏人。奈何令终老牖下，而词苑中寡经术士也？

事实上，在这种情况下被提名的学者，很快都被授予了翰林院较高职位。①

虽然乾隆朝的相关措辞并无太大变化，但学者对朝廷要求的回应却大有不同，因为学者更加确定了朝廷的意图，对自己的未来也更有信心了。乾隆皇帝在1757年、1762年、1765年、1780年和1784年数次下江南，这可能正是他试图与学者培育良好关系的表现。在这些大规模的、著名的考察活动中，乾隆皇帝领着他的妃嫔和侍臣，沿着大运河巡游。途中，他会在具有历史意义或风景优美之处稍事停留，并与当地有影响力的地主交流诗歌、书籍和书法艺术。这些旅行对于大部分参与者来说都是愉快的，除了那些一路上不得不为取悦皇帝而买单的倒霉人以外。但这些旅行也有一定的政治目的，即为了表明皇帝对汉族精英的关注，以及彰显皇帝与精英的和谐关系。康熙皇帝当然也有过类似的旅行，但他至少是打着考察水利工程、考察三藩之乱后民情的旗号出行的。乾隆之行，除了炫耀东南部的财富、商业繁荣和学术造诣之外，似乎并没有其他的目的。②

到了1750年代，越来越多年轻有为的学者进入了政府——1757年进士及第者组成了一个杰出的群体，几乎所有想要在朝廷中取得一官半职的人，都需要首先参加朝廷的图书出版工作。乾隆时期朝廷和精英的倾向，可以用官方的赞助成果来描述。在1740年代，受乾隆朝赞助的第一批作品是宫廷

---

① HCCS 1：125-126 (5；3a-b).
② 有关乾隆南巡，参考 Sugimura Yuzo, *Kenryu katei*, pp. 16-18。有关康熙南巡，参考 Jonathan D. Spence, *Ts'ao Yin and the K'artg-hsi Emperor*, pp. 124-157。

音乐、绘画和地理之书。① 《钦定四书文》是最早的作品之一。这是一部由明代及清初科举散文组成的启蒙读物；它由康熙晚年的老师和新儒家学者方苞（1668—1759）选择并注解，成为官方标准。② 同时，乾隆朝还成立了多个"馆"，来注解存世经书。在 1750 年代，一些新的注解本问世了：1754 年出版了关于《礼》的注本，1758 年出版了有关《易经》、《诗经》和《春秋》的注本。③

这些作品都带有新儒家基调，这表明它们是康熙资助模式的延续。然而从 1740 年代开始，朝廷出版重点从儒家经典转向历史文本。1747 年，朝廷学者着手续修中国三大著名典籍，即《通志》、《通典》和《文献通考》；此修书项目一直延续到乾隆晚期。其重要目标是以汉族学者能够接受的形式，编纂一部可以被满族统治者接受的明清历史。④ 18 世纪的环境加速了皇朝历史的编纂进程。随着时间的推移，朝廷更加关心边疆战事；由此，一个新朝廷亲信团体开始取代康熙旧臣，登上了权力顶峰。乾隆皇帝下令编纂满族历史及有关其军事成就的作品。这包括一系列有关蒙古的历史、语言和风俗的作品，也许是为了庆祝清廷在中亚的胜利。⑤ 从 1750 年代末开始，皇帝下令

---

① 第一批这样的作品包括《协纪辨方书》这部有关宫廷画家和画作的集子，其于 1711 年编修，1741 年出版（*TMTY*, p. 2270 [109：b]）。也包括 1744 年出版的《大清一统志》（*TMTY*, pp. 1460-1461 [68：3b]）。还包括《明史稿》，其于康熙年间编纂，1739 年上呈给乾隆皇帝。还包括续订《律吕正义》这部有关数学、音乐、历法的百科全书，其最早于 1713 年由康熙皇帝下令编修，1741 年再次下令编修，1746 年完成（*TMTY*, pp. 802-803 [38：6b]）。

② 这部书于 1740 年完成，参考 *TMTY*, pp. 4225-4226（190：4b）。

③ 最早的三部这样的《礼》文本是《仪礼义疏》（*TMTY*, pp. 395-396 [20：4b]）、《周官义疏》（*TMTY*, p. 379 [19：7a]）、《礼记义疏》（*TMTY*, p. 422 [21：4b]）。这几部书合称《三礼义疏》。《周易义疏》（*TMTY*, p. 84 [6：1b]）和《诗义折中》（*TMTY*, p. 319 [16：5a]）均于 1755 年出版。《春秋直解》（*TMTY*, p. 576 [29：1b]）于 1758 年被校正并出版。

④ 有关这部百科全书，参考王锺翰的《清三通纂修考》（载《清史杂考》）。详细介绍这部作品及其意义的是：Teng Ssu-yii, Knight Biggerstaff, *An Annotated Bibliography of Selected Chinese Reference Works*, pp. 110-115。

⑤ 《皇舆西域图志》中包括了对蒙古的介绍。这是清代在该地区征战的一部地图（*TMTY*, pp. 1478-1479 [68：11a]）。这部书于 1757 年编纂，1762 年完成。《西域同文志》是一部有关蒙古语言的字典。这部书于 1763 年编纂（*TMTY*, pp. 876-877 [41：13a]）。《蒙古源流》是一部用蒙古语写作的早期蒙古史的汉语翻译作品（*TMTY*, pp. 1139-1140 [51：7b]）。《蒙古王公功绩表传》是一卷有关蒙古首领的传记表，在 1799 年刊行（*TMTY*, pp. 1283-1284 [58：4a]）。

编纂一批记载满族语言和历史的作品。1771 年出版的《清文鉴》是一部用满语编写的满文字典，该书试图推广满语这个在清廷已逐渐衰落的语言。1773 年纂修的带有浮夸意味的《皇清开国方略》，不仅充满了英雄主义色彩，而且也试图将早期满族历史描述成充满儒家色彩的时期。① 1749 年，有关军事征伐的《平定两金川方略》问世。在敕纂这些图书之时，乾隆皇帝似乎再次借鉴了他祖父康熙皇帝的经验，因为 1749 年之前，有关军事征伐的"方略"之书只有康熙时的《平定三逆方略》和《平定准噶尔方略》。康熙皇帝在军机处特设方略馆。1749 年，朝廷又将其定为常设机构，并主要负责编写军事史。在当时，该馆也负责部分其他编纂工作。随着帝国编纂题材的变化，承担出版工作的场所也从礼部和翰林院转移到了军机处，直到乾隆统治的结束。②

可以肯定的是，从儒家经典评论到军事历史的转变，标志着朝廷赞助基调的转变。但是，当时最优秀和最聪明的汉族学者，共同参与了这些满汉合作作品的编纂。这表明，朝廷文化活动的目标并没有改变。康熙朝开始确定赞助意图，雍正朝开始将赞助活动标准化，乾隆朝继续推行官方学术；在这个过程中，清廷的儒家倾向十分明显。这表明清廷的汉人统治政策逐渐成熟。康熙朝官方出版的作品代表了对儒家的尊崇。对于乾隆皇帝而言，赞助学术出版，意在彰显其统治之繁荣。与康熙皇帝不同，乾隆皇帝并不资助个人。18 世纪的官方学术是为了表达对整个阶层的态度，且该目标是通过军机处、礼部和翰林院等官方机构，而非皇帝私人的临时安排来实现。乾隆朝出版物代表着一种官方导向：既不针对抽象的学术本身，也不针对具体个人，而是针对整个学者群体。

乾隆朝的审查活动不仅有政治的意图，也含有学术目标。乾隆这位如此关心朝廷和知识分子关系的皇帝，极易变成一个敏锐和极端的审查者。但至

---

① 有关《清文鉴》，请参考 TMTY, p. 875（41: 1a）。有关《满洲源流考》，请参考 TMTY, pp. 1478（68: 11a）。《皇清开国方略》未被收录于 TMTY，因为它可能很晚才成书，但是 Franz Michael 的著作 *The Origins of Manchu Rule in China* 是严格参考它写作的。

② 有关《平定两金川方略》，可以参考 TMTY, pp. 1076-1077（49: 4a）。有关"方略馆"是一个常设官方机构的观点，可参考李鹏年等编：《清代中央国家机关概述》，66—67 页。

少直到 1770 年代，乾隆朝的审查活动都是被政治意图所主导的。其中两个案例可以说明这一点。湖南粮道谢济世因政治上的顽固不化，被乾隆皇帝和其父亲所厌恶。1741 年，他被发现质疑朱熹对经书的诠释，而这是官方评论所赞同的。皇帝下令销毁他的相关作品；同时，皇帝规定可以依据言论本身定某人之罪。十三年后，皇帝在发现了广西学政胡中藻的"一把心肠论浊清"这句话时，他的反应很不一样。此案件更加凶险，因为这不只是选词问题，还在于胡中藻是军机大臣兼帝师鄂尔泰的学生。他的诗歌中包含了对鄂尔泰与张廷玉矛盾的个人态度。胡中藻之诗被认为是对皇帝亲信兼首席军机大臣张氏的攻击，因此也是对皇帝的攻击。这是不能容忍的。胡氏被传唤到宫廷，进行审讯并被处死。这两起案件的结果，是朝廷学术和政治意图的不同体现。谢济世虽然受到谴责，但最终被赦免，并回到了官场，因为当时皇帝的关注点在于，谢济世在违背了皇帝旨意之后，又转向了推行正道。胡中藻的诗歌，尽管是文学内容，但却被看作是一种政治攻击，并最终导致了作者的悲剧。①

这两起案件为该朝的审查活动确立了标准。每当皇帝发现自己受到攻击之时，则会毫不犹豫地使用其政治权力迅速地进行审查。1752 年的丁文彬案和 1761 年的刘震宇案是很好的例子。丁氏是一位绍兴学者，他自称丁先生（"丁子"），后因向孔子后人献上了自己的两本作品，而被凌迟处死了。他的第一部作品题为《伪时宪书》。书中拟定了新年号。另一部作品题为《大夏大明新书》。该书似乎更糟糕，因为其中充斥着反满言论。刘震宇，江西一位七十岁的生员，也有类似的命运。他撰写了一个逮捕土匪的计划书，以及一部题为《佐理万世治平新策》的作品。后者讨论了王朝禁奢的法律和礼仪制度，且作者还利用 1753 年江西乡试之机，将该书提交给了主考官。显然，无论是《大夏大明新书》，还是《佐理万世治平新策》，在其导致一个真正的刑事案件之前，都曾经过省级官员的审查——相当于清朝出版前的审查制度。问题关键似乎并不在于那些书本身是否有明确的反叛言论，而在于丁氏和刘氏分别向孔子的后裔和主考官提交作品这样的举动，即其背后所暗示的政治意图。②

---

① 有关谢氏和胡氏的案件，可以参考萧一山：《清代通史》，2：18-21；Goodrich, *Literary Inquisition*, pp. 88-96；WTYT, pp. 9-11, 57-114。

② WTYT, pp. 19-56；Arthur Waley, *Yuan Mei, an Eighteenth Century Chinese Poet*, pp. 63-64. Waley 有关官僚在丁氏案中所发挥的作用的观点，与我稍有不同。

在没有发现明显政治意图的情况下，乾隆皇帝对那些貌似违碍作品的图书，通常采取更加宽容的态度。1757年，湖南生员陈安平撰写了两篇评论文章，而被告发了。其中一篇文章关于《大学》，另一篇关于《中庸》。在文章中，陈安平反驳了朱熹的观点。湖南巡抚的关注点可能与谢济世案的相似。但乾隆皇帝的关注点则类似于胡中藻的案件，即其是否有任何直接的或暗示的政治攻击。在没有发现类似迹象之后，皇帝释放了陈氏，并命令巡抚和学政不必进一步追究。皇帝对余腾蛟案也做了类似的处理。余氏显然是一个著名学者，因为他曾被推荐参加1736年的第二次"博学鸿儒"考试。他虽然当时并未通过考试，但九年后考中了进士，并在退休之前升任了刑部主事。余氏显然是才华出众的，这足以使他树敌无数。1761年，余氏的一位亲戚将他的一卷诗稿上交给了当地省级官员，该卷诗稿后又被转呈给了皇帝。皇帝审查了该诗稿，但没有找到进一步审查他的理由。皇帝在诏谕中就说，如果朝廷对诗歌实行过于严密的监督，那么不仅御用文人不敢抒发其心中疑虑，而且所有诗人可能都不敢再写一个字。①

因此，虽然乾隆皇帝毫不犹豫地摧毁了许多他认为危险的图书，但直到1770年代，他在使用审查权力时都十分谨慎，因为他十分珍惜与文人世界的关系。与资助制度一样，审查制度并不是毫无规律的；它是将皇帝与作者和藏书家的关系进行制度化的方式。也许，只有当包含三万六千卷图书的《四库全书》都被安全地摆放在他的书架上，并足以证明其统治合法性之后，乾隆皇帝才有足够的信心，去寻找那些曾经质疑过其统治之人的著作。

四、1771年诏谕

1771年2月，乾隆皇帝发起了第二次遗书采集运动。有两个因素可能促成了这一活动在该年开展。第一是为了庆祝1771年皇帝六十大寿和他母亲八十大寿。当年，皇帝在北京举办了许多庆祝活动，在北京及热河行宫修建了许多纪念碑和寺庙，资助了许多出版项目，开设了科举恩科，并且提高了考试通过率。考虑到自己即将六十岁，清朝统治也已近两百年，乾隆皇帝似乎想要对清朝统治做一个总结，证明他自己及其祖先对统治所做的贡献。

---

① *WTYT*, pp. 131-134, and 817-829.

1770年傅恒死后，乾隆朝形成了一个新汉人官僚集团，这可能是第二个因素。这些人确实和该运动的发起有很紧密的联系，并且他们在活动初期都很活跃。然而，该诏谕带有很强的炫耀意味，这表明其本意是彰显乾隆朝的文化统治政策，而不是要提出新政策；该诏谕也试图显示朝廷对学者的恩惠和开明，这是整个乾隆朝的特征。通过皇帝的深思熟虑，该诏谕的颁行是为了表彰满族政策所取得的成就，并指出接下来的目标。

1771年诏谕虽然看起来十分浮夸，但其开头部分的内容却绝对不是夸夸其谈；这是乾隆皇帝对中国皇权基本信条的遵守，即"羽翼经训，垂范方来，备千秋法鉴"。和中国历史上大部分知识分子及统治者一样，对于乾隆皇帝来说，知识和权力的特殊关系必然会促使他编制一部当朝最好书籍的目录："今内府藏书插架不为不富，然古今来著作之手无虑数千百家，或逸在名山，未登柱史，正宜及时采集，汇送京师，以彰稽古右文之盛。"当然，正如乾隆皇帝所知道的那样，历史学家评价一个朝代时，不仅会参考其成就和制度，也会将其发展的学术环境作为重要凭据。在朝廷赞助下完成的复杂出版项目，不仅会有助于统治者，而且会进一步促进整个帝国的学术发展，推进其专业化和扩大化："即在识小之徒，专门撰述，细及名物象数，兼综条贯，各自成家，亦莫不有所发明，可为游艺养心之一助。"

他声称，其继位以来的政策已充分表明，他对经典和历史十分尊重，并且将历史作为道德和政治权威的来源："是以御极之初，即诏中外搜访遗书，并命儒臣校勘'十三经''二十一史'，遍布黉宫，嘉惠后学。复开馆纂修《纲目三编》、《通鉴辑览》及'三通'诸书。"但是，为了完成中国统治者的传统目标，即将人性和统治思想相结合的目标，他还有很多工作有待完成。乾隆皇帝将其祖父《古今图书集成》的编纂工作视作典范："康熙年间所修《图书集成》，全部兼收并录，极方策之大观，引用诸编，率属因类取裁，势不能悉载全文，使阅者沿流溯源，一一征其来处。"

正如"康熙年间官学与私学的互动促成了这一名著的问世"一样，一个庞大的国家学术赞助项目，也可以激发乾隆朝的学术："今内府藏书插架不为不富，然古今来著作之手无虑数千百家，或逸在名山，未登柱史，正宜及时采集，汇送京师，以彰稽古右文之盛。"

该诏令的后半部分描述了皇帝拟采集的图书类型，以及采集程序。皇帝区分了那些对朝廷具有永久意义和短期价值的作品。诏书责令督抚采集所有的遗书:"除坊肆所售举业时文,及民间无用之族谱、尺牍、屏幛、寿言等类,又其人本无实学,不过嫁名驰骛,编刻酬倡诗文,琐碎无当者,均毋庸采取外,其历代流传旧书,有阐明性学治法,关系世道人心者,自当首先购觅。至若发挥传注,考核典章,旁暨九流百家之言,有裨实用者,亦应备为甄择。"在此范围中,难免有一些对清初禁书持有不当评议的"琐语淫词"或文学作品。然而,乾隆皇帝很快指出,他不想错过任何真正有才能的人:"如历代名人,洎本朝士林宿望,向有诗文专集。及近时沈潜经史,原本风雅,如顾栋高、陈祖范、任启运、沈德潜辈,亦各有成编,并非剿说卮言可比,均应概行查明。"

书籍采集程序是由官方学术和图书本身的性质所决定的:"在坊肆者,或量为给价;家藏者,或官为装印。其有未经镌刊,只系钞本存留者,不妨缮录副本,仍将原书给还。"总而言之,这个有益于学术的项目,不应该给学者造成麻烦,当"严饬所属,一切善为经理,毋使吏胥藉端滋扰"。最后,皇帝提出了一个实际措施,简化了这项艰巨的图书采集任务。由于要采集的图书是多方面的,如果不进行仔细甄选,只是简单地将一切都采集起来,就不可避免地会出现重复和浪费:"著该督抚等先将各书叙列目录,注系某朝某人所著,书中要旨何在,简明开载,具折奏闻。候汇齐后,令廷臣检核,有堪备阅者,再开单行知取进。"

诏谕结尾处提到,此项目可以追溯到东汉时期的一个伟大传统,即"庶几副在石渠,用储乙览,从此《四库》《七略》,益昭美备,称朕意焉"。① 讽刺的是,这既是中国历史上规模最大的一次图书收集项目,也是最后一次。在此项目结束之前,皇帝、官僚和学者都将聚集在一起,达成知识和权力的统一;这也彰显了该伟大传统的优点和缺点,以及存在于18世纪中国学者和国家之间的微妙制衡关系。

---

① *Pan-li* I, p. la-b.

第三章
学者的回应

1772年2月的诏谕并不是第一个汉人皇帝或清朝皇帝的图书采集诏谕。但是，这引发了中国历史上可能规模最大的一次图书采集活动，因为它引起了当时社会和政治精英的共鸣。当然，这不仅说明乾隆朝的汉族精英统治政策是成功的，它也反映了18世纪的社会特征：知识分子采集、整理和校正古代文本的兴趣日益提高；经济的蓬勃发展，使得贫穷的学者可能找到富裕的赞助者，进行相对专业化的研究；这促成了社会精英和知识精英的融合，特别是在长江下游地区。但这些趋势并不是18世纪新出现的，部分趋势已经发展了若干世纪。但是，在18世纪最后几年里，这些趋势不断发展和成熟，并促使了与众不同的精英阶层的形成，而该阶层是从对朝廷举措充满顾虑的松散群体发展而来的。由于这些顾虑的存在，康熙和乾隆早期的图书采集诏谕未能得到很好的反馈。18世纪后期社会所呈现的新特点，不仅使得《四库全书》项目的开展成为可能，也决定了该项目的最终成果形式。

18世纪中国社会的很多方面是很难重构的。艾尔曼最近将"话语"概念应用于18世纪的中国社会，这是最恰当的，因为一个时代的"话语"特征，最好通过当时通用的词汇和共同的关注点来表达，而不是通过任何单个文献或事件来说明。① 18世纪的知识分子很少有宏观性的描述；他们经常通过对古代文本和理想的详细研究，以及通过评论、注释、序言、跋文、信件、散文和传记等，来表达他们的学术旨趣。他们的政治旨趣变化，也不是通过公开宣言来体现，而是通过对权力和财富的兴趣来表达的。18世纪社会生活的许多方面，都是通过该世纪下半叶发展起来的半官方赞助和教育圈子来呈现的。在这些圈子中，人们形成了一些新的联系。由此，私人关系得以巩固，研究目标得

---

① Benjamin A. Elman, *From Philosophy to Philology*.

以形成，研究项目得以制定，资金来源也得到了保障。此外，对参与者来说，考证学和义理学研究技巧得以在这些圈子的师生之间传播；同时，这些技术的应用性成果——主要经典文本的校勘及注解——也有了推动者和出版商。在1750年代后期，第一个这样的圈子形成，该圈子以著名文献学家和翰林院学士朱筠（1729—1781）为首。朱筠与朝廷和当时的社会精英都有着很紧密的联系。他不仅表达了对许多学者的关注，也对他们的职业生涯进行了指导。1772年冬，当乾隆皇帝颁布采集遗书的诏令时，朱筠推动了学界做出相应回应，并以考证学的名义，鼓励他的藏书家友人积极响应皇家号召。

一、18世纪的考证学

致力于保存古代文本的知识分子群体出现了，这反映了中国帝制晚期社会、政治和思想的发展。中国思想史上的考证学转向，意味着从宋代理学到汉学的转移。但把考证学描述成纯粹的好古之学，则是不恰当的。18世纪学者普遍认为，逝去的黄金时代可以为后世提供宝贵的经验教训；他们自认为是很有创造力的，可以通过开辟通往过去的新道路，为美好的未来奠定基础。讽刺的是，极少18世纪学者可以预见这个美好的未来。他们发展出一些新的研究方法，诸如金石学、考证学、文字学和史学；这些新方法将在未来把传统经典变成一个如博物馆藏品那样可以被研究的对象，而不是一个被人敬畏的对象。然而，这样一个时代要到很久之后才会到来。18世纪的目标并不是破坏经学，而是要重构和巩固经学。

"文本考证运动"有各种各样的称谓——汉学、朴学，或考证学。① 大多数人认为，该运动始于17世纪初。20世纪中国史学家已提出了若干理论，

---

① "朴学"这个词汇最早见于《汉书·欧阳生传》，是用来形容一种为弘扬学术本身而从事学术研究，而不是为了追求名利而治学的学术思想："宽有俊材，初见武帝，语经学。上曰：'吾始以《尚书》为朴学，弗好，及闻宽说，可观。'乃从宽问一篇。"参考 Morohashi, *Dai karwua jiten* 6：6250；《汉书》88：3603。
"汉学"一词的起源是非常明确的，但其使用情况却非常复杂。最初该词是用来形容一群18世纪学者的学术。他们集中在苏州，主张研究汉代留下来的学术观点。这个群体的许多成员被任命为《四库全书》馆臣。结果，《四库全书》带有极强的汉学倾向（见第五章）。后来，自称宋学追随者的另一个群体出现了。但是，习惯上仍把18世纪的学术统称为"汉学"。1812年江藩的《国朝汉学师承记》是较早将18世纪学术统称为"汉学"的著作。因此，为了更好地概括18世纪的总体学术，最好使用"考证"这个更为中性的词，来统称这一时期的学术。

来阐释其起源问题。但同时,史学家常将对自己所处时代的政治体会,融入对18世纪的思考。持第一种观点的学者认为,19、20世纪之交的学者,因受当时反满思潮的影响,常倾向于将"考证运动"描述为汉族精英对满族专制的回应。在这种理论体系下,清代学者认为,相对于朝廷来说,他们的力量是十分微弱的;就好像寻找避难场所的"鱼卵和跳蚤"一样,他们如果对朝廷有所不满,也只能通过非政治性的研究或隐喻方式来表达。①持第二种观点的学者认为,五四运动时期的胡适及其追随者的作品,也有着同样的影响力。19世纪末20世纪初,胡适从他接受过西式哲学训练的角度,分析了考证学;他从中发现了经验主义和客观主义元素,而且他认为这预示着中国科学革命的开端。在提到这个问题时,胡适更关注的是清朝学者的研究方法,而不是他们的研究结果或思想内涵。他认为,考证学的主要目标是推翻宋代理学,并重建中国学术。②持第三种观点的学者认为,18世纪新学术的兴起,与物质和经济生活的变化息息相关;这种变化包括城市的兴起、商业的发展和商业财富的增长。③

这些观点都有其合理性,但没有一个可以完全令人满意,尤其是没有任何一种观点试图解释18世纪"考证运动"的动态变化,以及知识分子偶像主义和社会精英主义的独特结合。无论"考证运动"在17世纪的起源是什么,它确实反映了18世纪的一些新发展:经学知识和观点得到了积累,而这既加强了该运动的目标,又巧妙地重塑了其目标;汉族学者与满族统治者

---

① 参考《学隐》,以及邓实发表于《国粹学报》的《国学今论》。我在"Decadence Revisited: National Essence Views of the Eighteenth Century"这篇文章中,有更加详细的分析。

② 胡适:《清代学者的治学方法》《治学方法与材料》,见《胡适文存》。最近余英时也讨论了这个问题,虽然他没有像胡适那样强调考证的方法,也不认为考证学者完全放弃了宋学家的关注重点。余氏论证道,早期清代学者是出于对宋学形而上学问题的关注,才开始研究早期文本。相比胡适而言,余氏更清楚地看到了宋学思想与明清思想的逐渐分离。余氏因此指出,在中华帝国晚期思想中,存在着一种"内在逻辑",这种逻辑就是由明清时期的"反理智主义"或"直觉主义",发展到清代的"理智主义"和"考证学"。参考余英时:《从宋明儒学的发展论明代思想史》和《清代思想史的一个新解释》。

③ Yamanoi Yu, "Minmatsu shinsho shiso ni tsuite no ichi kdsatsu". 也可参考 Benjamin Elman, "Japanese Scholarship and the Ming-Ch'ing Intellectual Transition".

之间的紧张局势得以解决或至少被弱化了；中国社会财富得以日益增长，而这反过来又为该世纪的学术发展提供了经济基础。

17世纪到18世纪学术关注点的演变是十分微妙的。几乎每一个18世纪学者所关心的领域，都是建立在17世纪的基础之上的。但正如艾尔曼所力证的那样，考证学家带来了考察传统问题的新方法论、新资源和新视角。在研究过程中，问题本身也以新的形式呈现。这在"五经"的考证方面最为明显。汉代经学研究的核心，即《易经》、《尚书》、《诗经》、《春秋》和《礼记》，都被视作孔子编纂过的作品，并被认为是理解中国过去最权威的文本。在之后的一段时期内，"五经"曾经黯然失色；相比之下，"四书"这些更哲学化的文本，则被宋代学者朱熹所强调。"考证运动"的特征就是，学者必须解决那些被破坏的"五经"文本中所存在的抵牾之处，并恢复其在中国学术体系的中心地位。

考证学家对"五经"文本的争议历时久远，且意义非凡。在《易经》研究中最重要的问题，也许是其图表与文本之间的关系问题。该问题的灵感来自朱熹等新儒家学者，他们认为图表是儒家智慧的源泉。王阳明（1472—1529）及其清初追随者黄宗羲（1610—1695）都不赞同朱熹的看法。他们认为这些图表来自道家。朱熹的辩护人反驳说，朱熹的阐释是合理的，他保留了对此文本的丰富和宝贵的传统理解。① 清朝思想史上的许多最重要人物都参与了此次辩论。继黄宗羲之后，有胡渭（1633—1714）和毛奇龄（1623—1716）；朱熹的辩护者包括顾炎武（1613—1682）、戴震（1724—1777），以及观点稍有不同的方东树（1772—1851）。② 双方在该问题上都有深刻的见解，

---

① 参见余英时：《清代思想史的一个新解释》，147页。
② 黄宗羲对这个问题的辩论参考《易学象数论》（TMTY, pp. 87-88 [6; 3a]）；毛氏的相关讨论见《河图洛书原舛编》，以及胡渭的《易图明辨》（TMTY, pp. 95-96 [6; 6b]）。有关批判的传统，可参考钱穆的《中国近三百年学术史》（1; 229），以及梁启超的《清代学术概论》（Immanuel C. Y. Hsu trans., pp. 34-35）。尽管梁启超没有意识到许多论争是由派系引发的，但是他将胡渭的书视作"对朱熹学术的极大支持"，并且将其影响比作达尔文的《物种起源》和勒南（Renan）的《耶稣传》（Life of Jesus）之于欧洲的影响。顾炎武《周易本义》中的相关论断，可见于现代重印本《原抄本日知录》（2—4页）。戴震的《经考》是一部稀见图书，但是余英时在《清代思想史的一个新解释》中对戴震的《易经》评论进行了介绍（147页）。方东树关于该争议的研究见于《汉学商兑》（1—2页）。

这使得该论争变得十分复杂,且旷日持久。1661 年,黄宗羲在他的六卷本作品中讨论了该问题。胡氏和毛氏也分别有十卷和三十卷作品是有关本问题的讨论。同样,正如顾炎武《日知录》的一条脚注所记,戴震在经考方面有更加广泛的研究。

就像艾尔曼已经明确提出的那样,关于《尚书》的考证也有类似的演变过程,即从关注书中的理论问题到关注文本本身。该案例关注的是"道心"与"人心"之间的关系问题,特别是其在《尚书·禹贡》章中提出的方式问题。朱熹及其追随者对这段经文有过阐释,称道德真理的根源在人心之外,且必须通过艰苦的钻研和自修来探寻。晚明学者则回答说,人类和宇宙中都只有一个思想,道德真理和人欲并存于其中。此次辩论十分激烈,几乎可以肯定,这是阎若璩(1636—1704)撰写《尚书古文疏证》的灵感之一。该书刊行于 1745 年。① 阎若璩不仅提出这段文本来自道教经典,而且还对所有《古文尚书》版本产生了怀疑。毛奇龄对这项研究表示十分愤慨,并进行了反驳;方东树则更加愤慨地回应他的研究。该争议成为一个著名案例,并刺激着一直到 19 世纪的经学家和史学家。②

《诗经》并没有引发类似的理论争论。然而,它确实为清代考证学和音韵学发展成为支柱学术奠定了基础。清朝学者首先关心的是,如何避免使用被破坏了的文本,并避免从中得出错误的推论。他们面临的最严重的问题之一是,由于疏忽或精心设计,某些发音类似的汉字可能被不经意地替换了。因此,从考证学家的角度来看,建立一个同音词谱系,以及讨论这些同音词的发音演变过程,是非常重要的。《诗经》是一部采用押韵方式撰写的古代诗歌合集,因此,它似乎就是此类研究的理想起点。17 世纪早期出版的陈第

---

① 参考 Benjamin Elman, "Philosophy (I-li) Versus Philology (K'ao-cheng): The Jen-hsin Tao-hsin Debate"。也可参考余英时:《清代思想史的一个新解释》,148 页;戴君仁:《阎毛古文尚书公案》,79—94 页;Elman, From Philosophy to Philology, pp. 200-212。顾炎武对《古文尚书》的评价可见于《日知录》(51—54 页),他对"心"的评价见于 528—529 页。黄宗羲关于该段文字的评论,可见于他为顾炎武所写的序言《尚书古文疏证序》,见《南雷文定》(三集)1:1a-b。阎氏关于"心"的评论见于该书第 2 章第 32 篇文章。

② 毛奇龄对该问题的回应见于《古文尚书冤词》(TMTY, pp. 249-251 [12:7a])和《尚书广听录》(TMTY, p. 251 [12:7b])。

（大概卒于 1617 年后）的《毛诗古音考》使音韵学与《诗经》研究复兴了。但至少根据 18 世纪学者的考察，陈第的研究只不过是"如谷壳和杂草般的无用之作"。直到顾炎武晚年的音韵学成果问世，音韵学才真正诞生。① 江永（1681—1762）的《古韵标准》纠正了顾炎武研究的一些史实错误和不实猜测，并通过他的朋友兼学生戴震，将音韵学传给了 18 世纪后期的学者。该世纪最后几年又出现了大量音韵学研究成果，此领域最谨慎和热情的学者之一就是段玉裁（1735—1815）。他的《六书音韵表》出现在 1760 年代末。②

以上三部书的研究者，似乎至少在某个层面上是沿着前人的足迹，进一步讨论一些传统问题，并给出更加成熟的答案。但是，随着学术研究日益细化，他们的关注点似乎从信仰转向考证。以前的猜想得到了证实，而以前未经检验的传统理念也得到了详细阐述。关于《礼》文本的研究可以证明这一现象。清朝最早研究《礼》文本的学者，显然受到了朱熹遗作的启发。朱熹去世之前，正在注释《仪礼》。在去世前夕，他宣称需要更关注《礼》文本研究。在他去世后，他的两个弟子继续完成了他的工作。但，显然并不成功。因此，合理阐释《礼》文本仍然是一项未完的学术任务。③ 1696 年，徐乾学制作了一百二十卷的有关丧礼的索引《读礼通考》；几年之后，江永编制了八十八卷的《礼》文本索引《礼书纲目》；1761 年，秦蕙田编制了二百六十卷的《五礼通考》。这更便于学者从各个侧面详细地研究《礼》文本。江永和他的朋友戴震都研究了《周礼》中有关古代交通工具和武器的章节。有人则研究了其中涉及的土地占有制、分封制和服制等。④

有充分证据表明，《礼》文本的早期研究学者都试图实现朱熹提出的目标。但是，随着学界越来越多地向一些具有争议性的话题聚焦，新儒家的最

---

① TMTY, p. 902（42：10a）。

② 关于延续此类学术的意识，可参考 Benjamin Elman, "From Value to Fact: The Emergence of Phonology as a Precise Discipline in Late Imperial China," *From Philosophy to Philology*, pp. 212-221；江永："序"，见《古韵标准》，3b—4a 页；戴震：《顾氏音论跋》，见《戴震文集》，86 页。

③ 钱穆：《中国近三百年学术史》，1：307-308。

④ 戴震有关《礼》研究最著名的著作是《考工记图》；江永的著作是《礼书纲目》(TMTY, p. 437 [22：4a])、《礼记训义择言》(TMTY, p. 427 [21：6b])，以及《周礼疑义举要》(TMTY, p. 385 [20：8b])。

初信仰也逐渐丧失了。在文字层面上，这种信仰丧失的证据比比皆是。18世纪中叶，语言学家已经习惯于精确的学术研究，他们越来越多地谴责着新儒家作品中的信仰因素，并将其视作"空洞的形而上学的思辨"。在理论层面上，新儒家信仰堕落或至少转变的证据，也可以被找到。如凌廷堪（1757—1809）指出，朱熹注释《礼》文本与其"格物"所要实现的目标之间有密切的关系。当然，对于朱熹所设定的目标，学界有不同的理解，但是其本质是对普遍性道德的追求。凌廷堪没有反驳这一点，但问题是如何能够实现这一目标。正如凌廷堪所认识到的那样，道德的关键在于个人感受，即不要轻易受到某些"为了确立道德原则而做出的分析"的干扰。凌廷堪的解决方案是建立在这样一个观点的基础之上的，即展示人感情的最好方式是仪式，人们可以通过礼仪来实现朱熹的目标。考察"礼"的最好方法是研究记录"礼"的文本。因此，对《礼》文本的注释（"考礼"）等同于朱熹的"格物"。① 至少对于凌廷堪来说，考证学取代了修身，并成为文人生活的核心。

正如有关《春秋》研究的作品所呈现的那样，考证学家重新定义了中国学术的目的，这似乎预示着剧烈的学术和政治变革的可能性。《春秋》在清代早期并不是一个特别有争议的文本，尽管有很多注释本。18世纪研究该文本最著名的学者是庄存与（1719—1788）。庄存与对《春秋》的兴趣，促使他突破了左氏对此问题做出的传统评论，而涉猎了其他早期注释文本，包括公羊氏和穀梁氏的评论。19世纪上半叶，庄存与的学生刘逢禄（1776—1829）和魏源（1794—1857）在这些被忽视的评论中发现了大量社会和政治激进主义思想。② 然而，重要的是，庄存与本人并没有对这些思想做出总结。直到1820年代和1830年代经济社会危机出现以后，这些隐藏的含义才被发掘出来。18世纪学者似乎多未意识到这些作品中的政治隐喻，或者说他们根本不感兴趣。18世纪后期似乎是中国思想史的一个转折点：由于正处于一个新儒家时代和一个激进时代之间，学者忙于严密的文本考证，但还未从以文本为中心的传统中解放出来。

---

① 参考钱穆：《中国近三百年学术史》，2：495。凌氏有关礼研究最重要的作品是《礼经释例》。

② 关于该传统的发展，可参考钱穆：《中国近三百年学术史》，2：523-569；周予同：《经今古文学》。汤志钧在《清代经今文学的复兴》中，考察了"考证运动"的政治含义。

第三章 学者的回应

清朝学者对其研究方法论的自信，无疑是推动清代学术发展的一个重要因素。戴震就是一位自信的学者，他具有很强的方法论意识。在 1775 年致姚鼐（1732—1815）的一封书信中，戴震发表了对自己所著《考工记图》的评论，他提道：

> 凡仆所以寻求于遗经，惧圣人之绪言，暗汶于后世也。然寻求而获，有十分之见，有未至十分之见。所谓十分之见，必征之古而靡不条贯，合诸道而不留余议，巨细毕究，本末兼察。
>
> 若夫依于传闻以拟其是，择于众说以裁其优，出于空言以定其论，据于孤证以信其通，虽溯流可以知源，不目睹渊泉所导。①

在欧洲文艺复兴时期，这种方法论意识当然与科学的兴起有关，但是要得出"乾隆朝的中国正在走向类似于欧洲科学革命的学术革命之路"这个观点则需谨慎。对于戴震和他的同僚来说，他们并不是要开辟一个新的学术方向，而是要利用新方法来考察旧文本，并解决旧问题。正因为新研究方法对于解决旧问题十分有效，18 世纪学者才引以为傲。18 世纪知识分子的方法论意识可能意味着学术信心的增强，而这种信心反过来侵蚀了许多传统信仰。但是"科学研究，或者说将自然现象本身作为研究目标的系统探索"的时代还未到来。②

经济和社会的发展也制约着学术的发展。18 世纪学者对世界的态度及其自身所扮演的角色，必定是由他们的见闻所决定的。正如晚明社会一样，18 世纪是一个城市逐渐发展、商业财富日益增加、物价缓慢增长的时期。但不同于晚明，乾隆朝是一个相对和平的时代。虽然在乾隆统治期间，边疆战事不断，但边防战事并未过度消耗政府和社会精英资源。因此，社会财富得以积累。这很可能使部分知识分子相信，古典理想即将在他们自己的时代实

---

① 戴震：《与姚孝廉姬传书》，见《戴震文集》，141—142 页。这个文本的译文见 *Intellectual Trends During the Ch'ing Period*, p. 56。

② 当然，在受到耶稣会士影响的考证学领域，中国学者的方法和结论都与当代西方科学家的相似。有关这个问题的讨论，请参阅 John B. Henderson, *The Development and Decline of Chinese Cosmology*, pp. 227—256; Nathan Sivin, "Why the Scientific Revolution Did Not Take Place in China, or Didn't It?"; Elman, *From Philosophy to Philology*, pp. 61—64, 79—85, 228。

现。事实上，从某种意义上说，学者职业也是建立在财富积累的基础之上的。为了从事最好的文献学研究，学者不仅需要有大量的书籍和版本的投资能力，而且还需要有从谋生中抽离出来的自由，而这种自由只有通过他人赞助，或大量的个人财富积累才能实现。18 世纪的商业财富无疑是该时期考证学发展的支柱。

考证学术圈中，学者财富积累的程度也各有不同。到 18 世纪中叶，由于政府实行盐业垄断政策，只有获得许可的盐商才被允许在富庶的长江三角洲卖盐；扬州盐商因盐业获取了暴利，因此扬州迅速成为中国最富庶的地区之一。许多考证学家是盐商后裔。但是，许多商人即使家中无学者，也表现出对儒家价值观的认可，因此，他们对相关学术活动常常慷慨解囊。① 18 世纪后半叶，盐商在扬州地区捐建了三所书院，在徽州地区捐建了三所书院。相关教职或个体商人资助的研究岗位，吸引了许多当时最著名的学者。② 著名的"扬州学派"则是由江苏北部和安徽南部的学者组成的；他们在 18 世纪开创了新的文献研究方法，特别是在《礼》文本研究方面。③

苏州地区的知识分子多来自古老的富商家族，他们往往都有收藏图书、研究目录学和参加科举的兴趣。20 世纪的一位"扬州学派"后学，把这些兴趣称作"堕落的文豪"的关切。但 18 世纪苏州学者的这些兴趣，使该城市成为整个帝国主要的书籍生产和贸易中心之一。④ 尽管苏州地区存在一个用商业资本建立起来的书院，但其他大部分教育资源多来自土地财富。20 世纪初期的出版家和目录学家叶德辉追溯了一个规模较大的书坊的命运；他发现，最初归明末钱谦益（1582—1664）和毛晋（1599—1659）所有的藏书，通过学生和后代流传之后，最终大部分都归苏州东北部常熟地区的地主黄丕烈（1763—1825）所有。⑤ 一些著名的考证学家——钱氏"三凤"，

---

① Ho Ping-ti, "The Salt Merchants of Yangchow: A Study in Commercial Capitalism in Eighteenth-Century China". 中国人和日本人对盐商有大量研究。在许多情况下，他们控制着强大而广泛的经济、人脉关系网。在某种程度上，对盐商财富的获取和处理的彻底考察，超出了本研究的范畴。

② Okubo Eiko, *Min-shin jidai shoin no kenkyu*, pp. 260-286.

③ 关于扬州学者，参考张舜徽：《清代扬州学记》。

④ 刘师培：《近代汉学变迁论》，3821 页。

⑤ 叶德辉：《吴门书坊之盛衰》，见《书林清话》，254—257 页。

即钱大昕（1728—1804）、钱大昭（1744—1813）、钱东垣（卒于1824），以及王鸣盛（1722—1798）——就诞生在这块具有文雅之气、藏书楼众多的土地上。

在杭州地区，通过商业积累起来的财富，使学者能够在18世纪中叶的杭州地区形成一个庞大的网络体系。杭州书商不仅拥有大量的财富，他们之间也多形成了亲密的关系。① 通过学术资源的积累，该地区形成了一种特殊的学术传统；该学术传统有一些独到的特点，尤其是对晚明史的兴趣和关注。但是，该学术传统也是清代学术的重要组成部分。杭州地区的藏书楼是《四库全书》项目的重要图书来源。②

北京也逐渐发展成为一个学术中心，这与清廷吸引富商和有才华之人到政府任职的能力的增长是联系在一起的。17世纪初到18世纪，琉璃厂（或说书肆）逐步发展成为"中国最著名"的市场。北京商人定期派人前往苏州，以寻找书籍和小玩意，来娱乐他们富裕的顾客。③ 这些顾客包括汉化了的满族王公大臣，也包括留在首都等待朝廷任命的科举考试通过者。但也有一些在北京生活了好几代的家族，他们形成了一个地方精英群体。其中最著名的是朱筠与翁方纲的家族。在18世纪，经常有来自其他学术中心的精英加入北京的学术精英群体，因此该群体可以适应帝国的所有学术发展。其特殊贡献可能是对散布于华北平原地区的石刻文献研究。

考证学中心不只限于扬州、苏州、杭州和北京，但它们确实是最主要的地区。这些地区的社会财富和学术之间有着密切的联系，这也体现了考证学的繁荣对社会发展的重要意义。但是，18世纪历史学家仍然感到很无奈，因为量变并不一定会引起质变。这一时期新积累的财富更倾向于支持基于传统学术理想的研究，而不是去激发新的社会理想。诚然，有一批像戴震与焦循那样的学者，也提出了一些新伦理观念；这些新理论充分肯定了人类感知所能发挥的作用。④ 但是，从内容和影响力来看，这些作品并不宜被视作该时代的典型代表。

---

① Nancy Lee Swann,"Seven Intimate Library Owners".
② 参考下文第五章中，杭州学派学者邵晋涵对《四库全书》项目的贡献。
③ 李文藻：《都门书肆之今昔》，见叶德辉：《书林清话》（重印本），257—262页。
④ 参考 Cheng Chung-ying trans., *Tai Chen's Inquiry into Goodness*，尤其是"Editor's Introduction", pp. 17-30。

同样，我们也很难将考证学视作"对满族专制统治的一种反应"的经世思想。考证学家很喜欢引用经世致用思想家的言论，这也体现在了《四库全书总目》的撰写之中，但他们只引用了他们感兴趣的那些段落。他们不认可或者忽视了大量 17 世纪思想家更加政治化的著作。① 当然，从根本上来说，20 世纪初的历史学家是正确的：清朝政府为考证学蓬勃发展营造了良好的氛围，这也对汉族学者形成了一定的约束。清廷将许多较高的朝廷职位预留给了满人；当时朝廷所偏好的是如杭世骏（1696—1773）、沈德潜（1673—1769）、钱大昕、纪晓岚（1724—1805）这样的作家和诗人，而不是战略家和策划者。② 1734 年，当杭世骏抱怨只有满人能够身居高位时，他很快被赶出了朝廷；这揭示了满人"宣称无民族差异"的虚假面貌。③

但是，考证学家还有什么诉求呢？他们是中国富人阶层的代表。满人虽然保留了任命"朝廷高级闲官和管理边疆事务大臣"的权利，但他们却很自觉地不去干涉"地主或者特权阶层"的权利。在这个时代，经济增长足以持续维持那些土地占有者或资源控制者的统治地位，而考证学派倾向于接受既有特权者，且最好只做渐进式的改革。这也许很符合中国精英阶层的兴趣和偏好，也有利于他们获得政治机会。从 19 世纪早期开始，许多知识分子迅速放弃了考证学，很显然，当时的经济和社会亟待改革；这也表明，清朝知识分子并没有忘记他们在政治决策中所能发挥的作用。但是在 18 世纪，比起社会或政治改革来说，寻找实现传统学术目标的机会，看起来更加迫切。18 世纪学者似乎并不寻求政治改革，而是满足于现有秩序，并尽可能借助朝廷举措，为自己的学术目的服务。至少这是朱筠和他的朋友的目标，因为他们对 1773 年朝廷遗书采集项目做出了相应的回应。

二、朱筠的圈子及其重要意义

西方学者还未深入挖掘 18 世纪学者朱筠的意义，但其同时代人和现代

---

① See Guy, "The Development of the Evidential Research Movement: Ku Yen-wu and the Ssu-k'u Ch'uan-shu".

② Sugimura Yuzo, *Kenryu kotei*, pp. 140 - 141.

③ Sugimura Yuzo, *Kenryu kotei*, pp. 14 - 15, 44；《实录》184：7b - 9a；*ECCP*, pp. 276 - 277。

的中日历史学家，都早已意识到了他的重要性。1937年姚名达在朱筠的传记中写道：

> 所以我们若通读乾嘉学派的著作及其传记，便可知道朱筠对于当时学风实有莫大的影响；他一面既提议开馆校书，造就了校书的环境，又复授徒养士，造就了养士的风气。所以他的确是乾嘉朴学的开国元勋，亦即朴学的领袖。①

河田悌一（Kawata Teiichi）发现，姚名达的一些记载，特别是把朱筠视为"朴学运动创始人和领袖"的说法，是有一点夸张的。但是，他仍然将朱筠看成一个伟大人物，因为他极大地丰富了"18世纪的学术以及学者的生活"。②

朱筠的家族发展史显示，18世纪的北京对当时精英阶层来说，有很强的吸引力。虽然朱筠的祖籍在杭州，但自从康熙末年其祖父选择在北京致仕以来，朱筠的家族就一直居住在这里。除了在陕西担任了七年地方官外，朱筠父亲的一生都在京城度过；他在这里为朝廷服务和教书，时间长达二十五年以上。③ 朱筠和他的弟弟朱珪，分别在1745年的顺天府乡试中名列第一和第二，这引起了全城轰动。④ 然而，朱筠在朝廷中获得声望，则始于他中进士；从知识分子的角度来看，这是18世纪最高的一个等级。1754年中进士第二名、第四十二名的分别是18世纪著名的历史学家钱大昕和王鸣盛，后来担任《四库全书总目》总纂官的纪晓岚（纪昀）名列第六，伟大的金石学家、文献学家王昶（1725—1806）排名第九，朱筠自己则排名第三十八。⑤

除王昶以外，以上所有人都在翰林院获得了职位。他们在一起工作交

---

① 姚名达：《朱筠年谱》，3页。

② Kawata Teiichi, "Shindai gakujutsu no ichi sokumen—Shu In, So Shikan, Ko Ryokitsu to shite Sho Gakusei," p. 104.

③ 姚名达：《朱筠年谱》，9页。从某种程度来说，朱筠很喜爱他的家乡，但是他似乎并没有打算永久地住在那里。参考《同姓中黄先生之官萧山教谕乞访问先世谱牒为书数则》，见《笥河文集》，147—148页。

④ 姚名达：《朱筠年谱》，13页。

⑤ 洪业编：《增校清朝进士题名碑录附引得》，101页；ECCP, pp. 152-155, 805-807, 828。

流,并很快形成了一个紧密的群体;他们的学术观点和风格主导了首都的学术。哲学家兼文献学家戴震以及朱筠在北京的邻居翁方纲(1733—1818)很快加入了他们的社交圈。即使是最终持不同学术主张的姚鼐,也暂时加入了其中。①

朱筠和他在朝中的朋友花了大约十年时间,来完成乾隆时期《平定准噶尔方略》这部历史作品的编纂工作。② 然而,在1760年代中期,朱筠开始发挥自己对学术的贡献,即招募和培养青年学者。朱筠的这种倾向,可以从两个事件看出来。第一个是他于1764年搬到了其翰林院同僚蒋渔村(卒于1770)家的对面居住。朱筠将这里的书斋命名为"椒花吟舫";后来,此地因举行了许多重要聚会和讨论而闻名。③ 第二个是,同年,朱筠的父亲去世;在居丧的三年期间,他终于可以腾出闲暇时间,来培育大量青年才俊。④

与朱筠同时代的人说,朱筠一生中有多达五百到一千名门人;姚名达参考了多种文献后,认为朱筠大约只有一百名学生。⑤ 前者所提人数之所以大于姚名达提到的人数,很可能是由于前者存在虚夸:许多考中进士的学者,即使先前没有与他接触过,也常常把他们的考官称为"老师"。同时,这种夸大也可能是由于詹姆斯·波拉切克(James Polachek)所描述的18世纪特有的"文学友谊",即基于共同的政治目的而形成的一种审美趋同关系。很显然,朱筠的许多学生属于后者。他们在参加进士考试前后来到朱筠身边,希望获得面见一位朝廷重臣的机会,并得到他最后一刻的提点。但是,也有许多学生,如章学诚(1738—1801)、吴兰庭(1774年举人)和蔡必昌

---

① 有关戴震对该群体的态度,参考《戴东原年谱》,见《戴震文集》,221页。有关翁方纲与该群体的关系,参考朱筠:《曲阜颜氏弃藏尺牍序》,见《笥河文集》,75—76页。有关姚鼐的情况,参考下文第五章,也可参考余英时:《清代思想史的一个新解释》,105—107页。

② 朱珪:《竹君朱公神道碑》,见《笥河文集》;姚名达:《朱筠年谱》,25页。朱筠为此撰写了两卷书稿和两篇赋,并为有关此事的一部诗集做了介绍。

③ 朱筠:《编修蒋君墓志铭》,见《笥河文集》,234—236页。此房子位于城南,广东会馆西侧。

④ 朱筠:《先府君行述》,见《笥河文集》,159—166页。

⑤ 参考姚名达:《朱筠年谱》,129—141页。"门人"的翻译是有问题的。在我看来,"学生"可能较"弟子"或"追随者"更为准确。

(1778年进士),都很早便追随了朱筠若干年,且住在他家中。①

朱筠的住所是十分舒适的。章学诚在为朱筠的邻居蒋渔村所作的墓志铭中,如此形容朱筠家的氛围:

> 是时朱先生未除丧,屏绝人事。学诚下榻先生邸舍,时时相过,若程舍人晋芳、吴舍人烺、冯大理廷丞,及君为燕谈之会。晏岁风雪中,高斋欢聚,脱落形骸,若不知有人世。②

理所当然,在服丧期满之后,朱筠还不愿意离开他的"椒花吟舫"。幸运的是,很快,朱筠接受了一个新的朝廷职位,而这允许他继续其以往的生活方式。雍正皇帝曾设立了一个学政职位,来监督获得朝廷津贴的秀才。该职位没有专门阶品,属于朝廷临时差遣性质的职务。但是学政多具有极高的威望,而且是被皇帝亲自挑选和任命的。③ 他们的正式衙署虽然在省会城市,但他们常辗转于县城,以面试学生和监督考试。1771年,朱筠被任命为安徽省学政。他带领一大批随行人员,包括章学诚、邵晋涵(1743—1796)、洪亮吉(1746—1809)和黄景仁(1749—1783)等,定期到全省巡游,如1772年的3月底,他们在芜湖主持考试,4月则转去南部的徽州主持考试,5月14日在休宁举办考试,7月13日又在宁国举办考试,然后再回到太平暂作休息。在接下来的秋天,他们又开始前往安徽北部巡游。④

朱筠的追随者们构成了其社交圈子的核心。虽然朱筠的圈子是第一批这样的文人圈之一,但这种文人圈很快在学术界变得十分普遍。朱筠学术圈之后具有代表性的是毕沅(1730—1797)1770年代末和1780年代在陕西建立

---

① 有关吴兰亭和蔡必昌,参考章学诚:《吴府君墓志铭》,见《章氏遗书》15:40a-42a;朱筠:《送蔡生必昌之官屯留序》,见《笥河文集》,85—87页。徐书受是跟随朱筠的一位很典型的学生。参考朱筠:《杨孺人墓志铭》,见《笥河文集》,274页。

② 章学诚:《蒋渔村编修墓志铭书后》,CSCWC,270页。

③ 参考下文第二章,以及 Araki Toshikazu, "Yosei jidai ni okeru gakushinsei no kaikaku-shu to shite sono nin yoho o chushin to shite"。

④ 有关朱筠在太平府的衙门,可参考 David S. Nivison, *The Life and Thought of Chang Hsueh-ch'eng*, p. 39; Susan L. M. Jones, "Hung Liang-chi (1746 - 1809): The Perception and Articulation of Political Problems in Late Eighteenth-Century China," pp. 55-56. 有关朱筠的旅行,可参考姚名达:《朱筠年谱》,41页。

的圈子，以及阮元于 19 世纪前十几年在广州学海堂建立的圈子。① 后者在学术出版方面更为活跃：毕沅撰写了多部专著和评论性作品，阮元主编了一千四百卷的《皇清经解》。但是，这些圈子都是学术天才的跳板，且也可能是联系满族政权和汉族知识分子的桥梁。汉族知识分子在这些学术圈子中的生活模式，是他们适应 18 世纪政治和社会方式的体现。把朱筠社交圈成员团结在一起的因素有三种——经济、社会和学术。

对朱筠圈子的成员来说，经济因素显得尤为重要，特别是对像汪中（1745—1794）和章学诚这种生活困顿的成员而言。在 18 世纪，中进士是获得经济保障的重要因素，而朱筠与考官们有着密切联系，且十分适应官方学术趋势，所以朱筠的建议对于能否考中可能十分重要。也就是说，朱筠大可跟章学诚说，章氏没有撰写科举考试所需的八股文的才华，但他却向章学诚这样说："通过考试有什么困难？为什么需要你学八股文？按照你自己的方式，遵循本性，功名不一定难以获得。"② 可见，不是因为朱筠可以保证其学生在考试中取得成功，而是因为相比同时代的多数人而言，他对他们所需要的东西更加了解。

朱筠也试图帮助贫困学生寻找临时岗位。朱筠 1770 年代后期的一位学生李威（活跃于 1770—1800）曾指出，朱筠乐于简选科考失利者，并因此被揶揄："（朱筠）所称奇才异能之士，亦指不胜屈矣。"朱筠也感叹过，"夫士怀才未遇，其或家贫亲老，跋涉数千里而来。若其名不获显著，羁旅孤寒，未见其能有合也，且彼实有所长，吾言稍假之耳，虽致非议，庸何伤？"③

朱筠在这方面的能力并不是无限的。1769 年，他最喜欢的学生之一任大椿（1738—1789），在进士考试中名列第四。尽管该名次并不能确保他在翰林院获得一席之地，但大多数人认为他会获得此殊荣，因为他涉猎广泛，而且专攻三礼。在被任命了其他职位后不久，任大椿曾请求朱筠为他斡旋，以

---

① 有关毕沅，可参考 ECCP，pp. 622-625；有关阮元，可参考 Benjamin Elman, "The Hsueh-hai-t'ang and the Rise of New Text Scholarship at Canton"; Peh-t'i Wei, "Juan Yuan: A Biographical Study with Special Reference to Mid-Ch'ing Security and Control in Southern China, 1799-1835", part I.

② David S. Nivison, *The Life and Thought of Chang Hsueh-ch'eng*, p. 32.

③ 李威：《从游记》，见《笥河文集》，32—33 页。

确保转移到一个负担较轻的职位。任大椿指出,由于他与朱筠的住所临近,如果他能拥有更多闲暇时间,他就能频繁地从朱筠处借书,即"十年任职时间,至少有五年可用于读书"。很可惜朱筠没有办法帮他调职。①

朱筠和他学生之间的社会关系虽然是无形的,却是真实存在的。朱筠在他的著作中经常提到他与学生的筵席和出游,这证明了其学术圈的活跃氛围。朱筠的学生也频繁和真诚地记录了对他近乎谄媚的热忱和支持。1766年,朱筠在他的一篇序言中,讨论了学生之间社会联系的重要性。那一年,程晋芳(1718—1784)和冯廷丞(1728—1784)来北京时拜访了朱筠。另外几个学生也被邀请参加了该聚会。按照习惯,冯氏把晚上写的诗合在一起,题为《椒花吟舫小集》。②

朱筠在该诗集的序言中说,虽然他很高兴冯氏编纂了这本小集子,但是他担心圈外人产生误解,并把他们看成一个对世界不满的游手好闲的团体。他很疑惑,为什么以往人们只把那些聚众饮酒作乐、与世隔绝,且对社会没有实际贡献的群体称作"朋友"。如果这是"朋友"的唯一存在形式,那么友谊将取决于一个人的职业,而职业又取决于"命运"和"时代"。朱筠很难区分"他与圈子成员之间的关系"和"政治友谊";后者有赖于个人职业,并受到"命运"和"时代"的制约:

> 不贪乎天者,然后可以不失乎己,不失乎己,然后谓之君子。夫苟能内不失乎己,而外不贪乎天,以此为友,斯其所以友者,澹澹然至乐也。一时相会合,相从而友,而其后也散而之于四方,皆皎然不欺其志者也,而要自今日可以信……君子之交淡如水。③

在朱筠看来,通过在他家探索共同的学术问题,他的学生们超越了空间、社会与学术差异,被紧密地联系在了一起。当然,他的序言反映了当时知识分子的一种生活方式,但它也有另一层隐喻,那就是在日益分散的社会里,朱筠的圈子为其成员提供了重要的社会和私人支持。然而重要的是,朱筠认为自己培育人才的目的并不是为了反对既有权威:这些人并不是反对社会和违逆政治传统的酒徒。同时,他们也不是激烈的爱国者;

---

① 章学诚:《任大椿墓志录》,CSCWC,138 页。
② 这部作品已失传。
③ 朱筠:《椒花吟舫小集序》,见《笥河文集》,83—84 页。

18 世纪的理想人格与 19 世纪的主流形象截然不同，因为后者的主流是热诚和积极行动。① 18 世纪的特点是强调成功，并将其排在首位。这似乎集中了所有合作思想的所有经典因素，但很难想象 18 世纪学者在后来是如何发展的。

最后，朱筠的圈子之所以能团结起来，是由于他的学术主张。朱筠的个人学术成果是有限的，但凭借在主持科举考试时的操守，他能够将自己的学术思想传播给同时代的人。从狭义上来看，他的事业就是倡导汉代文本和研究方法。广义地看，他提供了一个通用的学术研究路径，以及适用于每个学术分支的认识论。正如所有中国传统学者所认为的那样，朱筠相信中国古代先哲事实上已经洞悉了真理。当下的目标是，如何重新获得这些真理。清代学者认为，实现该目标的最好方法就是研究他们的真实话语。对于朱筠这代人来说，这意味着研究汉代的评论，因为它们是可以找到的对古代经典的最早解释。

朱筠对汉代评论的兴趣，是与北京和江南学术界联系在一起的。解读石刻文献是北京学术界的一个特殊爱好，访碑活动是北京社会生活的重要组成部分。朱筠考察的许多遗址都是汉代的，并且朱筠早期著作的主要内容都集中在对这些出游活动的回顾和对汉代历史的思考上。② 随着他的学术世界的扩大，朱筠对南方学者的语言学研究方法也越来越关注。朱筠赞助了方言和经学辞典的编纂，以及对经书的文字学研究。在他担任安徽学政期间，朱筠下令将汉代字书《说文》的副本，分发给所有的科举生员。

朱筠为一本论文集撰写了一篇题为《劝学编》的序言。该论文集收录了他担任福建学政时期，读过的最好的考试文章。他在序言中说：

> 今试士之文谓之经义，所以说五经及四子书之义也。按说经始于汉初，诸老翁抱保携持诸经于秦烬之余。《汉书》称，自汉武帝立五经博士，开弟子员，迄于元始一经说，至百余万言，大师众至千余人，盖禄利之路……所说经可谓勤且多矣，而其言今惜不传……

---

① Judith Whitbeck 的 "The Historical Vision of Kung Tzu-chen（1792—1841）" 对此个人风格有一个十分生动的描述。

② 如可参考朱筠：《汉西岳华山庙碑跋尾》《观顺天府署诸碑记》，见《笥河文集》，89—90、132—133 页。

然今国家悬诸功令以诏士，其路其义，无以异也。唐韩愈氏曰："士不通经，果不足用。"又曰："为文须略识字。"

今汉儒之书颁在学官者，则有毛苌氏、何休氏、赵岐氏、郑康成氏①；其书见传于世者，则有许慎氏②。诸生不读许氏书，无以识字；不读毛、何、赵、郑氏书，无以通经。诸生应使者试，为文不如此，其求合于诏令"清真雅正"之指者盖难矣。夫"清真"者，非空疏之谓；"雅正"者，非庸肤之谓。诸生将求免于空疏、庸肤，以仰符诏旨，其必不能外乎识字以通经矣。③

朱筠及其同僚的观点经常被曲解。他们并不认为汉代的文本是神圣不可侵犯的——毕竟即使是最早的汉代经学家也是在圣人生活的黄金时代的几个世纪之后才出生的，但相比后世经学家散漫的治学方法而言，汉代经学家的语言学方法更有效。因此，关键在于汉代经学家发明的方法，而不在于他们所撰写的作品。正如朱筠在另一篇文章中所说，如果当时学者不能区分类似"诣"（奉承）和"讨"（疑问）这样看似相近实则完全不同的两个字，他们怎么可能理解经书或圣人的意图呢？④ 1755 年，他在给一位朋友的信中，充分表达了他的想法；他最担心的是人们在草率地阅读了那些文本之后，便自鸣得意。⑤

三、朱筠的奏折

1772 年秋天，朱筠太平府衙里的文献学家都十分激动，因为朱筠和他的

---

① 毛苌是西汉著名的学者，他的《诗经》校订本成为一部标准的经典。有关他生平的记载十分简略，参考 TMTY, p. 293 (15: 1b-2a)。赵岐（约110—200）以注释《孟子》而著称，参考 TMTY, p. 711 (35: 1a-b)。何休是《春秋》的研究专家，尤其是研究《公羊》和《穀梁》的评论。郑康成（郑玄，127—200）是汉代经学的集大成者，他几乎涉猎了所有经书的评论。

② 许慎（约58—约147）是中国第一部字典《说文解字》的作者，该书作于公元100 年。

③ 朱筠：《劝学编》，见《笥河文集》，78—79 页。

④ 朱筠：《说文解字序》，见《笥河文集》，69 页。

⑤ 朱筠：《与贾云臣论史记书》，见《笥河文集》，145 页。

学生正在考虑建议皇帝发布一个采集遗书的诏谕。当年12月，朱筠上奏，并同时提交了十七种书，以待审查。① 毫无疑问，这些书都是清朝安徽省的学术代表作，特别是有关考证学的研究。徽州的代表作包括朱筠的助手戴震及其老师江永的作品。② 安庆府的代表作包括晚明"考证运动"先驱方以智（卒于1671）及其两个儿子方中德和方中履（活跃于1700年左右）的著作。③ 历史地理学家徐文靖（1667—1756之后）的著作是从太平府呈上来的，诗人梅鼎祚（1549—1615）的选集、散文家施闰章（1618—1683）和吴萧公（约1700）的著作是由宁国府选定的。④ 朱筠第一次上呈这些文献可以体现，地域和思想归顺还在很大程度上影响着学术话语，尽管这可能也是18世纪学者普遍的担忧。

通过对朝廷诏谕的仔细考察，朱筠发现，采集遗书不仅是为了得到关于地方主义或学术忠诚的信息。他此诏书的评价是："此为非常盛典"，"必当

---

① *Pan-li* I, pp. 2b-3a. 标点本见《笥河文集》，2页。学者对于第二章中提到的关于采集书籍的早期皇帝诏书，显然没有什么回应。因此，11月11日，皇帝向各省督抚发出了第二份关于此事的诏书。依照朝廷指示，此第二份诏书被下发给了教官。朱筠1772年12月的奏折，很可能是在回应第二次诏书，而不是第一次。

② 戴震提交给朱筠的作品是《考工记图》和《屈原赋注》。两者都未包含在《四库全书》中。江永提交的是《礼书纲目》（TMTY, pp. 439-440 [22：a]）和《周礼疑义》（TMTY, pp. 385-386 [19：9b]）。江永上呈的十六种书被收录在《四库全书》之中，其中五种是有关礼的。戴震没有任何一种作品被收录进《四库全书》，虽然其中许多是从《永乐大典》中辑佚的文本。有关江永和戴震，可参考 ECCP, pp. 695-699；余英时：《论戴震与章学诚》，169—178页。

③ 朱筠提交了方以智的《通雅》（TMTY, pp. 2500-2501 [119：3a]）、方中德的《古事比》（TMTY, pp. 2877 [139：4a]），以及方中履的《古今释疑》（TMTY, p. 2658 [126：7b]）。方以智的著作被朝廷收录并重印，但是他儿子的著作只附于存目，并被存目提要评价为如其父亲的一样好。有关方以智，参考 ECCP, pp. 232-233；J. Willard Peterson, *Bitter Gourd: Fang I-chih and the Impetus for Intellectual Chang*。《四库全书》纂修者在回顾方以智的《通雅》时，对考证学在明代的起源做出了一些有趣的评价。

④ 《四库全书总目》中提到了梅鼎祚的19种作品、施闰章的5种作品、吴萧公的3种作品，但是没有提到朱筠提交的作品，即梅氏的《算学全书》、施氏的《愚山集》和吴氏的《术南集》。朱筠提交了徐文靖的《竹书统笺》（TMTY, p. 1024 [47：1b]）和《山河两戒考》（TMTY, p. 1157 [72：3a]）。有关徐氏，可参考 ECCP, pp. 326-327。

人用专长，书明识职，然后沿流溯本，可得古人大体而窥天地之纯"。① 推荐合适的整理者，不应该是一个私人行为。朱筠并不试图掌握甄选项目人员的控制权，因为他以及他所代表的群体，正在寻找可以完成此项目的途径，以实现一些基本的学术目标。

经过与同僚的讨论，朱筠在1月份向朝廷提交了一份奏折。他建议，在完成这个朝廷图书编纂项目的同时，也要同时开展其他四个项目。这是一个非同寻常的举措。首先，虽然各省学政都有资格向皇帝提交奏折，但他们通常只是向皇帝传达科举考试结果，或者提交朝廷规定的年度报告。甚至到了乾隆朝晚期，也很少有官员向皇帝提交密折，以回应皇帝下发的诏谕。考虑到这一点，则皇帝后来的反应是很不寻常的，因为当军机大臣们对此奏折的评论（见下面第四章）较为负面，并且皇帝并未收到基于遗书采集诏谕的积极反馈时，皇帝表示很不满意。朱筠似乎不仅是以省学政的官方身份向皇帝提交了此奏折，而且也是以朝廷中学术代表人物的非官方角色给皇帝提供了此建议。朱筠提出的四个项目包括：（1）保存抄本，特别是宋元文本的抄本；（2）从《永乐大典》中辑佚明代以来遗留下来的文献；（3）编制帝国内所存所有石刻文献的目录；（4）在每本书之前加上一个摘要，介绍书的内容及版本意义。② 下文将详细讨论这四个项目，并考察这些项目与朱筠朋友圈中学术思想交流的关系。

抄本

朱筠首先关心的是宋、辽和金朝的抄本：

> 旧刻抄本，尤当急搜也。汉唐遗书存者希矣，而辽、宋、金、元之经注文集，藏书之家尚多有之，顾现无新刻，流布日少。其他九流百家，子余史别，往往卷帙不过一二卷，而其书最精。是宜首先购取，官抄其副，给还原书，用广前史艺文之阙，以备我朝储蓄之全，则著述有所原本矣。

作为汉学家，朱筠似乎不太可能是为了保留宋学思想，才主张保留宋朝

---

① 章学诚：《朱先生别传》，*CSCWC*，130页。
② 朱氏的奏折参见 *Pan-li* I, 3a-4b；其标点本参见《笥河文集》，2—4页。台北"故宫"档案馆中未见自1770年到乾隆统治结束期间，其他省的学政关于此事的奏折。

的抄本；同时，补充历代传记，或者补充《宋史》《辽史》《金史》《元史》之不足，可能会引起皇帝的兴趣。但是，朱筠的建议也远不止于此目的。

在某种程度上，朱筠正试图说服朝廷，让其参与一个令苏州富有的藏书家为之着迷长达一个世纪的竞赛。18世纪晚期，收藏宋版书十分盛行，以至一些藏书家经常通过所藏宋版书的数量来标榜他们的藏书楼，而一些藏书家甚至为其宋版书制作了专门的目录。例如，黄丕烈将其藏书楼的一部分命名为"百宋一廛"（这间藏书楼有一百种宋代作品）。部分藏书家对于宋版书的热情是随波逐流，但很多藏书家却是因为所谓的文本准确性，而珍视这些宋版书。①

更重要的是，朱筠提出的具体目标和程序并不新奇，创新之处在于他给出的理由。皇帝采集遗书的目的在于，它们可能包含一些对君主和大臣来说十分具有参考价值的内容；朱筠则建议说，所有图书都值得被采集，无论内容如何，因为它们有亡佚的危险。在皇帝的计划中，学术是为了更好地服务于政府；在朱筠的提议中，政府参与学术活动，是为了服务于学术。

朱筠的学生章学诚在有关图书分类和地方史学的著作中，也提出过类似的主张。② 但是，呼吁政府参与保存图书事业的最有力和最值得纪念的请求，是一篇题为《儒藏说》的文章。这篇文章的作者是章学诚和朱筠的志同道合者，即山东藏书家周永年。此文章是以对话体的形式书写的。该对话发生在周永年和许多真实的或者虚构的反对者之间。在这个辩论中，周永年预料到了许多后来反对朱筠计划的论点。其中一条反对周永年的意见称："古今载籍浩如烟海，子之计是愚公之移山也。"③ 周永年回应说，学者采集所有的中

---

① Cheuk-woon Taam, *The Development of Chinese Libraries Under the Ch'ing Dynasty*, 1644–1911, pp. 59–61.
② David S. Nivison, *The Life and Thought of Chang Hsueh-ch'eng*, pp. 79–80.
③ 周永年：《儒藏说》，2a页。我使用了收录此文本的"松邻丛书"再版本。也有一个收录此文本的标点本，即杨家骆的《四库全书概述》（南京，1931，"文献"，9—11页），但是其不同重印本都有许多错误。

此文章的刊行日期不确定。它是对周永年藏书目录的介绍，该目录题为《籍书园书目》，但已亡佚。显然，章学诚在1775年访问周氏时，为这本书写了一篇序言；他在序言中提到了这些观点。如果不是在这篇文章中，就是在那篇现在被称为《儒藏说》的文章中。参考章学诚：《周书昌传》，见《章氏遗书》，18：25a-26b页。关于愚公移山的故事，可参考《列子·汤问》篇。

国儒家图书的努力，尚无法与唐、六朝期间为采集藏经、注释和翻译佛经所做出的努力相比拟。周氏断言，所有这一切都需要一位愿意为这些人发起号令的领导人，以及愿意支持他们整理这些成果的赞助人。

另一位假想的反对者是历史上的郑樵（1104—1162）。周氏在文中借郑樵之口说："有专门之书，则有专门之学……人守其学，学守其书……人有存殁，而学不息。世有变故，而书不亡。"这与汉学家们的看法有一定的相通之处，即专门的学术传统是保存圣人之学的重要工具；章学诚尤其赞同郑樵在这个问题上的看法。周永年对该论点的回应很实在且合理。他反问道："然何如毕入于藏，使天下共守之乎？"此外，周永年也指出："儒藏既立，则专门之学亦必多于往日。何也？其书易求故也。"

周氏又借郑樵之口提出："辞章虽富，如朝霞晚照，徒耀人耳目。义理虽深，如空谷寻声，靡所底止。"简而言之，如果只有极少图书包含了真理，那么为什么还要采集那么多图书呢？周氏解释道，因为如果各类图书都被采集到一起，学者可能需要的所有图书也便会被汇集起来。当所有的知识都可以被方便地查看时，以往被认定为无用的研究也可能会被证明是有用的。①

朱氏的提议及周氏的文章都有一个共同的前提。这便是18世纪十分普遍存在的一种观念，即所有的书如果不能作为真理而存在，那么也可以作为历史证据而存在，因此它们都或多或少有一定价值。今天的垃圾可能会成为明天的宝藏。所以，政府应当有意识地在学术领域发挥作用，并利用朝廷之力汇聚大量的经济和人力资源，来组建这样一个藏书机构。朱氏的提议可能使政府的图书采集项目，最后变为学者的研究圣地。它也会使政府与私人收藏家形成竞争，而那些能够接触到秘阁藏书的学者则是最终的受益者。

《永乐大典》

朱筠的第二个提议涉及内廷藏书：

> 中秘书籍，当标举现有者，以补其余也。臣伏思西清东阁所藏，无所不备，第汉臣刘向校书之例，外书既可以广中书，而中书亦用以校外书，请先定中书目录，宣示外廷，然后令各举未备者以献，则藏弆日益广矣。

---

① 《儒藏说》，pp. 3a-b; Nivison, *The Life and Thought of Chang Hsueh-ch'eng*, pp. 77-78。

内廷藏书与外廷藏书之分是中国历史上的一个固有传统；为巩固这两处馆藏，古人提出过许多举措。然而，正如在其他部分提出的建议一样，朱氏清楚地表明，他并不是在试图帮助皇帝充实其个人馆藏；相反，他正在试图编纂一个内、外廷藏书目录，并将其公之于众。而且，他尤其关心内廷藏书中的一个特殊文本：

> 臣在翰林，常翻阅前明《永乐大典》。其书编次少伦，或分割诸书以从其类，然古书之全而世不恒睹者，辄具在焉。臣请敕择取其中古书完者若干部，分别缮写，各自为书，以备著录，书亡复存，艺林幸甚！

《永乐大典》使许多明清学者着迷。1409年，这项编纂工程完成时，共有两个副本——一份存放于北京，另一份存放于南京。1562年，存于北京的这份副本的部分卷帙被大火烧毁了，但后来，有人据南京副本将烧毁的部分补全了。明朝灭亡时，南京副本被摧毁，但北京的版本完好地保存了下来。据说顺治皇帝曾在闲暇时浏览过此书。书中各主题的排列顺序确实是独一无二的。书中所讨论的每个事件或想法，都以某一个汉字作为标题。然后，再将这些汉字按照明《洪武正韵》进行分组排列。从经书中抽取的段落，被放在用以概括该段落所描述的事件的汉字之下。尽管有时被引用的段落相当长，但正如朱筠指出的那样，偶尔同一本书的同一段落还可能出现在不同的标题之下。这部书采用了百科全书的写作形式，因此，利用该书来辑佚其他图书的任务变得十分艰巨，特别是考虑到该书的整体篇幅。原书包括一万一千多册，超过一百万行；尽管18世纪时，可能有多达两千本这样的卷册已经丢失了，该书依然卷帙浩繁。①

很少有学者真正看过这部百科全书。晚明思想家刘若愚（活跃于1630年左右）甚至不知道它的存放地点。在康熙末期，徐乾学曾申请参考《永乐大典》，以编纂《大清一统志》，但他也被拒绝了。1730年代，朝廷高官李绂（1675—1750）和历史学家全祖望（1705—1755）为了阅读《永乐大典》，也曾煞费苦心。当时全祖望正在李氏北京的家中做客。作为《八旗通志》的编者，李氏也许能够借用这部百科全书的部分卷帙。然后，两人一起研究这些借来的部分。当发现该书的重要性时，他们制订了抄录部分文本的计划，甚

---

① Lionel Giles, "A Note on the *Yung-lo ta-tien*," pp. 137–143.

至设计了雇用抄写员的规则。然而，当全祖望在乾隆元年开始担任地方知县之后，这一活动就停止了。①

这种努力的失败并没有阻止其他学者继续试图获取《永乐大典》的愿望。1740年代，方苞（1668—1749）在注释三礼时，试图使用该书；1767年，朱筠在安徽省时的一位助手戴震，也曾尝试使用它。戴震描述了他使用该书的过程：

> 予访求《九章算术》二十余年不可得，拟《永乐大典》或尝录入，书在翰林院中。丁亥岁，因吾乡曹编修（文埴）往一观，则离散错出，思缀集之，未之能也。②

1774年，朱筠提议把辑佚《永乐大典》文本作为《四库全书》项目的一部分，这并不是一个新奇的想法。也许朱氏提议的唯一新颖之处在于，他有十足的信心正式地提出这个建议，因为他身处北京这个权力中心，而且他认为满族统治者对汉人学者和学术的支持是充分的，必定会赞许他的计划。无论如何，这一建议和随后的举措，提供了衡量18世纪日益发展的考证学，以及清朝统治者对其态度变化的标准。

编目

朱筠的第三个提议是将这个帝国编纂项目引入18世纪学者特别感兴趣的领域：

> 著录校雠，当并重也。前代校书之官，如汉之白虎观、天禄阁③，集诸儒校论异同及杀青；唐宋集贤校理，官选其人。以是刘向、刘知幾、曾巩等，并著专门之业。④ 历代若《七略》《集贤书目》《崇文总目》，其书著有师法。臣请皇上诏下儒臣，分任校书之选，或依《七略》，或准四部⑤，每一书上，必校其得失，撮举大旨，叙于本书首卷，并以进呈，恭俟乙夜之批览。臣伏查武英殿原设总裁、纂修、校对诸

---

① 全祖望：《抄永乐大典记》，见《鲒埼亭集外篇》，2757—2763页。
② 段玉裁：《戴东原年谱》，228—229页。
③ 汉学的两个机构。
④ 刘知幾（661—721）是唐代帝国藏书目录的编纂者。曾巩（1019—1083）是宋代帝国藏书目录的编纂者。
⑤ 有关这两个目录体系的不同点，请参考下文。

员，即择其尤专长者，俾充斯选，则日有课，月有程，而著录集事矣。

尽管许多帝国书目都有提要，但很少有如朱筠提出的这么完整的提要。历史上一个有完整提要的帝国书目是汉代刘歆的作品《七略》，但后世人只能通过其幸存的残篇得知一二。朱筠曾频繁地提及了该部作品，以及其中涉及的"知识传承"问题的讨论；这表明，朱筠提议的动力源自他本人及其同僚对汉代帝国学术机构的倾慕，并且他们认为这是汉代经学得以发展的原因。特别是他们觉得，像刘向这样的皇家目录学家通过文本注释，重新建立了学术传统，以及传承学术的师承模式。①

影响了朱筠提议的还有另一个与众不同的因素。正如我在第二章所论证的那样，宋、元后期，印刷术兴起之后，图书版本剧增；在清代，藏书家们都面临着各种各样的文本，版本标准也不尽相同。基于这种情况，18世纪后期的一位知识分子写道：

> 由宋以降，板刻众矣。同是一书，用较异本，无弗霄若径庭者。每见藏书家目录，经某书、史某书云云，而某书之何本，漫尔不可别识。然则某书果为某书与否，且或有所未确，又乌从论其精粗美恶耶？②

朱筠的奏折并没有直接提到版本问题，但是当他提议学习刘向为图书撰写提要时，很可能正在考虑版本的问题。当然，在朱筠的同事为帝国藏书目录所写的许多提要中，该问题已经得到了细致的处理。③

石刻文献

朱筠的第四个建议是，由政府出面编写一部石刻文献目录：

> 金石之刻，图谱之学，在所必录也。宋臣郑樵以前代著录陋阙，特

---

① David S. Nivison, *The Life and Thought of Chang Hsueh-ch'eng*, pp. 77—78, 156, 171—174.

② 顾广圻1812年给秦恩复《石研斋书目》所写的序言，以及姚名达《中国目录学史》（413页）中提到了此观点。

③ 比如可参考下文第五章中邵晋涵对《诗经集解》的评论。19世纪一些学者认为，《四库全书》纂修者并不特别关注版本问题；邵懿辰（1810—1861）为《四库全书简明目录》收录之书的各种版本，撰写了注释。这些注释之后被《四库全书简明目录标注》收录。参考 Teng and Biggerstaff, *An Annotated Bibliography of Selected Chinese Reference Works*, p. 25。

作二略以补其失。欧阳修、赵明诚则录金石，聂崇义、吕大临则录图谱①，并为考古者所依据。请特命于收书之外，兼收图谱一门。而凡直省所存钟铭碑刻，悉宜拓取，一并汇送，校录良便。

朱筠的学生和同时代人对金石文献的兴趣尤盛。1771 年 10 月下旬，朱筠和一些学生访问了北京的琉璃厂（书肆）。他们在那里发现了一系列石刻文献。这使他们能够拼凑出一幅辽代北京地图。这是一个十分著名的历史典故，因为许多当时的作品都曾提及此事；很显然，该事件很具有启发意义。在接下来的四分之一世纪中，朱筠的很多学生和朋友都曾出版他们自己的石刻目录。1787 年，钱大昕出版了一部关于石刻文献的评论著作《金石文跋尾》。王昶的《金石萃编》于 1805 年出版。翁方纲于 1786 年出版了一部有关汉代石刻铭文研究的著作《两汉金石记》。1802 年孙星衍出版的题为《寰宇访碑录》的目录，显然是对朱筠的学生和朋友的许多合作成果的汇总。

这些目录编制者将自己的作品看作是对一个悠久（偶尔中断的）传统的继承。中国最古老的石刻可溯源至周代，但第一批现存的此类文献目录是欧阳修的《集古录》和赵明诚的《金石录》。② 这两位先驱在宋代有很多追随者。但在明代，石刻文献被认为是美学研究的对象，而引不起历史学家的兴趣；石刻文献目录的性质，也随之发生了改变。清初，顾炎武重新发现了石刻文献的重要性，并在他的《日知录》中大量使用了石刻文献。顾炎武启发了 18 世纪的学者。朱筠和他的朋友急切地采集着元、明两朝和梁代以前的石刻文献，因为以前的目录都没有对这些时期的相关石刻文献予以恰当的处理。③

这是 18 世纪思想的特点，即认为采集石刻文献是采集图书的天然补充；这两者都被视为过往言行的记录载体。王昶反问道："使瑰玮怪丽之文销沉不见于世，不足以备通儒之采择，而经史之异同详略，无以参稽其得失，岂

---

① 关于欧阳修和赵明诚，可参考本页注释②。朱筠这里指的似乎是聂崇义（活跃于 960 年左右）的《三礼图集解》（*TMTY*, pp. 431-432 [22：1a]），以及吕大临（活跃于 1090 年左右）的《考古图》和《续考古图》（*TMTY*, pp. 2393-2395 [115：1b]）。

② 欧阳修和赵明诚的目录是 *TMTY* 中石刻文献的头两条。

③ 关于中国金石学发展的历史，可参考钱大昕：《金石文字目录·序言》，龙氏家塾重刻，长沙，1884；Benjamin Elman, *From Philosophy to Philology*, pp. 188-191。

细故哉？"① 翁方纲特别重视汉代石刻文献，因为它们提供了最可靠的汉代散文风格的范本。他认为，这一时期的散文，"比任何其他时代的都繁荣"。② 当然，人们可以在地方志等资料中找到石刻文献，但孙星衍观察到，使用这些二手材料，与金石学家的初衷是相背离的。除非有拓片，否则人们就可能因为粗心的学者，出现录制名字或日期时的讹误现象；如果直接引用这些错误的石刻文献，则意味着引用了错误的证据。③ 朱筠和他的同僚在采集帝国中所有尚存石刻时，很自然地转向了政府，以寻求帮助，因为政府具有广泛的人员网络和标准化推行的能力。

通过以上四条建议，朱筠向他周围愿意参加朝廷遗书采集项目的人发出了信号，并概述了他们可能从该举措中得到的好处。本章主要的内容之一就是解释朱筠试图向整个学术界传达的信息。朱筠绝非18世纪典型的学者或学术赞助者；他能够掌握的资源、他可以吸引的人才很多，他在文献学方法论上的投入是巨大的。但是，他的圈子以最先进的形式，呈现了18世纪晚期和19世纪初的社会、经济、学术趋势，而这些趋势又影响着当时人们的思想。因此，朱筠的提议并非是一个官僚化文人对帝国倡议的反应；他的提议反映出了一群有创造性的知识分子的真正愿望，而他们代表的正是同时代人的希望和关切。

朱筠的追求目标可能既是宽泛的，又是狭隘的。朱筠的这种建议得到了皇帝的批准，这对学术界的影响是巨大的。毫无疑问，对于朱筠来说，能够通过朝廷这个权威平台宣布自己的主张，其前景是美好的。同时，在这样一个人口数量激增而政府职位数量保持不变的时代，知识分子急需在朝廷之外寻找一份工作，这可能也是朱筠提出该倡议的一个重要原因。④ 正如倪德卫（David Nivison）所言："朱筠启动《四库全书》项目的动机之一，可能就是希望为一些有前途的人谋一条出路。像朱筠这样的人，他只能赞助一小部分人；他也许能够吸引更多的学生来追随他，但他却不能供养所有愿意追随他

---

① 王昶：《金石萃编序》，2a 页。
② 翁方纲：《两汉金石记》，1：1a。
③ 孙星衍：《寰宇访碑录》，1 页。
④ 有关18世纪知识分子的经济地位，可参考 Susan Jones 的 "Hung Liang-chi"（pp. 53–55），以及 "Scholasticism and Politics in Late Eighteenth Century China"（pp. 28–49）。

的学生。"① 当然,《四库全书》项目为一批赋闲且喜好文献研究的知识分子,提供了更多的机会。但是,应该指出的是,《四库全书》项目的大部分职员,都已拥有很高的政府职位。

这些因素尽管可能是重要的,但它们并不能解释朱筠及其友人在诸多著作中所表现出来的热情。例如,清代历朝知识分子曾表达了许多共同的愿望,即阅读《永乐大典》的愿望、花费大量时间和精力采集石刻文献并分类的愿望,18世纪的优秀知识分子还表达了对汉学的深入研究愿望,这可能都表明他们在这些问题上有更多的投入。儒家思想的一个代表性理论是:"过去曾经存在一个黄金时代。"考证学家坚定地认为,通过研究古代文本,他们可以重新获得古代的真理。因此,除了基于学术乐趣和经济回报外,考证学家认为,他们的研究目的也是为了履行儒家的职责,并为重建真理做出贡献。这使他们有了道德上的满足感。他们坚信,由于他们的动机是崇高的,所以他们有充分的理由获取荣耀和政府的支持。

---

① David S. Nivison, *The Life and Thought of Chang Hsueh-ch'eng*, p. 45.

第四章
乾隆朝的学者和官僚:《四库全书》的编纂

编纂《四库全书》的过程也是一个不断妥协的过程。朝廷和学术界都意识到了该举措的价值,这证明它们之间达成了某些共识。它们都认为应该发起这样一个采集、整理、评价中国传统文化和学术遗产的活动,并且都认为需要由政府来领导此活动。虽然有人持有不同意见,但皇帝和学者的分歧主要集中在一些具体的细节问题上。例如,其中一个较有争议的话题是发起这样一个活动的目的,即发起此项目到底只是为了采集、整理、评价中国传统文化和学术遗产,还是为国家实现政治和思想控制服务。官僚在执行此项目时,如在采集书籍、选择编纂人员,以及审查违碍和错误等现象的过程中,也常存在个人偏好及能力上的局限性。但是,该编纂项目之所以能够取得成功,主要是由于皇帝、官僚和学者之间存在的分歧并没有超出他们能够接受的范围;多数分歧都可以被表达出来,并得到合理的解决;官僚组织模式和既有的经验都有助于实现该编纂活动。本章将主要讨论《四库全书》编纂项目是如何被发起和管理的,以及帝国、学者和官僚的利益是如何在此过程中得到表达和实现的。

为了评价官僚在《四库全书》项目中发挥的作用问题,我们必须首先讨论其在中国政府中所扮演的角色这一更大的问题。① 所有中国官员都受过一

---

① 马克斯·韦伯(Max Weber)在《中国的宗教》(*The Religion of China*)中首次提出了中国官僚体制所扮演的角色问题。韦伯将获得官职视作儒家追求道德修养的回报。他指出,"接受官家俸禄"是一个"神圣的形式。这是一个可以让人成为高尚人物的职位,因为这个职位可以完善人格"(p.160)。墨子刻(Thomas Metzger)的《清代官僚的内在组织》(*The Internal Organization of the Ch'ing Bureaucracy*)也是关于此主题的著作,特别是其中第 4 章提供了一个更复杂的观点。他认为学术培训、现实关怀和道德理念都在塑造士人角色,并在使士人倾向于官场生活方面发挥着作用。

定的学术训练，且在实践中又充当着政治家的角色，但很显然，他们中有些人更倾向于学术追求，而另一些人则对政治问题有更大的兴趣。事实上，我们很难明确地将这两个群体区分开来。他们之间的差异不能通过他们担任的职位来判断——即使像翰林院这种"学术"机构，也能同时容纳具有学术和政治倾向的两类人。① 他们自己也不可能明确地表达他们的兴趣和偏好，因为至少在儒家理论体系中，"修身"和"治国"是不可分割的。② 此外，这两个群体的构成，以及他们的政治地位，可能也会随着统治王朝政治命运的变化而改变。③

然而，学者和官僚之间的思想差异，确实对《四库全书》的编纂工作产生了根本性的影响。尽管朱筠曾试图使他的"朋友圈"变成一个追求学术真理的非政治化的"朋友圈"，但为了寻求皇帝的赞助，他不可避免地卷入了一系列的论争。他很难轻易地获得所有人的赞许，因为即使一些微不足道的小事，也可能会引发激烈的争议。这与帝国晚期的政治和社会环境有关。尽管 18 世纪的中国社会十分复杂，但其内部只有一个合法的权力中心，那就是皇权。所有试图将个人项目合法化的举措，都必须经过皇帝之手来完成。虽然皇帝是最终的仲裁者，但他在首都建立了一套完整的官僚系统，来指导和推行他的决定。在像乾隆朝这样一个漫长的朝代中，寻求朝廷赞助十分流行，而且这其实也是一个非常古老的传统。任何基于私人目的而展开的团体活动，都会受到清政府的监督。

1773 年 1 月 3 日，当朱筠的奏折到达首都时，该编纂项目便开始了。相对于朱筠的最初设想而言，他做出了大量妥协，这几乎体现在了该项目具体实施过程中的每一个环节——制定该项目的制度形式，选择和管理编纂人员，以及审查最终成果。这也是为了照顾其他诸多相关人员的利益。《四库全书》文本本身也反映了他的妥协，而《四库全书总目》的各书提要则是有力的证据。

---

① 吕元骢（Adam Yuen-chung Lui）的《翰林院》（*The Hanlin Academy: Training Ground for the Ambitious*, 1664–1850），对翰林院中人物的多样化有很好的描述。

② Benjamin I. Schwartz, "Some Polarities in Confucian Thought," p. 5.

③ 我需要感谢铃木中正教授（在 1976 年 11 月的一次私人交谈中）提供的信息。

一、乾隆朝廷的决策:《四库全书》馆的建立

朱筠奏折的关注点突出体现了发起《四库全书》编纂项目的政治背景。尽管该政治环境的形成既受到了制度因素的影响,又受到了个人因素的影响,但可以肯定的是,这两者间的相互作用在某种程度上被掩盖了;这主要是由于皇朝话语和两百年来带有偏见的历史写作。但是,至少发起该活动的官方程序是明确的。当朱筠的奏折到达首都时,它首先被提交给了军机处讨论。2月下旬,军机大臣给皇帝上呈了一个奏折。同年2月26日和3月3日,皇帝给出了答复。在这个诏谕中,皇帝正式确定建立一个名为《四库全书》馆的机构。

因此,在中国政府机构中,第一批对朱筠的倡议做出判断的人是乾隆朝位极人臣的军机大臣。最初,皇帝将一群皇室成员召集起来,以协助皇帝管理和处理军事问题。到了18世纪后期,该团体已变成一个正式的政府决策机构。值得指出的是,该机构控制了清政府大部分的职能部门。[①] 他们都是清政府的高官,也是清廷的利益代言人。军机处通常是由满人掌控的。在乾隆时期,傅恒(卒于1770)曾控制军机处长达二十多年。他也是户部尚书,以及许多当时重要军事活动的决策者。[②] 然而,1770年他去世之后,军机处顿时陷入群龙无首状态。之后,一些相对年轻和影响力较小的满族官员,继续在此机构任职。

事实上,正如朱筠和他的朋友所看到的那样,1770年代是汉人首次在军机处占据主导地位的时期。但是这些汉族高官的个性也很多样。继满人傅恒之后,担任军机大臣的是汉人刘统勋(1699—1773)。刘氏在调查皇室亲友腐败案件中立下大功。1741年,当时刚被任命为军机大臣的刘统勋,以腐败和结党罪名参奏张廷玉。张廷玉是当时的首席军机大臣、户部尚书,以及乾

---

① 关于军机处的早期功能,可参考吴秀良(Silas H. L. Wu)的 *Communications and Control in Imperial China* 和傅宗懋的《清代军机处组织及职掌之研究》(338—418页)。

② 傅宗懋在《清代军机处组织及职掌之研究》(535—591页)中列举了乾隆时期的军机大臣。关于傅恒,可参考 *ECCP*(pp.252-253)、《清史》(4116—4121页)和 *KCCHLC*(29.5a-25b)。

隆皇帝的内阁大臣。宗室和督抚曾多次指控他，但是值得注意的是，刘氏的指控受到了皇帝的支持。这至少表明，刘统勋十分关注皇帝的情绪和看法。刘统勋为自己赢得了忠诚和廉洁的声誉，他的职业生涯也没有受到丑闻的影响。①

军机处中另一位汉族高官则是于敏中（1714—1780）。他的声誉与刘氏的几乎相反。刘氏来自一个相对寒微的北方汉族家庭，但于氏来自一个典型的江南士族家庭。在清朝早期，于氏家庭已接受了朝廷的教化。于氏之所以被任命为军机大臣，是源于他的个人文学成就，以及他曾经数次担任科考考官和吏部尚书的丰富经历。他游走于满族统治者和汉族臣民之间，并精准地找到了自己的定位；在这样一个自发按照汉人原则组织起来的政府中，做到这一点是至关重要的。但是，于氏的职位也可能是一个十分危险的职位。这也是于敏中一生中曾多次因腐败被人弹劾的原因。但是，于氏每次都能因为皇帝的个人干预而逢凶化吉。直到他去世之后的1782年，他终于因为泄露国家机密而被削减了死后恩荣。②

从1月3日朱筠的奏折被呈交给军机处，到2月26日皇帝提及收到军机处的意见，这中间经历了一个漫长的等待时间。这表明，朝廷对朱筠的倡议是存在争议的；18世纪的记载也证实了这一点。③ 朱筠的助手姚鼐与朝廷高官的关系十分融洽。姚鼐为朱氏撰写的传记中写道，在军机处讨论朱筠的倡议时，刘统勋曾强烈反对朱氏的提议。刘统勋称，该项目对政府来说不是必要的，只会徒添麻烦。据说，于敏中对朱氏的建议是支持的。④ 于敏中随后因为泄露国家机密而失势了；也许是因为这一点，18世纪和19世纪的资料

---

① 有关刘氏，可参考 ECCP（pp. 533-534）和 KCCHLC（21：22a-42a）。有关刘氏的腐败，可参考 KCCHLC 21：42a 中昭梿的评价。刘氏对张廷玉的告发，使得张氏向吏部辞职。皇帝尽管同意了刘氏的告发，但是他没有准许张廷玉辞职。参考《实录》156：7a-11a。

② 关于于氏，参考 ECCP，pp. 942-944；《清史》，4242-4243 页；KCCHLC 27：1a-7b。

③ 大多数讨论性的奏折，都是在皇帝要求上奏之后上呈的。当朱筠的奏折被讨论时，相关讨论有所减少（新年假期），但这不应该是军机处推迟行动的理由。关于讨论性的奏折，请参阅 Beatrice S. Bartlett, *The Vermillion Brush: Grand Council Communications System and Central Government Decision Making in Mid-Ching China*。

④ 姚鼐：《朱先生别传》，KCCHLC 128：35a。

中都很少有涉及于氏与文人的接触,以及于氏对国家政策的评论等的记载。于敏中之所以支持朱氏的倡议,是由于他在满族政权中充当着汉族文人利益捍卫者的角色。

在这种政治环境之中,究竟哪些因素最终决定了朱氏提议的命运呢?如果私人交际是决定性因素,那么他的倡议可能不会受到什么抵制,因为朱氏与北京大部分高官和权威机构都有着密切的联系。或许由于他对党派的热衷和他亲和的性格,他在学界享有较高的声望,并在发起《四库全书》项目这件事情上扮演了极为重要的角色。举例来说,朱筠和刘统勋相识逾二十五年,且关系十分亲密。① 1750 年,刘氏邀请朱筠去协助他编写《盛京志》。当时一位学者指出:

> 朝廷讨论典章制度,文正有所咨访,先生辄举所学以对⋯⋯其意不合,固执以争,必伸所见然后已。文正性严毅,凡所论白,虽同列不敢轻易往复,先生独执经生之守,无所唯阿。②

刘统勋与年轻的朱筠的关系如同父子一般。当朱氏中进士时,刘氏评论道:"你再不能让我向老官员学习了。因为我自己也老了,我已经不能再有什么大的作为。但你现在肯定还精力充沛。"③

朱筠的交际圈事实上更广。1758 年夏天,他陪皇帝一起去木兰围场巡狩,并且直接协助皇帝完成一些文字工作。据朱珪称,皇帝临朝时曾专门询问了朱筠的下落,以及他的职位情况。④ 在 1773 年,当朱筠结束在安徽的任职之后,皇帝任命他在《四库全书》馆工作,并且专门负责处理从各省呈上来的图书。朱筠在返京途中,本计划遍游东南山水,但是因为皇帝频繁地提到他,所以他的朋友建议他快速返回北京。⑤ 朱筠作为学政,却上奏皇帝请求下诏采集图书,这似乎是十分罕见的,因为这已经超出了学政日常上奏的内容范畴。由此可见,朱筠在当时的地位是非同一般的。

我们可能会推测,如果朱筠没有充分的信心确保他的建议会得到较为满

---

① 姚名达:《朱筠年谱》,14—34 页。
② 章学诚:《朱先生别传》,CSCWC,p. 129。参考姚名达:《朱筠年谱》,16 页。
③ 章学诚:《朱先生别传》,CSCWC,p. 129。
④ 《竹君朱公神道碑》,见《笥河文集》,6 页。
⑤ 章学诚:《朱先生别传》,CSCWC,p. 136。

意的答复,他应该是不会向皇帝上奏的。然而,尽管朱筠与刘统勋及皇帝的关系都十分密切,但并没有人能够确保朱筠的奏折到达北京之后,其所提建议能够顺利推行。朱氏的私人交际,看来并不能为他推广自己的提议铺平道路。这表明,在高度政治化的朝廷环境下,观念差异的影响是巨大的。刘统勋和朱筠之间的差异很大,这既体现在理念方面,也体现在实践层面。刘统勋在中国政府担任了二十五年以上的高级实务官员。他捍卫的是朝廷的利益,因此他反对高官和皇室滥用职权。朱筠虽然对朝廷环境非常熟悉,但是他并没有担任较有实权的职务,且他似乎有意识地避免这种类型的政府服务工作。相比之下,于敏中的职业生涯则源于他与皇帝的亲密关系,以及他赞助和管理汉族文人及汉人项目的能力。许多试图在满族政权中取得成功的汉人,可能都会采取以上这些典型的策略,而这些策略则影响着他们对朝廷图书采集和编纂项目的态度。

历史先例和社会评论,都影响着政治家和文人对清廷的态度。例如,除了处理公务外,军机处官员不应当接受其他任何私人请求。当朱氏在翰林院任职时,刘统勋正担任军机大臣。有一天,他们在朝廷上相遇。刘氏意识到,他已经有一段时间没有见过朱筠了,于是他便问道:"独不念老夫耶?"朱氏回答说:"今某服官,非公事不敢辄见贵人,惧人之议其后也。"刘氏叹了口气,表示同意。①

在此期间,还发生了另外两起事件。其虽未直接涉及刘统勋和朱筠,但也表明,他们二人之间存在分歧。1773年秋,《四库全书》馆的一些纂修者希望被提拔到军机处工作。军机大臣于敏中明确地告诉他们,这是不可能的,因为"清华妙选与含香载笔,判然两途"。② 几年后的1796年,三位《四库全书》馆臣刘墉、纪晓岚和彭元瑞,成为军机处官员候选人。皇帝再次拒绝了对三人的任命:刘墉向来不肯实心任事;彭元瑞自不检束,屡次获愆;纪昀读书多而不明理。③ 可见,在中国官场中,学者和政治家之间虽然存在许多个人的和社会的桥梁,但他们似乎有明显的不同之处,如他们优先

---

① 李威:《从游记》,见《笥河文集》,23页。这个故事经常被看作是刘统勋腐败的证明,并能体现朱筠对清朝传统规则的看法。(参考 Susan L. M. Jones, "Hung Liang-chi," p.47) 可以与下文将要讨论的于敏中和《四库全书》馆臣的关系进行对比。
② YMCSC, p.54.
③ 王兰荫:《纪晓岚先生年谱》,100页。

选择的事业和职业模式便有很大差异。在军机处讨论朱筠的奏折时，这些差异表现得十分明显。1773 年 2 月 26 日，这些意见最终传达到了皇帝那里。

军机处的奏折既不像皇帝最初的诏谕那样理想化，也不如朱筠的回应那么坚定。这是一个较为中立的讨论，它兼顾了意识形态、历史先例和政治实践等方面的因素。奏折分别讨论了朱氏提案的优点和可行性。当该建议被提出来时，军机处最初呈现出一种反对腔调；这可能是受到了刘统勋的影响。朱筠提议的前两条议案被否决了，第三和第四条议案则是在修改之后才被接受的。①

据朱筠提案，政府应该集中采集和抄写尤其是宋、辽、金代的文集和评论。军机处官员称：

> 查古今书籍，其梓印行世者，固足广资传播，而名山著述，或因未经剞劂，抄帙仅存，亦可备储藏而供研讨。

军机大臣随后指出，皇帝诏谕最初要求将印刷书和抄本都运往首都，因此"没有必要设置特别的程序"来采集宋、辽、金代图书。实际上，军机大臣的观点可能是错的：由于需要处理的宋、元版书的数量极大，朝廷可能有必要制定出专门的处理程序（见上文第三章）。然而，问题的关键并不在于应该制定一个什么样的书目，而在于政府对书籍保存的重视程度。朱氏曾敦促政府在这方面承担一些新的责任，军机大臣则不这样认为。

军机大臣引用了历史先例来评估朱氏建议的困难，即编制帝国内所有石刻文献的目录的困难。他们承认，该举措有一定价值："金石文字，垂世最久，尤可藉以考古而不失其真。"然而，无论是阮孝绪（479—536）《七录》②的"序言"，还是马端临《文献通考》③ 的"艺文考"，都没有为"金石文献"设立专门的章节。此外，石刻文献的编纂者仅限于金石学专家，而不是所有的学者。尽管将所有石刻文献汇为一编的工作，可能是一项十分有用的工

---

① *Pan-li* I, pp. 5b–7a.
② 阮孝绪书目志中包含的小序和标题，是截至 18 世纪仍然存世的最早的书目志条目之一，参考阮孝绪：《七录序目》。
③ 马端临：《文献通考》（卷 1974 和 207）；*TMTY*, pp. 1702-1703 (81：3b-4a)。

作①，但是很显然，政府很难编制这样一个完整的目录："至古来金石刻文，现经流传可考者固多，其有僻在山林荒寂之所，一时难以搜寻者，若必令官为拓取，恐地方有司办理不善，转滋纷扰。"我不确定军机大臣使用"转滋纷扰"这个词汇来形容石刻文献的采集工作，是不是因为对这个工作有一定错误的想象。他们可能认为，金石文献都存在于私人收藏的青铜器物上，且地方官员需要去乡村寻找各种碑铭，因此这种工作将是十分困难的。如果是这样的话，军机大臣定会拒绝朱氏的提案。

朱氏建议将《永乐大典》等皇室藏书公之于众，以使人更容易获取。军机大臣刘统勋和他的一些同事指出，朱氏不应该将清代和汉代秘阁藏书进行对比，因为这种类比是不合理的。在汉代，朝廷禁止平民接触秘阁藏书馆，因此朝廷编制了一部帝国图书目录，这是十分有必要的。但是，清廷特别注重推广圣人之学，并尽量使所有学者都能目睹其学术成果，故朝廷出版了标准化的"十三经"和"二十一史"，并免费颁发给各地学者。因此，军机大臣更关心的是如何确保将帝国赞助的那些学术成果传播和传承下去，而不在乎其传播的广度如何。在这种思想的引导下，再编纂一部《永乐大典》之外的大型图书的计划很难得到朝廷的支持。

军机大臣指出，《永乐大典》篇幅巨大，连翰林院编修都无法看到，因此朱筠所言有关《永乐大典》的情况并不十分精确。为了证明其所言非虚，军机大臣专门派人检查《永乐大典》。首先，被遣官员发现，一万一千卷的原始文献只留存九千卷；其次，这部百科全书中的每一个主题都引用了多种文献，这使得通过该书来辑佚那些原始文献的工作十分困难。军机大臣总结说，《永乐大典》中所收书籍可以作为帝国藏书的补充。但是，他们表示："这并不是此项目的初衷。"他们提出了一个折中的程序。军机大臣建议，不再委托翰林院官员辑佚出《永乐大典》中的具体文本，而是只让他们标注出《永乐大典》中所收的目前不再流通的图书的标题。在完成一个图书清单之后，再最终决定哪些图书值得被完整地抄录出来。

最后，军机大臣讨论了朱氏的另一个具体的提议，即为每一本朝廷藏书编写一个提要，以评价该书的内容和价值。他们不仅认可了朱氏所提有关石

---

① 很可惜，《四库全书》项目并没有完成这一目标。

刻文献目录的价值，也承认了编纂这样一个提要的价值。他们引用了《汉书》的观点，即刘向"条其篇目，撮其指意"的工作，对于读者来说是十分有意义的。① 然而，他们也意识到：

> 现今书籍，较之古昔日更繁多，况经钦奉明诏访求，著录者自必更为精博。若如该学政所奏，每一书上必撮举大旨，叙于卷首，恐群书浩如渊海，难以一一概加题识。

然后，军机大臣引用了王尧臣《崇文总目》② 和晁公武（活跃于1144年左右）《郡斋读书志》③ 中的例子。这两部书都是提要性的目录学著作，且两者都是在采集图书的基础上写成的。军机大臣建议，在图书采集工作完成之后，再派专门的朝廷官员来准备一份图书目录，罗列每一部图书的作者及书名。

军机大臣的立场十分复杂。作为学者，他们认识到该议案中所提出的大部分举措都有一定价值，且能够找到历史先例。然而，作为朝廷高官，他们将最终负责执行此建议，并判断此项目所必需的时间和人员投入。他们在奏折中始终强调了第二点，并且军机处给皇帝的最终建议也主要是基于这一点。考虑到此项目执行过程中可能存在的行政管理问题，军机大臣的犹豫态度也许是合理的。

但是，皇帝是该倡议是否施行的最终决定者，因此皇帝与该图书采集项目的关系十分特殊。与学者不同的是，皇帝最先考虑的并不是如何追求学术真理，并宣扬和捍卫此真理。与官僚不同的是，皇帝的权力并不来源于其行政能力，而是源自其祖宗基业，以及臣民对他的认可，即是否认为他顺应了天命。就我们所知，乾隆皇帝本人接受了良好的古典文化教育，并具有很强的学术倾向。但他也是一位非常政治化的人物，他很关心如何建立和维护自己的独特地位、权力和威望。

皇帝的这些顾虑都是十分重要的，因此他在面对军机大臣的奏折时，采取了不寻常的举措。皇帝一般来说十分看重军机大臣审议过的奏折中所提的

---

① 这是《汉书》中的典故（《艺文志》，30：1701）。
② 参考上文第二章。
③ 有关《郡斋读书志》的写作过程，可参考 TMTY, pp. 1777-1778 (85：1b)，以及 Ssu-yu Teng 和 Knight Biggerstaff 的 *An Annotated Bibliography*（pp. 15-16）。

意见，除非其中对皇权本身提出了限制。① 然而，在1773年冬天，皇帝对军机大臣的建议提出了部分质疑。在2月26日的诏书中，皇帝接受了他们的建议，即政府不会编制石刻文献目录，或者专注于宋、元版图书。② 但是，他对处理《永乐大典》的方案表示了反对，也不同意军机处给出的有关无须撰写提要的建议。在处理《永乐大典》和提要撰写的问题上，皇帝认为朱筠的观点较军机大臣的更加合理。

皇帝在他的第一个诏令中，批准了从《永乐大典》中辑佚古书的工作。该工作可能会持续数月甚至数年。然而，这是一项重要的工作，"特别是因为当时收书范围非常广泛，很可能收录了许多罕见的作品"，而那些作品在18世纪已更少见到了。为了确保此工作尽可能快速且有效地进行，皇帝命令军机大臣亲自担任该项目的总裁。在他们的指导下，翰林官轮流担任《永乐大典》的校勘人员，以确定哪些文本可以被辑佚，并将《永乐大典》文本与《古今图书集成》中的文本进行比较。相关结果须定期上奏给皇帝。

军机大臣认为，在该工作开始时便撰写每一部书的提要，这未免太麻烦了。考虑到这一点，皇帝说："若欲悉仿刘向校书序录成规，未免过于繁冗。"不过，他指出："向阅内府所贮康熙年间旧藏书籍，多有摘叙简明略节，附夹本书之内者，于检查洵为有益。"因此，皇帝称，当所有的图书被汇集在一起之后，校勘人员需准备好一个提要，以备未来将文本插入其中之用。

该法令颁布四天后，军机大臣根据皇帝建议，上呈了六十册《永乐大典》的目录。第二天，即3月3日，皇帝发布了另外两条法令：一条是关于这部明代百科全书《永乐大典》的评论，另一条是有关图书采集项目的事宜。

皇帝自称对《永乐大典》不甚满意。③ 虽然该书的前言看起来气势恢宏，格调高雅，但皇帝断言说，这只不过是一部参考书，是一本"贪多无得"的知识性图书。该书以韵序编排，使得经书所确定的固有学术秩序被打乱了，而经书是所有学问的来源，因此该书容易使人们对学术产生误解，例如：

于《易》先列"蒙卦"，于《诗》先列"大东"，于《周礼》先列

---

① 我很感谢白彬菊（Beatrice S. Bartlett）的研究。
② *TMTY*，"序"（圣谕），p. 2。
③ *Pan-li* I, p. 8a–b.

"冬官"。①

所有这些都违背了圣人最先确立的顺序。乾隆皇帝说，他自己的藏书将以既有的四部分类法来组织。在该分类体系中，书籍被分为四大类——经、史、子、集。该分类体系最初出现在西晋（265—317），虽然在唐、宋时期颇为盛行，但在宋代结束以后，人们却不再使用它。因此，乾隆朝对该体系的使用，也代表着对四部分类法的一种历史性复兴。皇帝从未明确地表达过复兴四部分类法的意图，但是，很明显，乾隆皇帝愿意将自己与唐、宋统治联系在一起，因为它们是中国古代的繁荣时期；相比而言，乾隆皇帝并不愿意将自己与明朝统治联系在一起，因为这似乎是一个比较混乱的朝代（至少在他看来）。尽管乾隆皇帝在开展图书采集活动时，不得不借鉴《永乐大典》，但这个新的编纂项目将在范围和组织上超越并取代前者。

同一天，该新图书编纂项目的成果被正式命名为《四库全书》。② 与此同时，乾隆皇帝也发表了关于书目分类的声明。同时，皇帝还对此图书编纂项目的性质进行了阐释，这可能是同样重要的。正如姚名达指出的那样，帝国赞助下编纂的官方藏书目录和百科全书，往往都有皇帝亲赐的书名，但图书采集活动却常常没有名称。在姚氏看来，乾隆皇帝试图将百科全书的名字与图书收藏联系在一起，所以为此编纂项目拟定了书名。③ 也许，乾隆皇帝正试图通过这个图书编纂项目为中国学术命名，且正是这样一个命名的机会，使得皇帝意识到自己在政府中所扮演的角色。

这些诏书很显然有一些炫耀的意味，且皇帝的其他许多诏书也有类似的意味；这似乎反映了皇帝发起《四库全书》项目的一些动机。显然，乾隆皇帝试图超越前人，特别是明代。同样，皇帝似乎认为他有捍卫经书所传达的真理的义务，且他可以通过朝廷力量进行知识重组，进而实现这个学术目标。然而，最重要的是，这些诏谕都重申了第一个有关《四库全书》项目的诏谕中的一个观念，即该项目是为了庆祝乾隆朝所取得的思想和政治统一。

---

① 《易经》中的"蒙卦"一般都被列在第四；毛氏将"大东"排在《诗经》第203篇；《周礼》中的"冬官"是《考工记图》的一部分，而它传统上来说是被放在《周礼》中，作为其附录而存在的。

② *Pan-li* I, p.7b.

③ 姚名达：《中国目录学史》，199页。

基于这样的考虑，乾隆皇帝理应派遣军机处最高官员，来监督这部四百年前所编百科全书的辑佚工作；同时，为了彰显皇权，皇帝理应准备对帝国现存的每部图书进行评论（此时，帝国西南部地区正在发生战争，且不久之后帝国东北部西北地区*也将发生动乱）。

制度限制和个人偏好都影响了皇帝、官僚及学者对于《四库全书》项目的态度。朱筠朋友圈中的人与其他学者一样，他们都提到，只有对传统经典进行最彻底和细致的审查之后，人们才能发现真理。因此，他们在项目中都发现了一个完成此学术目标的机会，而这个机会在此之前对他们来说是不可想象的。总体来说，军机大臣的反应多是基于该项目可能存在的隐忧。他们多认为此项目可能会对当时政府的人事和利益关系造成伤害，尽管有证据表明，某些军机大臣是赞成此项目的，比如说于敏中，因为他们认为这似乎是一个提升他们朝廷地位的机会。皇帝可能也是一位文字爱好者，因为他尝试将图书采集范围扩大到一个前所未有的广度，并以此证明自己可以享受学术领袖的地位。后来，由于军事和政治原因，朝廷需要实行必要干预时，这些不同的观点将会引发朋党之争。然而，直到18世纪后期，不同的观点仍然存在。在和平年代，持不同观点的学者可以自由地表达自己的观点，并且不会受到任何伤害。然而，这些不同的观点对那些未来将被任命为《四库全书》馆臣的年轻人产生了深远的影响。

二、校勘人员及其投入

汉文文本在若干世纪的流传过程中，因同音而产生了许多错误的版本；即使对于那些最熟悉它们的专家来说，也可能会对这些错误的产生原因有很大分歧，因为他们也无法判断那些错误是作者有意为之的，还是后人无意间改动的。由于这些错误文本的存在，像《四库全书》这样的项目是有必要的。但是，这些文本本身因为漫长的历史而出现的讹误，不足以解释为什么1770年代和1780年代会有那么多满怀抱负的官僚积极参加该活动。令人惊讶的是，一些早期被聘任为该项目纂修者的人员，后来并没有很高的学术声望。18世纪很少有人会继续从事类似于纯学术性活动的职业。总体上来说，

---

* 原书作"东北地区"。——译者

他们都是一些有政治抱负的人，因此，他们事实上将参与《四库全书》项目看成一个可以提升其政治地位的机会。

文学才华、人际交往和行政能力都是清政府提拔人才的重要标准，三者之间的平衡成为制约候选人在清廷中得到职位和晋升机会的微妙因素。但有证据表明，在18世纪最后几年，这个现象正在发生改变，并对政府接下来几十年的行动产生了显著的影响。尤其是，军机大臣在决定朝廷人事政策方面的影响力急剧上升。人事程序的变化严重影响了《四库全书》项目的开展，而《四库全书》项目的开展又反过来为考察这种变动对政府结构的影响提供了一个很好的研究案例。因此，这里将重点介绍《四库全书》项目的人员遴选和管理。

皇帝主要考虑的是《四库全书》项目需要有合理的分工。在1773年的春天，军机处曾向皇帝建议，翰林院官员轮流担任《四库全书》馆总裁，无须特别任命其他官员来担任总裁。这显然是另一种抗争行为：由于他们最初未能成功说服皇帝限制此项目的规模，因此，军机大臣试图通过分散责任，来减少工作量。皇帝反对这种做法，并命令军机处专门遴选一些人员，在《四库全书》馆供职，并为这些人员安排具体的工作。4月2日，军机大臣按照要求回奏，称此任务业已完成。①

与私人招募不同，朝廷正式分配的职责带来的是正式的头衔。选择《四库全书》馆臣的程序，与选择学政，以及选取会试和乡试主考官的程序类似。军机大臣凭借考试成绩、个人对候选人的了解，以及朋友推荐等方法，来选取候选人。朋友推荐对于选择校勘人员来说，尤为重要。例如，戴震和余集都是由后来任职于兵部的裘曰修推荐的；他们被推荐给军机大臣于敏中之后，很快得到了任命。② 显然，许多翰林院官员出于自身利益都曾试图说服朱筠。但是朱筠并没有允诺他们的请求，并对为政府服务所得的回报表示不屑："富贵人之所竞，人生几何，其得自恬于性命也。"他补充说，对于那些急于从《四库全书》馆中获得职位以开始他们的职业生涯的人来说，这样的职位并不能使他们感到彻底满足。③

---

① *Pan-li* I, p.7b.
② 段玉裁：《戴东原年谱》，见《戴震文集》，233页。
③ 章学诚：《朱先生别传》，CSCWC，p.130。

1773年军机处任命的《四库全书》馆臣名单并没有保存下来。然而，1782年的《四库全书》馆臣名单，却被《四库全书总目提要》记录了下来。① 该项目的整理和辑佚人员被分成了四类②：整理各省提交书籍的纂修人员，《永乐大典》辑佚的纂修人员，负责黄签考证的纂修人员，负责天文算学的纂修人员（参考表1）。此四类编纂人员之下，分别列有五十个人名。他们之中，四十人曾在翰林院任职，二十三人是当时的翰林学士。

这是一个相对年轻的群体，他们的年龄多在二十六岁到四十八岁之间，其年龄中位数为三十一岁。③ 他们之中，年纪较大者包括戴震（四十八岁）、励守谦（四十多岁）、朱筠（四十三岁）和周永年（四十二岁）。他们被任命时，都不是翰林院官员；他们之所以能得到此职位，主要是由于他们的学术能力和声誉。大多数直接从翰林院或朝廷相关机构中被任命为《四库全书》馆编修人员的，也都是正处在其职业生涯开端阶段的官员。

吕元骢（Adam Yuen-chung Lui）在他的《翰林院》中，提到了翰林院任职模式的改变，这也同样适用于被任命为《四库全书》馆臣后的人的职业生涯模式。吕元骢选定了部分翰林学士作为样本，考察他们达到三品或以上官阶的人数，并以此推测翰林学士地位的重要性。他发现，在整个乾隆朝，有百分之二十一点二的翰林学士达到了该水平，即获得了三品或以上的官阶。④ 这些人如果被任命为《四库全书》馆编修，则更容易达到三品或以上的官阶。在四十名曾任职于《四库全书》馆的翰林学士中，有十二名或者说百分之三十的人达到三品或以上官阶。有一部分官员在被任命时，相对年轻；他们多是在1769年、1771年或1772年中进士而进入翰林院的官员，并且任职于《四库全书》馆。这些人的成功更令人震惊。通过这三届科举考试的一百人中，有二十五人顺利地成为《四库全书》馆臣；这中间又有百分之六十三的人后来成为高级官员。显然，在该馆中任职的年轻人都是当时的精英；甚至与那些在翰林院任职的人相比，他们也似乎是注定要取得成

---

① TMTY，"序"（职官），pp.1—25。
② 郭伯恭：《四库全书纂修考》，60页；叶德辉：《书林清话》，240页。两者都对此人事清单做出了理解。
③ 依据11位可查证年龄的馆臣的例子。
④ 吕元骢：《翰林院》，127页。我很感谢吕元骢博士向我提供他的博士学位论文，并向我展示了其对本研究的参考。

功的。①

问题的关键在于这些统计数据到底意味着什么。到底是这些遴选过程将当时的社会精英挑选了出来，还是说，这些人因为参加此项目才取得了后来的事业成功？如果是后者，那么这些人是如何通过此项目获得成功的？或者说，这个朝廷工程是如何帮助他们获得职业发展所需要的声望的？无论从一个当代人的眼光来看，还是从当年那些曾试图进入《四库全书》馆工作的年轻人的眼光来看，这些问题的关键都是尽忠职守。尽管许多被招募来的年轻人都处于他们事业的起步阶段，但是他们肯定已经意识到，许多早期学术项目和机构都已为《四库全书》项目提供了先例，而曾经在这些机构服务的人都因此受到了很大的影响。

表 1　　　　　　　　按照品级排列的《四库全书》馆臣

品级*	头衔（被任命人数）
正一品	总裁（16）
从一品	副总裁（6）；总阅官（15）
正二品	
从二品	
正三品	总纂官（3）；总校官（1）
从三品	
正四品	
从四品	
正五品	
从五品	各省遗书纂修官（6）
正六品	翰林院收掌官（20）
从六品	《永乐大典》辑佚官（38）
正七品	《四库全书总目》协勘官（7）
从七品	武英殿收掌官（9）
正八品	
从八品	
未入流	缮书处分校官（212）

* 在《四库全书》馆中服务本身并没有官品。这些数字代表《四库全书》馆臣被任命时的官品。

---

① 有关翰林院官员的官阶描述，参考朱汝珍：《词林辑略》4：31a—35b，宋代编纂项目也是如此，参考 John H. Winkelman, "The Imperial Library in Southern Sung China, 1127-1279," pp. 22-23。

政治生涯的成功可能并不是任职于《四库全书》馆的直接结果。表面上看来，《四库全书》馆的奖赏可能是获得被"议叙"的特权，即成为晋级候选人的机会。在1778年3月和1780年11月的两个案例中，该特权被授予了《四库全书》馆臣，共十一位编修人员获得了此种殊荣。① 从这些获得奖励官员的后续事业发展来看，此等特权的重要性并不高。1780年11月，王增（1771年进士）获得了奖励，但是他后来被贬了，并在三年后才得到了一个省级任职。② 陈昌齐（1743—1820）在1778年获得了嘉奖，而在1785年的京察中，他本是三品官员，但却被降级了。③ 邹炳泰（1746—1821）在1778年和1780年被列在候选名单的顶端，但直到1788年，他才被提升到一个实质性行政职位。而这次晋升似乎是由于他向朝廷提出了一个很好的建议，并由此而得到了朝廷的恩宠。他的建议是有关辟雍的问题；他认为，作为汉代皇帝讲学的地方，辟雍应该得到修缮。可见，他的此次晋升似乎并不是由于他在《四库全书》馆的任职。④ 第四位这样的编修人员是吴省兰（卒于1810），他曾两次获得了被推荐晋升的机会，但是，他必须等待十一年之久。幸运的是，这是一次极大的晋升：吴省兰从侍读（从六品）被提拔为工部侍郎（正二品）。⑤

另外，《四库全书》馆臣往往能够在政府中获得较为突出的地位，这可能也并非巧合。无论是基于个人既有成就，还是凭借朋友和赞助者的推荐，某人之所以能够被任命为《四库全书》馆臣，很可能意味着他已经引起了军机大臣的注意。在中国，受到关注是决定某人政治生涯的一个重要因素，因为这可能加快某人在翰林院以外得到任何职位的速度；当然，这也是某人被提拔为朝廷高官的必备条件。⑥ 对于那些在翰林院工作的人来说，他们可能

---

① *Pan-li* I, pp. 54a, 86a–b.

② 王增：《新蔡县志序》，1b—2a页；洪亮吉：《怀庆府志》，15：6a。王氏在《新蔡县志》传记部分的序言中写道，他在翰林院工作十年之后被降职。这肯定是一个不合理的现象。然而，根据《怀庆府志》，王氏在翰林院工作12年之后，于1787年被任命为通判。邵晋涵在1777年与他的一封信中，也暗示了他的麻烦（参考 SCHNP 57）。

③ 《清史列传》，75：37a–38a。

④ 《清史》，38：4453。

⑤ 《国史馆本传·吴省兰》，KCCHLC 97：12b–13a。也可以参考 Susan Jones, "Hung Liang-chi," pp. 169, 192。

⑥ 吕元骢：《翰林院》，102—109页。

会被军机大臣推荐,进而得到一个更加有利可图的任命,比如说成为会试或乡试的主考官。相比于普通翰林官来说,该职位的收入可能更高。可见,军机大臣可以使他们生活得更加舒适。① 事实上,在上面提到的几个案例中,上级的关注在某人职位晋升过程中都发挥了决定性的作用。吴省兰曾是一个八旗官学生,后来他成为和珅的老师。当和珅晋升为军机大臣之后,吴省兰的地位也提升得很快。吴省兰两次成为乡试的主考官。虽然他从未获得过进士身份,却担任了两次学政。1788 年,吴省兰被任命为工部侍郎;1792 年,他又被任命为礼部侍郎。当乾隆皇帝去世,和珅倒台时,吴省兰也失势了。吴省兰一夜之间被降级,成为翰林院编修。②

陈昌齐的职业生涯也很有代表性,它显示了军机大臣可能对某人的职业发展产生的负面影响。1773 年,陈昌齐被任命为《四库全书》馆臣,并在接下来的四年中两次被任命为乡试的主考官。陈昌齐似乎正在迎接一个光明的职业生涯。当时,和珅是军机大臣。他显然注意到了陈昌齐,并传令希望见到陈昌齐。然而,陈昌齐却拒绝了和珅,并称"非掌院,无晋谒礼"。这可能被视作对这位军机大臣的侮辱,并且导致了很不好的后果,即陈昌齐在接下来这次京察中被定为三品官员。③ 陈昌齐是一位争强好胜的广东人,他坚持自己反抗上级的主张。几年后,他向皇帝提交了一个奏折,建议授权直隶学政,来调查朝廷高级官员的腐败情况。该奏折没有得到任何官方的回应。和珅死后不久,陈昌齐因向嘉庆皇帝提供了一系列有关抵抗福建和广东沿海海盗的奏折,而重新获得了朝廷的青睐。④

虽然在整个清代,荐举都是人事管理的重要因素,但是在开展《四库全书》项目的几年中,荐举的意义发生了变化。于敏中担任首席军机大臣时,废除了刘统勋制定的一个规则,即除了公务之外,军机大臣不能与其他官员有私人会晤。因此,于敏中很可能为私人影响打开了大门。也许正是因为政府管理规则已经发生了这样的变化,和珅才对陈昌齐拒绝拜访他的行为表示不满,并认为这是陈昌齐对他的蔑视和冒犯,尽管陈昌齐可能是在怠慢他的

---

① 我要特别感谢台湾大学陈捷先教授提供的信息。翰林学士对这些任务的态度,可参考 Wu Ching-tzu, *The Scholars*, Gladys Yang, Yang Hsien-yi trans., p. 128。

② 《国史馆本传·吴省兰》,KCCHLC 97:13a。

③④ 《清史》,363:4506。

上司的同时，抗议着规则的变化。据说，在他任职期间，于敏中"决定着帝国所有年轻官员的命运"。① 姚鼐是在刘统勋的推荐下，被任命为《四库全书》馆编修人员的。这显然引起了于敏中的注意。于敏中要求姚氏成为他的门人（"出其门"），并将他荐为御史。然而，姚鼐却拒绝了他，并最终辞职，回到了祖籍所在地安徽。② 虽然党争最令人震惊的例子肯定发生在和珅担任首席军机大臣期间，但是，这个先例并不是和珅开创的。至少，在和珅这位年轻的满族官员上台之前，《四库全书》馆的编修人员已经在党派方面有着丰富的经验。

这种不断变化的情况，可能会影响《四库全书》馆的道德风气。某些《四库全书》馆臣之所以能够晋升到较高职位，在很大程度上是因为他们有吸引高级官员注意的能力；他们之所以能够被任命到《四库全书》馆，只是他们这方面能力的最初表现。当然，他们中的许多人在被任命前，便已经以其文学和学术成就而闻名于世。毫无疑问，这些人是有能力参与《四库全书》项目工作的。然而，他们中的许多人（甚至可以说全部），都在不同程度上将该项目视作在北京获得政治成功的渠道。因此，他们将此编纂活动视作手段，而不是目的。

在《四库全书》馆工作可能给他们带来声望，但这并不意味着有利可图。在关于组织《四库全书》馆的奏折上，军机大臣可能有针对性地指出，没有必要向翰林院官员或其他机构的任命人员提供"食物、木柴或白银"。③ 但是，皇帝在一个月内改变了主意，并按照武英殿员工的先例，为被任命的《四库全书》馆臣提供饮食。根据1783年的奏折记录，其饮食费用后来是被折成白银支付给他们的。校勘人员的酬劳没有相关记录，但监督人员每月可得到4.8盎司白银。④ 皇帝还会不定期地给《四库全书》馆的编修人员一些小奖励，如有一次是奖励缎子，另一次是奖励哈密瓜。⑤ 孙辰东（1737—1781）的生平证明，编修人员还有一些额外的好处。他们可以提名一位合适的教官或书法家，作为《四库全书》馆抄写员。接受这种任命的

---

① 姚名达：《朱筠年谱》，70页。
② 姚莹：《姚鼐先生行状》，KCCHLC 146：17a。
③ *Pan-li* I, p. 7b.
④ *Pan-li* I, pp. 9a, 91a.
⑤ *Pan-li* I, pp. 54a, 65b, 70b.

抄写员不会得到任何报酬，但他们会获得被列入晋升职位候选人名单的特权。孙辰东在1772年的会试中获得了第一名，殿试为榜眼并被任命为《四库全书》馆臣。19世纪有关他的一个传记，将他描绘成了一个在政治上十分天真，但为人非常正直的官员。当另一位编修人员按照惯例向孙辰东推荐一位抄写员时，这位抄写员向他行贿了；孙辰东表示十分震惊，也很生气。①

随着待审查书籍数量的增加，《四库全书》馆中的实际职位数也相应地增加了。1773年初春，校勘者聚集在翰林院西侧的一组房间内。同年4月，武英殿的一间储藏室被改造了出来，并提供给了《四库全书》馆臣使用。显然，他们需要更多的书籍存储空间；1778年6月的一份奏折显示，军机处档案室的办公场所摆满了书籍，而且这些图书影响了军机大臣的日常办公。到了1783年，校勘工作在四个地点同时进行，每个地点都有独立的监督和人事管理人员，同时朝廷还为书库的维护和安保制定了专门的预算。②

监督工作对编纂人员和军机大臣来说都有很重要的意义。对于编纂人员来说，他们希望能够通过在《四库全书》馆工作而获得面见政府高官的机会，这需要依靠监督工作；对于军机大臣来说，他们需要对《四库全书》的最终成果负责，因此也十分关注监督工作。军机大臣很早便请求设置提调官，并以军机大臣担任，负责管理书籍的流通和《四库全书》项目的监督工作。③"提调"这个称号在清代十分普遍。在布鲁纳特（Brunnert）和哈盖尔斯特洛姆（Hagelstrom）所编清朝官衔目录中，"提调"一词出现了三十多次。最初，"提调"是元朝首都警卫官员的头衔；到清代，"提调"似乎具有执行官的意味，专门负责"文件管理和职员监督"的工作。④在《四库全书》馆中，"提调"的角色似乎更接近于行政人员，而非编修人员。《四库全书》馆中至少有七名"提调"为军机处官员，他们中三人没有进士身份。《四库全书》馆中有五名"提调"是满人，很少有满人参与《四

---

① 王宗炎：《孙辰东墓志录》，*KCCHLC* 130：12b-13a。
② *Pan-li* I, pp. 7a, 9b-10a, 55b, 91a.
③ *Pan-li* I, p. 7b.
④ Morohashi Tetsuji, *Dai karwoa jiten* 5：311-312.

库全书》具体纂修工作。因此，除了抄写员外，"提调"是唯一一个有满人担任过的职位，且只有五位满族官员曾经被任命。到1783年（也许更早的时候），《四库全书》的每个编纂地都有专门的档案管理员、图书管理员以及抄写员。①

《四库全书》项目的管理和编修目标的制定是由三类官员负责的。他们中地位最低的是《四库全书》纂修日常活动最直接的参与者。首先是纪晓岚和陆锡熊（1734—1792）等总纂官，以及陆费墀（卒于1790）总校兼提调官。② 虽然现在看来，他们的具体责任已经很难确定了。陆费墀似乎一直负责誊录；纪晓岚似乎常常与《四库全书总目》联系在一起；陆锡熊曾负责许多事务，但他最直接负责的可能是文本校勘。比总纂官、总校官的官衔高的则是十五位总阅官，他们较少直接负责文本编纂工作。通常情况下，总阅官是由军机处首席军机大臣、皇帝的政治顾问，或者其他军机大臣担任。总阅官需要对最终被收录入《四库全书》的所有文本负责。在他们之上的是《四库全书》馆的最高层，即总裁（共十六人曾经担任该职位）和副总裁（共十二人担任过该职位）。总裁多数是由满族王公、军事首领或军机大臣担任，但是他们并不都在《四库全书》馆中发挥了积极作用。③

有些总裁是很有影响力的。在北京时，于敏中负责向《四库全书》的纂修者传达皇帝的旨意。在夏天，当于敏中陪皇帝去热河时，他则以信件的形式与《四库全书》的总纂官保持联系。1938年，陈垣（生于1880）将这些信件整理出版了。④ 于敏中继承了和珅（1755—1799）的角色（和珅的活动将在下文中有更详细的阐述）。皇帝显然对该项目有极大的兴趣，且该兴趣持续时间很长。在写给陆锡熊的第一封信中，于敏中提到，皇帝曾要求"所有需要讨论的重要问题"都得征求皇帝的意见。于敏中惊讶却又无奈地指出："无可辞耳。"⑤

---

① *Pan-li* I, p. 91a.
② 参考 *ECCP*, p. 543. 实际上，陆费墀与文本誊录的关系被过分强化了。在项目结束之后，许多抄本的错误都被归咎于他。参考 *Pan-li* I, p. 88a.
③ 例如，阿桂在整个编纂期间的大部分时间都不在北京。
④ 陈垣编：《于敏中手札》。我很感谢台湾东吴大学尹讲义教授在我阅读这些手写信件时，给我提供的帮助。
⑤ *YMCSC*, pp. 7–8.

三、图书采集和审查

88　　下文将详细研究图书采集和审查活动每一阶段所涉及的具体工作，但在此之前，有必要简要概述该活动的步骤。乾隆时期，在整个帝国内存在着一个庞大的人际关系网络，这为乾隆朝采集私人藏书提供了天然的优势。毫无疑问，朱筠和他的朋友之所以如此热衷于《四库全书》项目，部分原因也在于他们希望利用该人际关系网络。书籍采集过程不仅显示了该网络的特点和功能，也体现了朝廷与 18 世纪中国各阶层人士之关系的特点。显然，为了成功开展《四库全书》这样的项目，朝廷必须吸引拥有丰富稀有图书的藏书家，以及那些有许多方法获得图书的人，虽然对于朝廷校勘人员来说，可能只有其中一两卷图书会引起他们的兴趣。皇帝委托巡抚与藏书家联系。许多巡抚在其州府设立了书局，特别是在那些拥有丰富藏书的省份。这些"局"的设置并不新奇。巡抚经常组织地方精英来执行一些半官方任务，到了 19 世纪，这些精英组成的团队常被称为"局"，如鸦片战争爆发之前，曾国藩和李鸿章在江南创立的"局"，负责提供救济和管理税收。曾国藩还创建了省级"书局"，以出版重要的经典文献。近代中国的许多私人出版公司经常借用"书局"这个名称来命名，以使他们的出版公司变得十分时尚。

　　这些"书局"一般由巡抚的属下及其他候补官员领导，偶尔也由回籍休假的本地人，或者著名的藏书家领导。① 但是与拥有书籍的民众进行直接联系的一般都是"地方教官"。这些官员是地方官学的负责人，通过第一级科举考试的生员一般都在地方官学接受教育。"地方教官"通常由"举人"担任。他们通过了乡试，但没有通过会试，故而没有"进士"身份。清朝实行"回籍"制度（籍贯回避制度），但是此制度不适用于该职位，因此

---

① 有关书局，可参考 KCT: CL 029551（高晋，1774 年 9 月 15 日）；KCT: CL 029837-1（何煟，1774 年 10 月 14 日）；KCT: CL 029453（萨载，1774 年 9 月 7 日）；KCT: CL 029496（三宝，1774 年 9 月 11 日）；KCT: CL 029802（三宝，1774 年 10 月 12 日）；KCT: CL 029861（海成，1774 年 10 月 16 日）；KCT: CL 030000（余文仪，1774 年 10 月 26 日）；KCT: CL 030178（德保，1774 年 11 月 7 日）。在 KCT: CL 029792（李湖，1774 年 10 月 12 日）中，巡抚李湖奏称，云南不需要设置"书局"。

"地方教官"往往是本地人,而且他们往往是由地方巡抚任命的。"地方教官"与中央任命的省级学政共同负责引导地方学生的生活,以及监督地方学生的政治活动。他们的责任显然是非常重要的,但是与清朝其他官员相比,他们的地位是最低的。他们直到乾隆早期才享受朝廷"养廉银"的奉养,是清朝官员中最后一批享受这种待遇的群体。①

"地方教官"的地位虽然不高,但是这并不妨碍巡抚给他们分派繁重的负担。根据巡抚的报告可知,当"地方教官"向地方宣传了《四库全书》项目之后,藏书家纷纷将他们视若珍宝的藏书带到"书局"。这些图书将在"书局"接受审查和评估。为了避免将所收全部图书寄送到北京的麻烦,"书局"往往会准备好一个待检图书清单。此清单将首先被发送给巡抚,然后再转发到北京。显然,至少一些"书局"已为巡抚准备好了提要稿,以备转送首都。但是,皇帝对"书局"的能力是表示怀疑的。至少,皇帝曾怀疑这些半官方工作人员可能会出错(该怀疑后来被证明是合理的),因此皇帝曾敦促巡抚仔细监督其下属。

"书局"成为沟通中央政府和藏书家的桥梁。这个桥梁是建立在朝廷科举和人事制度的基础之上的,而不是建立在县衙及其下属系统这个并不坚固的基础之上的。假定"地方教官"在选书问题上具有相当一致的标准,并且假设他们可以因为其在帝国学术方面的贡献而与他们指导过的职位候选人享受同样的荣耀,那么,"书局"的工作应该是十分有效率的。因此,"书局"的存在说明了士绅与国家合作的可能性。当学者和国家存在共同利益时,这种可能性就将变为现实。

然而,正因为这是一个"可能性",所以有一定限制。涉及"书局"的第一个问题是,"书局"是临时性的基于任务而存在的群体。当任务完成时,"书局"就解散了。"书局"成员既不可能,也不打算成为一种永恒思想的守护者。而且,士绅和国家因共同利益而开展合作是很有吸引力的,省级"书

---

① 四种不同的官员都被安排到了该职位:教授,正七品;学正,正八品;教谕,正八品;训导,从八品。参考 Brunnert, Hagelstrom, *Present Day Political Organization of China*, pp. 431-435。

雍正皇帝对此职位的资格和规定做了一些改变。关于此问题的分析以及此职位的总体介绍,请参考 Araki Toshikazu, "Choku-sho kyogaku no sei o tsujite mitaru Yosei chika no bunkyo seisaku"。

局"也很有吸引力，但这并不是由此项工作本身的性质所决定的。中国稀有图书的分布很不均衡。巡抚提交的四千八百三十一种书最终被列入了《四库全书》。在这四千多种中，百分之八十三的图书来自浙江（提交了一千六百三十九种书，约占百分之三十四）、江苏（提交了八百六十一种书，约占百分之十七点八）、江西（提交了四百五十五种书，约占百分之九点四）、安徽（提交了三百二十七种书，约占百分之六点八）和两江总督（提及了七百一十八种书，约占百分之十五）。显然，无论国家是否成功地建立了一个帝国范围的"书局"网络，江南士绅不仅是《四库全书》项目书籍的提供者，他们也将是这些图书的评估者。各省对这项工作也做出了一些贡献——山东提供了二百一十一种，河南提供了六十七种，直隶提供了一百一十九种，湖北提供了六十种，陕西提供了七十九种，山西提供了六十六种。中国其他省份的贡献差异很大——福建贡献了一百六十种，湖南贡献了三十三种，广东贡献了四种，云南、四川和广西根本没有提供任何图书。①

涉及"书局"的还有第二个问题：虽然"地方教官"可以代表中国大多数在朝为官的士绅，但他们几乎不太可能是拥有大量稀有图书的藏书家。这些藏书家的贡献极大，因此他们的名字被《四库全书总目》提到了。这些被提名的重要藏书家为此项目共贡献了三千四百二十六种书，约占最终被收入《四库全书》图书的百分之三十二。《四库全书》馆的一项至关重要的工作便是要照顾和回馈这些富有的藏书家。举例来说，当浙江和江苏巡抚以及两江总督建议将"书局"人员派往其辖区内的盐商家中时，皇帝回答说，最好派那些与藏书家有私交的人作为引导。比如说，商人江广达就是在盐官李质颖的引导下参与此合作项目的。皇帝在他的诏书中并没有注意到这

---

① 每个省所提交给《四库全书》项目的书籍数量的记录至少有两个来源。杨家骆在《四库全书概述》（"文献"，154—156 页）中给出了一组数字，但没有提供来源。台北"故宫博物院"档案馆所藏一系列奏折显示，地方督抚对皇帝诏令做出了回应，并报告了他们提交的书籍数量。然而，这一系列奏折并不完整。杨家骆所记与现存各省奏折中的数量，经常不一致；通常杨氏的数量较少，因此可能代表早期的数量。考虑到采用任何一组数字都会有一定问题，我决定在这里采用实际收录并重印的书籍数量，而不是各省提交上来待斟酌的书籍数量。据此，各省提交的书籍数量可以很方便地被统计出来，因为《四库全书总目提要》详细记载了各书的来源。我参考了杨家骆《四库全书概述》（154—156 页）中对《四库全书总目》的统计。

件事，即李质颖利用他在朝廷内务府任职的机会，与盐商达成了一项重大的贷款协议。① 作为朝廷的回馈，四大私人藏书家——杭州商人范懋柱（1721—1780）、鲍士恭、王启淑（1728—1799），以及扬州盐商马裕——都因向《四库全书》项目各贡献了五百多种书，而获得了《古今图书集成》的副本。另外还有十四位藏书家也因贡献了一百至五百种书，而收到了《佩文韵府》副本作为赏赐。在很大程度上，这些奖励对于那些接受它们的富人来说，只是象征性的；而且可以肯定的是，皇帝赏赐书籍这件事情的象征意义不容低估。然而，皇帝的礼物本身确实也具有可测量的市场价值。据一个当时人的回忆称，内务府官员曾讨论《古今图书集成》的市场价位问题。他们提到，上个月所定的十二两四钱六分的价格并非不合适，虽然前几个月只出售了四十四部（共八百九十六部待售）《古今图书集成》副本。②

皇帝和各省督抚还提出了一个有关"借书和抄书"的问题，即一些藏书家显然不愿意把书借给政府。在官方和私人看来，其原因几乎是不值一提的，但很可能是由于书商或投资出版者意识到，他们所藏图书的价值可能会因为政府主持重印而有所降低。因此，他们都要求获得一定的补偿。由于出版业在18世纪中国已经成为一个有利可图的行业，《四库全书》项目的发起，使得政府与商人形成了竞争。支付书费的负担被转移到了巡抚身上。巡抚曾建议将他们所购书籍作为省级藏书的一部分，但是皇帝拒绝了此建议。取而代之的是，巡抚为该项目购买的所有图书都将成为秘阁藏书。朝廷要求对所有图书进行严格的统计。这意味着巡抚必须密切追踪所购书籍的数量和借阅图书的种数。浙江巡抚报告说，浙江省购买了一千八百七十五种，借阅了二千六百零九种；江苏省购买了一千零七十一种，并借阅了六百三十二种；山东省购买了一百三十七种，抄录了一百五十五种，借阅了七十二种；河南省购买了九十一种，抄录了二十二种，没有借过图书；山西省购买了五十七种，并抄录了三十一种。1777年，盐官寅著向朝廷恭敬地转达了盐商的请求，称他们提供给《四库全书》馆的九百三十二种图书，是敬献给皇家珍

---

① *Pan-li* I, p. 13a-b. 关于李质颖和他与盐商的讨论，可参考 Preston Torbert, *The Ch'ing Imperial Household Department*, p. 108. 有关私人藏书家提交的书籍数量，可参考杨家骆《四库全书概述》（156—160 页）。

② *Pan-li* I, p. 25a-26b. 参考 ECCP, pp. 230, 559, 612, 810。

藏的礼物。①

当这些图书被送到北京以后，它们会被汇聚在武英殿进行编目，然后《四库全书》馆臣将会对它们进行校勘。② 然后，如果某一种书有不止一个版本，或者如果某文本的全部或部分内容是从《永乐大典》中辑佚出来的，那么它们将被分配给一位专门的审校人员。《四库全书》馆为每一个专业领域都配备了高级或著名的审校人员。当初步校勘工作完成之后，审校人员将会把手稿送回武英殿。在那里，抄写员将负责接下来的誊录工作。当誊录工作完成后，将有两名助理校勘人员再次分别对同一文本进行校对。20世纪初，在清查秘阁藏书时，学者们在《四库全书》项目遗留档案中，发现了许多用现代官方用语来说可以被称作"传递名单"的文件。它们主要是一些空白的表格，以供相关行政人员填写，具体如下：

连前共交过 万 千 百 十 字	此卷计 万 千 百 十 字	覆校处于 殿	收讫于 月 日收于 月 日覆校毕交	十页于 月 日收到写本于 月 日校毕交覆	分校处于 月 日签出 处发交誊录写成	武英殿于 月 日发出	第 卷底本十页

---

① 关于皇帝要求上报借书和购书情况的诏令，参考 *Pan-li* I, pp. 46a–47b。巡抚的报告是（浙江）*KCT: CL* 032228（三宝，1777年9月5日）；（江苏）*KCT: CL* 032278（杨魁，1777年9月11日）；（山东）*KCT: CL* 032070（国泰，1777年8月20日）；（河南）*KCT: CL* 032107（徐绩，1777年8月23日）；（山西）*KCT: CL* 031868（巴延三，1777年7月23日）。寅著有关盐商的奏折参考 *KCT: CL* 031774（寅著，1777年7月19日）。马融提交给《四库全书》馆的书籍都被归还了，因此寅著考察过的一些书并没有被收录。

② *YMCSC*，pp. 57–58.

复核工作结束后，手稿将被送交高级校阅官处接受最终的检查，最后再提交给皇帝御览。尽管《四库全书》馆臣付出了这么多的努力，但军机大臣于敏中仍然对手稿有所抱怨。他责备了馆臣，认为他们的工作过于草率，导致手稿中有黄色污渍（也许是被茶水所污），他责令校勘者不要在工作时使用红墨水。① 皇帝和首席军机大臣于敏中，不时对提交给他们的手稿进行部分修订。最后，经过批准的文本才会被誊录下来，并被收藏于专门为存放这些手稿而建的四大皇家藏书楼中。它们分别位于北京的紫禁城和颐和园、热河的避暑山庄，以及清统治者的故乡沈阳。在完成这些工作之后，朝廷又在长江下游的杭州、扬州和镇江等几个城市，分别放置了一套副本。

总而言之，合作者之间弥漫着一种欢乐和激动的氛围，他们有一定的自由来处理自己的工作。翁方纲是一位负责审理各省提交书籍的《四库全书》馆臣。在他的传记中，保存了一份有关《四库全书》馆臣一天生活的罕见记录：

> 每日清晨入院，院设大厨，供给桌饭。午后归寓。以是日所校阅某书，应考某处，在宝善亭与同修程鱼门（晋芳）、姚姬川（鼐）、任幼植（大椿）诸人对案，详举所知，各开应考证之书目，是午携至琉璃厂书肆访查之。是时江浙书贾亦皆踊跃，遍征善本足资考订者，悉聚于五柳居、文粹堂诸坊舍。每日检有应用者，辄载满车以归家中……凡有足资考订者，价不甚昂即留买之，力不能留者，或急写其需查数条，或暂借留数日，或又雇人抄写，以是日有所得。②

北京内城正门西侧，有著名的图书市场琉璃厂。它在乾隆朝早期发展起来，并在《四库全书》项目开展时期变得尤其繁荣。③

朱筠有举办聚会的习惯，这些聚会为营造和谐的气氛做出了贡献。1773年春，姚鼐、翁方纲、陆锡熊、纪晓岚等都参加了朱筠组织的聚会活动，该活动在离京城十几里的郊外举行。④ 每一位与会者都写了一首诗。后来，当

---

① YMCSC, pp. 119, 38.
② 翁方纲：《翁氏家事略记》，36b—37a 页。
③ Lee M. Sands, "The Liu-li Ch'ang Quarter: Potters and Booksellers in late Ch'ien-lung," pp. 35–39.
④ 姚名达：《朱筠年谱》，69—70 页；朱筠：《草桥修禊序》，见《笥河文集》，84—85 页。

这些诗被结集成册出版时，朱筠为此诗集撰写了序言。章学诚评论说，在《四库全书》编纂期间，朱筠对聚会的热情"或过高不切于事"。①

显然，一些编修人员曾利用在《四库全书》馆处理珍稀文献的机会，私自抄写了副本并出售。热衷于藏书的山东藏书家周永年曾聘请十名抄写员来协助他的工作。② 邵晋涵从《永乐大典》中辑佚到的至少两种书，后来被私自出版了。③ 其他抄本，则在周永年的朋友间流传。④ 在当时，似乎没有任何法律或伦理方面的规定，来限制周永年的做法。然而，正如黄寿龄案所揭露的那样，编修人员有从工作场所拿走手稿的习惯，这使得手稿监管这项政府工作变得更加复杂。

黄寿龄是1772年进入翰林院的学士。之后，他又被任命为《四库全书》纂修人员。1774年夏天的某个时候，他从翰林院拿走了《永乐大典》中的一卷，并且遗失了。当皇帝听到这件事时，他非常愤怒：

> 《永乐大典》为世间未有之书，本不应听纂修等携带外出。况每日备有桌饭，各员饱食办公，尽一日之长，在馆校勒已不可误课程，原无藉复事焚膏继晷。至馆中设有提调人员，稽查乃其专责。携书外出，若曾经告知提调，即当与之同科；或纂修私自携归，该提调亦难辞失察之咎。⑤

皇帝密令番役遍查此书。几天后，这卷书神秘地出现在了皇城的一座桥下，但皇帝并没有被蒙蔽。他评论道：

> 朕思此书遗失以来，为日已久，必其人偷窃后，潜向书肆及收买废纸等处售卖，［书］贾等知《永乐大典》系属官物，不敢私行售

---

① 章学诚：《朱先生别传》，CSCWC，p. 130。

② 桂馥：《周永年传》，KCCHLC 130：30b。桂氏是1790年进士，也是周氏雇用的一个抄工。

③ 路振的《九国志》就是这样的一个文本。很显然，这部书被错误地列入了 TMTY，参考阮元：《四库未收书目》；TMTY, p. 2。

④ 《南湖集》和《旧五代史》（TMTY, pp. 3370 [160：8a], 1005 [46：2b]）是两个这样的文本，参考 SCHNP, p. 60（其中引用了朱文藻的一个简短回忆，题为《书南湖集后》），以及1975年中华书局本《旧五代史》的序言。

⑤ *Pan-li* I, p. 27a。

卖。该犯亦知缉捕严紧，不敢存留，遂于黉夜潜至河畔，以冀免其祸。①

皇帝要求大臣进一步调查此事，但很显然无济于事。该事件对有关人员造成了严重的影响。一位军机大臣向皇帝呈交了请罪奏折，纪晓岚因这件事关注到了黄寿龄。但显然黄氏不能完全解释事情的原委，故而被罚停俸三年。两名提调被罚停俸六个月。经过此案件之后，《四库全书》馆对校勘和整理所用书籍的管理更加严格。周永年发现，他再也不能将翰林院的书籍拿回家了，因此，他很遗憾地解雇了他的抄写员。②

这个案子很有意思。此案除了证明皇帝是一个优秀的"侦探"之外，还体现了一些有趣的现象。首先，它表明了皇帝对书籍保护的真诚关注，以及校勘者和书商对图书抱有急切的但或许非法的兴趣。其次，皇帝所设想的日常工作时间表，与翁方纲自传中所描述的较为宽松的时间表，形成了鲜明的对比：学者们到底有多努力工作，该问题在项目后期变得十分重要。最后，该案件引发了对书籍采集和存储程序的调查，而这为研究《四库全书》的编纂方法提供了重要资料。

四、原谅和恩宠：讹误清单和清朝行政管理

虽然《四库全书》项目最重要的任务委托给了像戴震、邵晋涵、周永年这样具有很高学术声望的人，但大部分整理工作都分派给了一些在首都的年轻人。这些年轻官员的动机或兴趣与那些年长者的不一定相同；他们的表现反映了他们自己的态度和关切，也反映了他们对那些由高级官员向他们传达的目标和标准的理解。他们的工作远非完美。根据许多图书提要来看，不少本可以从《永乐大典》中辑佚的图书被忽视了；图书整理工作十分匆忙，不时有疏忽大意、校对敷衍的情况。1828年，作为官修图书《大清一统志》的编修，钱仪吉指出，《四库全书》馆臣对《永乐大典》有太多的疏忽，因此有必要对明代的这部百科全书进行重新编修。道光皇帝赞同他的想法，但后

---

① *Pan-li* I，p. 28a.
② *Pan-li* I，pp. 29b，35b；桂馥：《周永年传》，*KCCHLC* 130：30b.

来因受到国内叛乱和动乱的影响，朝廷既没有人员也没有资源来完成这项工作。①《四库全书》编修人员的疏忽，不只是表现在《永乐大典》辑佚问题上。一般来说，将同一作品的不同版本进行校勘之后，可能会形成更好的文本，但是这种想法并没有被很好地落实。因此，在校勘过程中，许多图书的序言被省略了，文字内容常存在讹误，地图常被绘制或标记错；结果文本原貌出现了巨大变化。现代学者孙楷第发现，这样的校勘"可能会让那些从事该活动的人感到开心"，但没有什么价值。② 也有同时代人批判《四库全书》馆臣，认为他们在版本校对方面并不用心。一次，某抄写员在誊写乾隆祖父所撰的一首诗时，错误地将"桃"誊写成了"梅"。③ 这些办事不力官员的大难很快便来临了。当乾隆皇帝自豪地视察热河新藏书楼时，他发现有一卷书的内容竟然是完全空白的！④

《四库全书》所收图书的提要确实包含了某些真相，但也反映了提要撰写者对乾隆政府及其管理的看法（见下文）。也许有关《四库全书》中所含错误最有意思的问题，不在于其管理，而在于对它们的评价。错误出现的原因是什么？清朝官员是如何看待和回应它们的？至少，于敏中似乎已经意识到，图书整理工作存在质量问题，但他似乎无能为力。他制作了一个"成工册"，以记录每个整理者的工作得失情况。对此，于氏说："除周编修（山东）外，认真者极少。"⑤ 又，于氏写道："此次进呈各书，一日之间，奉上指出两错，书签之错，尤为显而易见者，以后务须留心！……各宜加意，若再经指斥，即削色矣。"⑥

编修过程中出现错误的原因是多方面的。其中一个肯定是整理工作的速度问题。皇帝曾在他的诏谕和诗歌中，反复重申了他的关注点，即他希望此项目能尽快完成。随着待整理书籍数量的增加，这项工作也变得更加困难。⑦

---

① 缪荃孙：《永乐大典考》，见《艺风堂文集》，4：2a-3b。
② 孙楷第：《论教育部选印四库全书》，引自郭伯恭：《四库全书纂修考》，230页。
③ Pan-li I, p. 23a.
④ 黄芳：《于敏中书信后记》，YMCSC, p. 126。
⑤ YMCSC, p. 86.
⑥ YMCSC, pp. 47—48.
⑦ 皇帝之所以下诏修《四库荟要》，其原因之一是他担心自己不能活到《四库全书》修成的那一天，参考郭伯恭：《四库全书纂修考》，198—199页。

在一个夏天，于敏中匆忙地给陆锡熊写了一封信说："每日五页尚有一定之程，惟遗书卷帙甚多，每纂修所分俱有一千三百余本，今此内有每月阅至一百六七十本者，告竣尚易；其一百本以外，亦可以岁月相期。"假设每一本至少有二十页，那么，这意味着每人每个月需要阅读两千到三千二百页！

处于一个不耐烦的皇帝和负担过重的整理者之间的是《四库全书》馆的高级官员，他们只能暂时调解。于敏中继续说道：

> 与足下及晓岚先生原定之期——原定上年可完，今已逾期矣，尚忆此言否？——太觉悬远。倘蒙询及，将何以对？愚实惶悚之至。足下当与看遗书诸公细商，自定限期，总录单寄示，庶得按册而稽，亦可稍救前言之妄。①

面对皇帝这种急于求成的要求，整理者几乎不可能做到准确无误。有一次，当《两朝纲目备要》（一部用纲目体写作的宋代著作）② 被提交给朝廷审查时，于敏中说："其前后倒置，目内尚觉无妨，纲内则断乎不可。""纲"是描述事件的标题，"目"是实际的历史叙述。③

另一个可能影响整理者表现的因素是此工作的单调乏味，以及工作可能产生的微不足道的效果。如姚鼐，与朱筠朋友圈中的人一样，他有着极高的学术热情，但不愿意从事考证研究。在姚鼐看来，"宋元人所注经卷帙甚大，而其间足存之解，或仅一二条而已"。④《永乐大典》所收图书十分零散，而类似这样一些文本的价值其实并不高。于敏中说，《永乐大典》中的书就像"鸡肋"一样；他又说："但既办辑多时，似难半途而废。"⑤ 其中，宋人文集又尤其麻烦。

《四库全书》项目的官僚环境肯定也影响了整理者。我们已经知道乾隆朝后期的翰林院弥漫着竞争的气氛，因此，获得高级官员的关注是事业成功的关键。如果每一位《四库全书》馆臣的业绩，是由他能够辑佚和整理的图

---

① YMCSC，pp. 86-88.

② TMTY，pp. 1044-1046（47：10a）. 这一卷的提要很明显是邵晋涵草拟的，参考 TYFTK，pp. 47a-48b.

③ YMCSC，p. 50.

④ 姚鼐：《惜抱先生尺牍》，2：1b-2a. 我猜测，姚氏这次提及"在馆中"，表明他已经开始在《四库全书》馆工作了。姚氏的传记，参考第四章。

⑤ YMCSC，p. 34.

书数量来决定的，那么尽可能提高工作量是关键之所在，其质量或重要性则反而成为次要的追求。遗憾的是，虽然该项目的出发点是国家或学术，但是官僚环境几乎不可避免地影响了这个项目的具体实施。章学诚在赞美周永年的同时，也针对《永乐大典》辑佚活动，指责《四库全书》馆臣道：

> 馆臣多次择其易为功者，遂谓搜取无遗矣。书昌固执以争，谓其中多可录。同列无如之何，则尽举而委之书昌。书昌无间风雨寒暑，目尽九千巨册，计卷一万八千有余……于是永新刘氏兄弟《公是》《公非》诸集以下，又得十有余家，皆前人所未见者，咸著于录。①

即使章学诚的描述有一些夸张，但必须承认学者与官僚之间存在着差异。

惩罚整理者是一个复杂的问题。一方面，它会有损王朝威望：手稿中的错误可能会损害这项泽被万代的工作。另一方面，在整理者所犯错误中，很少的错误是生死攸关的大问题，相比之下，大部分的错误是情有可原的，比如说由于来自不耐烦的皇帝的压力、该工作本身的性质，甚至汉语本身的特点等。朝廷威望与官僚实践之间的冲突，是该时代的一个普遍特点。该冲突从未得到有效的解决；直到1791年，朝廷才将编修人员派往全国各地，要求他们自费纠正各手稿中的错误。但朝廷试图纠正《四库全书》错误的尝试表明，乾隆朝晚期领导人的水平和策略存在问题。

1773年11月13日，皇帝在呈上来的《四库全书》手稿中发现了几处错误，因此，他命令《四库全书》馆审议，并制定出一套防止出现错误的方案。几个星期后，皇子永瑢代表《四库全书》馆上奏皇帝，以回应此事。②他在奏折中辩称，问题来自两个方面：抄写员的成果没有被仔细通读，而且整理者的工作也没有被仔细监督。他解释说，《四库全书》馆三十二位校勘人员每天都要整理四十万字以上的文字，而十二位提要撰写人员则每天需要撰写二十万字的提要。这位皇子在奏折中措辞十分谨慎，他尽量避免说皇帝要求的进度太快了，因为这可能会让皇帝不高兴；他也避免说这是整理者的疏忽。取而代之，他宣称，在武英殿准备手稿的总校官很难跟上工作进程。

---

① 章学诚：《周书昌别传》，CSCWC，p. 151。
② *Pan-li* I, pp. 18b–20a。

他建议，另外设立二十二名复校官，在将《四库全书》馆臣提交给武英殿的那些手稿转呈给皇帝御览之前，再重新校对一遍。

皇子永瑢也向皇帝建议建立一个考成系统。每位整理者或抄写员对其所负责手稿所做的每一次修正，都会被记功一次。校对员每发现一个错误，也将被记功一次。与之相对应的是，负责该稿件的整理者和抄写员将分别被记过一次。如果编修人员发现了错误，负责该稿件的抄写者、整理者和校对者都会被分别记过一次。但是，如果皇帝在稿件中发现了错误，不仅负责该稿件的抄写者、整理者和校对者会被分别记过一次，而且这个高级编修人员将被移交刑部议处。五年以后，根据他们所完成的工作量，以及他们积累的奖励和记过的数量，整理者和抄写员将被推荐到相应的职位。具有讽刺意味的是，那些被记过数量最多的人，在他们得到朝廷任命之前，将被要求在《四库全书》馆再工作两年。一位研究该项目的现代学者认为，这些制裁"非常轻微"。① 但实际上这似乎非常适合作为整理工作的勉励措施。

尽管采取了这些措施，皇帝仍然能在上呈给他的手稿中发现错误。乾隆皇帝的回应受到了两种倾向的影响。这两种倾向也是乾隆朝的统治特征，尤其是乾隆朝晚期的统治特征：将事务委托给相对较少的人，并让这些人亲自对其所提措施的成败负责。②

1774年3月，皇帝在一个诏谕中宣称，该问题必须依靠总裁来解决。"总裁等岂宜概以轻心掉之耶？"他惊讶地说道。但并非所有的总裁都应当受到同样的责备：

> 内如皇六子质郡王永瑢、舒赫德、福隆安，虽派充总裁，并不责其翻阅书籍，乃令统理馆上事者。英廉办理部旗及内务府各衙门，事件较繁，亦难悉心校阅。金简另有专司，此事本非其职。至于敏中虽系应行阅书之人，但伊在军机处办理军务，兼有内廷笔墨之事，暇时实少，不能复令其分心兼顾。③

但其他总裁，如曹秀先、王际华、蔡新、张若溎、李友棠等人，在他看

---

① 叶德辉：《书林清话》，240页。
② 当然此趋势在一定程度上是清代皇权的产物，参考 Silas Wu, *Communications and Control in China*, pp. 107–123。
③ *Pan-li* I, p. 23a.

来则是疏忽大意的，应该交给刑部议处。

乾隆朝的总裁、副总裁名单读起来像是"某部门的某官员"。即使是那些受到惩罚的人也是具有相当高地位的：曹秀先是工部尚书，王际华是吏部尚书，蔡新在《四库全书》纂修期间相继担任过工部、礼部和吏部尚书。①实际上，皇帝正在对大部分朝廷高官施以惩戒，让他们对《四库全书》项目的失败负责。皇帝对总裁、副总裁说，他不承望他们会事先阅读其所提交手稿的每一个字，但他们至少应该阅读足够的文字，以促使整理者保持警惕，并树立一个良好的人事模范。1774年秋天，这些人又一次受到了皇帝的斥责："朕五月间临幸热河以后，又阅半年之久，何尚未能悉心校勘？"1779年冬天，皇帝添设了一个新的校阅群体——"总阅官"，以审查收入《四库全书》的图书中存在的错误。②

毫无疑问，高级官员的压力一定是极大的，因为他们曾试图隐藏失误证据，以避免皇帝的谴责。在上文引用的于敏中的一封信中，这位军机大臣向陆锡熊坦言道，他十分惶恐，因为皇帝已经发现，其既定计划并没有被《四库全书》馆臣很好地贯彻下来。因此，他催促陆锡熊制订出一个新的时间表，以便"弥补以前欺骗皇帝"的过失。③ 在另一封信中，于敏中讨论了如何修正《意林》中存在的错误。这是由武英殿刊刻的一部唐代集子。他建议陆锡熊在没有得到皇帝批准的情况下继续一些必要的工作。"容俟从容再复。"④ 在皇帝缺乏耐心和官僚误解皇帝意图的情况下，如果能由另外一个人来指出其前任的错误，这将能够很好地维护帝国的颜面。

1770年代后期，乾隆朝出现了这样一个人。和珅最早引起皇帝的注意是在1772年。当时，他刚被任命为皇帝的侍卫。⑤ 在接下来的几年中，他在内廷中迅速晋升。1778年，他被任命到一个非常有利可图的职位，即负责北京崇文门税务。1780年冬，和珅迎来了他生命中第一个重要的政治职位。当时，他被派去调查云贵总督李侍尧的腐败案。他做得十分彻底。结

---

① 关于曹秀先，参考《清史》，321：4255；有关王际华，参考《国史馆本传》，KCCHLC 88：38a-40a；有关蔡新，参考《清史》，321：4248。

② *Pan-li* I, pp. 32b, 62a.

③ YMCSC，p. 48.

④ YMCSC，p. 69. 有关《意林》，参考 TMTY，p. 2579 (123：3b)。

⑤ ECCP，p. 228.

果，李侍尧和他的许多下属都被革职和流放了。① 显然，皇帝对这位年轻八旗子弟的汇报感到十分满意。甚至在他返回北京之前，和珅就已经被任命为户部尚书，并且很快皇帝还为自己的女儿和孝公主与他的儿子赐婚。

于敏中于1780年1月下旬去世。他留下了一系列重要的朝廷职位，包括首席军机大臣，大学士，《日下旧闻考》、《明史》、《辽史》、《金史》、《元史》和《满洲源流考》的总裁，以及《四库全书》项目总裁。这是被视作控制着帝国所有学者命运的一个空缺。② 在两年之内，和珅接过了以上所有职位，除了《明史》的总裁以外（此项目的大部分内容在1770年代末已经完成）。在于敏中去世时，和珅已经是《满洲源流考》和《辽史》、《金史》、《元史》的总裁，并于1781年被任命为《日下旧闻考》的总裁。另一位满人阿桂（1717—1797）被正式任命为首席军机大臣。但早在1781年春天，和珅曾代理过首席军机大臣的职位。1781年11月4日，这位前皇帝侍卫被任命为《四库全书》馆的总裁。③

在和珅接受任命的第二天，作为总裁，他第一次正式处理的事务就是对曹文埴（1735—1798）的参劾。曹文埴是一位高级汉族官员，他曾经担任《辽史》《金史》《元史》纂修人员。他参劾曹文埴的原因是，曹氏没有向《四库全书》馆报告明朝官员沈炼（1505—1557年）所撰《青霞集》的整理者存在空缺的情况。该整理者的名字处是空着的，这看起来似乎是为了消除反满依据。④

虽然他绝对不是第一个对反满文献表示担忧的人，但这个新崛起的满族官员试图用该问题来反对他的汉族同僚；这似乎是十分不祥的预兆。在整个乾隆统治期间，满族和汉族官员经常轮流担任首席军机大臣，首先是满

---

① ECCP中的和珅传记也对此情节有一个简单的描述。有关此事件的完整描述，参考《实录》（16182—16258页）和 SYT：FP，乾隆四十五年（1781—1782），秋，117—381页。这个案件十分有趣，因为有关和珅活动的记载很少，而这是其中之一。

② SYT：FP，乾隆四十四年（1779—1780），冬，381页。

③ Pan-li I, pp. 74b, 69b-70a；SYT：FP，乾隆四十六年（1781—1782），春，207页。

④ TMTY, p. 3674（172：6b）。也可参考 L. Carrington Goodrich 以及 Fang Chao-ying 编辑的 Dictionary of Ming Biography（2：1182—1885）；L. Carrington Goodrich 的 The Literary Inquisition（pp. 192-193）。

人鄂尔泰，然后是汉人张廷玉，满人傅恒，汉人刘统勋和于敏中，满人阿桂和和珅。与他们有关的是几个重要的官僚集团，尽管乾隆皇帝对公开提及他们非常敏感。有证据表明，至少在从鄂尔泰到张廷玉，以及从于敏中到和珅的转换过程中，不同党派常利用民族差异性，来实现各自派系的目的。①

然而这也与《四库全书》的整理关系密切。显然，自进入《四库全书》馆的第一天，和珅就开始为皇帝指出稿本中的错误。在和珅任职早期，皇帝便赋予他这一角色。根据皇子永瑢1772年11月的奏折（上文已概述），每位整理者所得到的奖惩记录，每季都会被提交给皇帝。② 这些列入表格的记录是还没有向皇帝报告的记录，因此被称为"计过记"。1781年，在第一份这样的"计过记"之前，抄录了皇帝的诏谕。该诏谕的内容是要求和珅和阿桂负责阅读书籍和报告错误。③ 1781年之后，每一份"计过记"之前都会转载该诏谕；但在此之前，则没有任何"计过记"提及该诏谕。考虑到1780年以后和珅所承担的职责过多，他不大可能亲自阅读所有《四库全书》文本；尽管如此，他需要对《四库全书》的最终文本负责任，因此，他必须为此任务确定基调和指导思想。

这位警惕的新管理人员比其前任发现了更多的错误。在于敏中生命的最后两年里，分别报告了二百二十一次和二百五十九次错误。1781年，有五千零六次被报告；1782年，有七千零七十二次被报告；1783年，有一万两千零三十三次被报告。这些报告并不是在1784年后才出现的。④ 这些报告的错

---

① 参考第二章和David S. Nivison, "Ho Shen and his Accusers," pp. 228-229。
② 这些清单的来源可见于SYT: FP。陈垣统计了每一个整理者因为错误而被记过的次数，他的研究结论见于Pan-li的结尾处。
③ SYT: FP，乾隆四十六年（1781—1782），春，195页。
④ 这些年该项目所列因错误被记过的总数如下：

时间	因错误被记过的总数
乾隆四十二年（1777—1778）	89
乾隆四十三年（1778—1779）	221
乾隆四十四年（1779—1780）	259
乾隆四十五年（1780—1781）	2 118
乾隆四十六年（1781—1782）	5 006
乾隆四十七年（1782—1783）	7 072
乾隆四十八年（1783—1784）	12 033
乾隆四十九年（1784—1785）	3 235

误可能被夸大了，或者至少它们都是既往的错误，因为至少有一位编修人员是由于以往的错误而被记过的。①

在1787年，《四库全书》编修人员的这种警惕行为产生了很明显的后果。当时，《四库全书》的五套手稿已经完成了。在随意翻阅这些图书时，皇帝发现了许多错误和遗漏。于是，皇帝派以和珅为首的专员来检查这些卷帙并纠正其中的错误。② 大约一个月之后，皇帝发现，《四库全书》项目很明显还有很多工作未完成。7月下旬，皇帝与和珅称前任总纂官纪晓岚的过失为"不可言说"。纪晓岚提交了一份请罪奏折，并表示愿意自费带助手前往满洲地区开展必要的更正工作。③ 纪晓岚的提议被接受了。11月，纪晓岚到达了热河。④ 这里的工作条件与北京的有所不同。该团队在存放手稿的阁外工作，那里寒风凛冽。据说，有一位整理者死于严寒。在身体受到伤害的同时，他们可能也承受了其他方面的羞辱。所以在团队工作时，几名满族士兵被派往观察，并"在必要时帮助他们"。大约两个月之后，纪晓岚上奏称，这项在北京需要数年才能完成的审查和纠错工作，他在约三个月内便完成了。他解释说："各员在京看书，患其各有私事，不免稽延。"因此，他请求在一个月内回家。皇帝不无讽刺地回复他说："略迟何妨？"⑤

毫无疑问，在和珅任职期间，许多《四库全书》馆臣是反对和珅的；在和珅死后，这些反对者才开始活跃起来。大约在1780年代后期，《永乐大典》校勘官陈昌齐向皇帝提交了奏折，请求直隶学政调查朝廷中的腐败问题。《四库全书》馆的一位高级校阅官尹壮图也提出，整个帝国内的腐败现象十分普遍，财政赤字严重。这显然意味着和珅是有错的。在和珅死后，另一位《永乐大典》审校官莫瞻菉则被派去调查和珅及其家仆的财产。最后，洪亮吉撰写了一份有关和珅罪行的清晰诉状，这就是洪亮吉1800年写给成亲王的一封信。洪亮吉是朱筠的密友，并为《四库全书》馆

---

① 孙辰东在1781年被记了25个错误。他于1780年冬天去世，参考王宗炎：《孙辰东墓志录》，*KCCHLC* 130；12b-13a。

② *Pan-li* II, pp. 2b-3a.

③ *Pan-li* II, p. 5b.

④ *KCT: CL* 052120（纪昀，1787年12月3日）。

⑤ *KCT: CL* 052115（全德和董椿，1787年12月3日）；*KCT: CL* 052736（纪昀，1788年1月8日）。参考黄芳：《于敏中书信后记》，*YMCSC*, p. 126。

许多编修人员和助理人员撰写了传记；洪亮吉可能是以某种特殊的身份为《四库全书》馆服务的，因此，他的名字未被列入1782年《四库全书》馆的人事名单。①

当然，和珅作为《四库全书》馆总裁的所作所为，并不是人们反对他的唯一原因。然而，他在《四库全书》馆的角色可能是导致他的个人地位升降的重要原因，而这也是当时朝廷高官个人地位升降的典型代表。《四库全书》项目只是乾隆朝晚期皇帝分派给大臣和军队的诸多重大活动之一。这些项目可能需要耗费清政府大量的财政收入和资源，因此，即使人口没有翻倍增长，也必然会出现社会和经济紧张的现象。刘统勋反对朱筠奏折中提出的建议，就是因为该项目的规模太大了。这反映了他对这些项目所需时间和精力的认识。处于一个不耐烦的皇帝和一个过度扩张的官僚系统之间，高级官员面临着几乎不可解决的困境：要么承认自己无法执行皇帝旨意，而这可能会给自己带来灾难性后果；要么隐瞒自己的失败，但他们可能会被人揭发从而被皇帝责罚。遗憾的是，《四库全书》手稿中的错误既不能被明确地揭示，也不能被长期地隐藏下去。在和珅职业生涯早期，他花费了大部分时间在调查和报告前任工作所存在的问题上，包括他在云南、户部、《四库全书》馆的前任的欺诈和失败问题。和珅自己失势后，他的许多欺骗行为，特别是在镇压"白莲教起义"中的许多行为，遭到了反对者的谴责。关于和珅的大量讨论都集中在了他的贪婪和个人性格上，很少有人关注政治体制环境对他个人荣辱变迁的影响。虽然和珅曾受益于腐败和过度扩张的官僚机构，而且他所行使的人事权力和他对皇帝的欺骗也有先例可循，但他的贪腐案件更加臭名昭著，因为他的行为比他的前任更加过分。这表明，他任职期间的越轨行为不仅是他个人的弱点，也是那个时代的弱点。

五、成果

《四库全书》编纂项目的成果是：(1) 七份《四库全书》编纂稿，每份

---

① 参考 Susan Jones, "Hung Liang-chi," pp. 85–86, 156–203. 关于陈氏，参考《清史》, 363：4506；有关尹氏，可参考 David S. Nivison, "Ho Shen and his Accusers," p. 234；有关莫氏，可参考《国史馆本传·莫瞻菉》, KCCHLC 102：1a–6a.

三万六千五百余册。① (2)《四库全书简明提要》，包括收入的每种图书的标题、作者名字和书籍简评等。② (3)《四库全书荟要》，收录了《四库全书》中的重要著作，是其缩略本，共一万一千一百七十卷。③ (4)《武英殿聚珍版丛书》，共一百三十四种，用活字印刷，收录了《四库全书》中珍贵的版本。④ (5)《四库全书总目》，其现代复印本长达四千四百九十页。⑤

也许对这些成果最中肯的评价来自余嘉锡（约1890—1960年）。他是一位致力于研究《四库全书总目》的学者：

> 故曰自《别录》以来才有此书，非过论也。故衣被天下，沾溉靡穷。嘉道以后，通儒辈出，莫不资其津逮，奉作指南。功既巨矣，用亦弘矣。
>
> 虽然，古人积毕生精力，专著一书，其间牴牾尚自不保，况此官书，成于众手，迫之以期限，绳之以考成，十余年间，办全书七部，荟要二部，校勘鲁鱼之时多，而讨论指意之功少，中间复奉命纂修新书十余种，编辑佚书百种，又于著录之书，删改其字句，销毁之书，签识其违碍，固已日不暇给，救过弗遑，安有余力从容研究乎？且其参考书籍，假之中秘，则遗失有罚，取诸私室，则藏弄未备，自不免因陋就简，仓猝成篇。⑥

余氏的透彻评价可能超过了任何现代学者。余氏认为，《四库全书》的缺陷从本质上说是一个制度缺陷。因此，余氏的评价是非常有价值的。该项

---

① 有关这些稿本的位置，可参考上文。每种书的具体册数可能会有所不同。参考洪业等：《四库全书总目及未收书目引得》前言。其中一部现存于台北"故宫"地下库。两部大陆藏本，一部在北京，一部在杭州。
1936年商务印书馆开始重印《四库全书》。
② 1964年重印的中华书局本共1033页。
③ 有两份副本。其中一部现存于台北"故宫"地下库。《四库全书荟要》的目录被收录入吴哲夫《四库全书荟要纂修考》（131—214页）。
④ 广雅书局1899年重印本，共700册。
⑤ 这部书最常见的版本是本书所引用的版本。这是商务印书馆1934年第一次重印的本子，之后又多次重印。1930年大通书局采用石印法翻印了此书。有两部重要的索引——洪业等《四库全书总目及未收书目引得》和王云五等《四库全书总目提要书名及著者索引》，它们被附录在商务印书馆重印的TMTY之后。
⑥ 余嘉锡：《四库提要辨证》，52—53页。

目的发起并不是偶然的。整理人员的选择、监督、协调都不是任意的，而是精心设计的结果。它体现了皇帝和官僚对学者和学术的优先关注点及态度。相对于政府而言，《四库全书》项目的成败对个人来说并没有那么重要。

相反，在过去的两个世纪中，许多有关《四库全书》项目成果的评价都代表了政府的声明；政府是这项编纂活动的发起者，以及目录的编制者。最早对《四库全书》做出评价的学者有王太岳（1722—1785）、阮元（1764—1849）和邵懿辰（1810—1861）等。他们对《四库全书》编修人员有共同的定位。他们的作品更像是补充，而不是评论。他们倾向于关注该项目所出现的偶尔疏忽或出版差错，而未质疑该项目的核心问题。①缪荃孙（1844—1919）的批评更大胆或至少更有说服力，他指出："有不应收而收者，有应收而不收者。"这就指出了该项目的缺陷之所在。②

缪荃孙的考察过于含糊，无法形成对《四库全书》的批判。他同时代的许多人较少受到忠清思想的影响，但却被反满情绪所激化，因此，在批判《四库全书》方面更激进。俞樾（1821—1907）注意到，尽管《四库全书》项目有其优点，但它的编纂是为了控制思想，而不是为了促进学术发展。正如俞樾所言，问题的关键在于，没有人能够像陈耀文（1553年进士）反驳杨慎的目录学研究那样，批判《四库全书》项目。俞樾反问道，如果知识分子的主要职责是阐明官方立场，且这种立场是无可辩驳的，那么，他们怎么可能真正地为社会服务或受到人们的赞赏呢？章炳麟（1869—1936）是俞樾的弟子，但是他比俞樾更激进。章炳麟开始研究"焚书"问题。他将纪晓岚及其助手描绘成满族政府的心腹，认为这个政府专注的是严厉的思想操纵。③

1911年以后，关于《四库全书》的研究一直不那么丰富，但至少民国时期，部分研究此书的著作肩负着研究清史的目的，即探索清政府是如何通过压制汉族思想和修改其文本，来实现思想控制的。关于《四库全书》的唯一一部英语著作则是傅路德（L. Carrington Goodrich）的《乾隆朝的文字狱》。作者在书中指出，《四库全书》与思想控制和压制是"不可分割地联系在一

---

① 王太岳：《四库全书考证》；阮元：《四库未收书提要》；邵懿辰：《四库简明目录》。
② 缪荃孙："序"，见邵懿辰：《四库简明目录》，1页。
③ 俞樾：《春在堂尺牍》，引自刘兆祐：《民国以来的四库学》，146页。

起"的。① 同样的爱国主义关切，也引发了一些其他的论点：清朝统治者的"反理学思想"使得朝廷对《四库全书》文本本身，以及在誊写过程中出现的错误和遗漏，都持较为尖锐的态度。到了 20 世纪，也出现了有关《四库全书》研究的另一个主题，即将欧洲的学术标准和态度引入中国。1929 年，一部《四库全书》研究作品的前言提到，"由于学术日益繁杂，学界对精准的参考书的需求日益迫切，而编纂这些参考书的技术也变得更加重要"。② 的确，若干《四库全书》索引的编制，则可能是这一观点的体现。到了 20 世纪，民族主义和国际主义思想也影响了人们对乾隆朝这部藏书的看法。1917 年，日本政府将部分庚子赔款交给了东方文化事业委员会。反过来，这又实现了一些中国学者和政治家的要求，即修订和续修《四库全书》。该活动主要由中国学者参与完成，并一直持续到 1925 年。在日本发动全面侵华战争后，许多参与该项目的中国学者逃往南方。该活动的成果被存放在京都大学人文科学研究所。直到 1971 年，该成果才以十三卷本形式，由台湾商务印书馆出版。③ 最近，至少一些中国学者为《四库全书》的重印感到高兴。1982 年，台湾商务印书馆承诺重印整部《四库全书》，"以确保中国思想和文化不被湮没"，并且将其成果定价为两万七千美元公开出售。④

没有什么观点可以永恒。从广义上来看，在过去两个世纪中，不断有人提出对《四库全书》的修订意见并付诸了实践；这表明，动荡的近代社会影响了知识分子对社会本身，以及对学术传统在社会中所发挥的作用的看法。从具体层面来看，根据这些批评可知，1770 年代中国出现的一系列思想和制度上的妥协，都与《四库全书》紧密相关。最常见的两个批评可以说明这一点：《四库全书》收书的标准并不明确，且其标准过于政治化，并存在许多争议；《四库全书》最终收录的许多文本，多是为方便朝廷或官僚统治者而编纂的。

"一个完备的图书馆"应该有多完备？根据《四库全书总目》可知，在

---

① L. Carrington Goodrich, *The Literary Inquisition*, pp.5—6.
② 《欧阳修》，引自《四库目略》，1 页。
③ "序"，见《续修四库全书提要》，2—3 页；吴哲夫：《现存〈续修四库全书提要〉目录整理后记》，29—30 页。
④ Ch'ang P'i-te, "Why the Printing of the Entire Ssu-k'u ch'ian-shu is Significant"，内部传阅资料，1983。

整理和选择过程中，至少有一万零八百六十九种作品接受了朝廷的审查；其中三千六百九十七种被认为值得收入《四库全书》之中，一百三十四种被认为值得收入《武英殿聚珍版丛书》，剩余的七千零三十八种则被列入存目，并分别给出了一些简短的评论。乾隆皇帝的图书清单是中国历史上规模最大的，或许也是当时世界上最大的。

该项目所设范围之所以如此之广，在很大程度上是帝国野心的结果：乾隆皇帝有意超越之前所有书籍采集活动的范畴。在1773年3月3日有关《永乐大典》的诏谕中，皇帝提到了将该活动拓展到前所未有的范畴，并认为这是十分重要的。但是后来，他显然还与首席军机大臣于敏中直接讨论了这个话题。① 在1773年夏天的一封信中，于敏中跟陆锡熊说道：

> 今日召见时询及历代访求遗书之事，何代最多，最为有益。可即详悉查明，于十七日随报发来。又蒙问修《永乐大典》事《明史》曾载否，一并查明覆奏。②

8月19日，于敏中责备陆锡熊道："奉旨查历代所购遗书，何代最多，已据录寄，尚未覆奏。愚意以历朝之书多以卷计，此次书局所开及外省所送，各以部计，若就其卷帙折衷言数，不知当得几十万卷？"③ 书籍采集规模成为该项目成功与否的重要标准。于敏中曾经向纂修者建议："明人集虽少无妨，此事所重，在抄本足抄《四库》，及书名列目，足满万种方妥。"④ 虽然在中文写作中，"万"这样的表达，的确通常是用来比喻"很多"的，然而《四库全书总目》中恰好收录了过万种图书，这可能并不是巧合。

《四库全书》所收书的内容主题也体现了朝廷的目的。在有关图书采集的第一个诏谕中，皇帝试图寻找那些"聿资治理"或"游艺养心"的著作。⑤ 儒家思想传统关注"人性"以及"如何治理人"。有鉴于这一点，儒家经典足以涵盖中国大部分的文化遗产，但其并非无所不包。《四库全书》最重要的收书标准则是"致用"。《四库全书总目》的"凡例"直截了当地指出，

---

① *Pan-li* I, p. 7a.
② YMCSC, p. 24.
③ YMCSC, p. 36.
④ YMCSC, p. 81.
⑤ *Pan-li* I, p. 1b.

"圣贤之学，主于明体以达用。凡不可见诸实事者，皆属卮言"。① 在皇帝的干涉下，学术不是为了学术本身，而是为了将学术运用于政治统治以及其中所含的圣人之道。

也许《四库全书》馆中最具争议的问题是如何决定哪些书值得被《武英殿聚珍版丛书》收录，哪些书值得被收录到《四库全书》之中，哪些书只应在《四库全书总目》中记录，哪些书应该完全被忽略。正如姚名达所言，在帝国图书采集活动中，将所收图书按照质量进行分类的做法是史无前例的；之前多只是重印所有现存的图书。乾隆朝将书籍进行分类的做法，可能反映了皇帝试图将专制皇权应用于图书的愿望，但也可能反映了该世纪后期大量图书流通所带来的问题。② 对于乾隆政府而言，重印所有帝国藏书的活动将涉及一个更为复杂的过程。

尽管如此，正如1774年于敏中所言，在将这些文本分别划归到四部之下的过程中，学者也很容易产生分歧。第一类是受限最多的类别。其中，只有一百三十四种图书，或说约百分之一点二五的图书，被收入《武英殿聚珍版丛书》。另外还有三千六百九十七种图书，或者说曾被检查图书中的近百分之三十三点二，被收录到了《四库全书》中（见表2）。于敏中提到了《武英殿聚珍版丛书》的两个收书标准：该书必须"有益于理解人自身"或者"很稀有"。在《四库全书》项目发起之前出版的一些图书已经不在了，但是通过该项目，学者从《永乐大典》中辑出一些已经亡佚的图书"付梓流传，方于艺林有益"。③

在随后的一封信中，于敏中建议，编纂人员在给书籍分类时，可以"对元朝末年以前所写图书的收录范围稍微放宽，对明朝之后的书籍收录更加严格"。宋代以前的文本，很少以任何形式流传下来，所以对明代以前的文本的强调，实际上意味着对宋代和元代文本的强调。这可能是出于学术和政治的双重考虑。学术界长期以来一直敦促该项目负责人，让他们重点关注这两个时期的书籍；尽管当朱筠正式提出此观点时，他的建议遭到了拒绝，但是，他的愿望实际上后来实现了。该项目对明代学术持有贬低的态度；这很

---

① *TMTY*，"凡例"，p.5。
② 姚名达：《中国目录学史》，200页。
③ *YMCSC*，p.19。

显然表明，清政府不惜贬低被征服王朝（明朝）对中国学术做出的贡献，以强调清朝做出的贡献。

除了这些具体的方向性引导外，于敏中还建议，纂修者应使用他们自己的判断和标准来评价所选书籍。如果编修者在某书中发现了许多值得赞美，且没有什么可批评的内容，则表明该书值得被选入《武英殿聚珍版丛书》。如果某书中同时含有值得赞美和批评的内容，那么该书可以被收录到《四库全书》。那些含有少量可贵和可鄙内容的书籍，只能被收录入《四库全书总目》。书中的提要，就像孔子在《春秋》中对历史人物的评价一样，是基于作者的道德价值来评估的。于敏中断言，只要这些著作符合以上标准，它们便能助后世学者"彰直笔而示传信"。① 于敏中在另一封信中明确指出，儒家经典及其评论有特殊的价值；在辑佚《永乐大典》时，"如果义有可取，诠解十得二三，即不可弃"。②

表2 《四库全书》项目中被重刻、收录和存目的图书数量列表

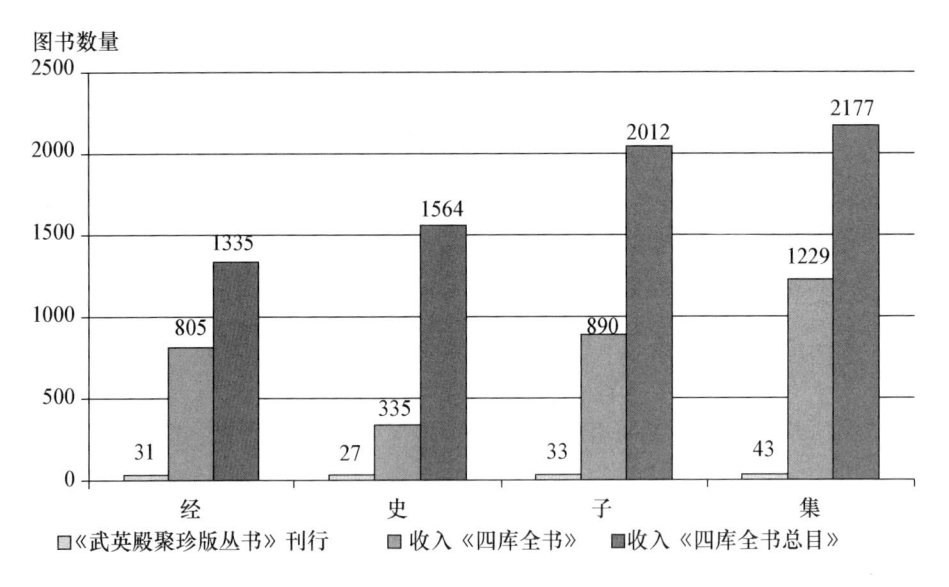

图书数量

	经	史	子	集
《武英殿聚珍版丛书》刊行	31	27	33	43
收入《四库全书》	805	335	890	1229
收入《四库全书总目》	1335	1564	2012	2177

以上几项举措表明，于敏中的声明得到了很好的贯彻。作为追寻圣人之道的装饰之作，《四库全书》和《武英殿聚珍版丛书》中所收录的经类图书

---

① YMCSC, p. 75.
② YMCSC, p. 33.

比其他类别（史、子、集）的图书所占比例都高。从《永乐大典》中辑佚的作品也特别受到编纂者的青睐：其中百分之二十一点二的图书被重印了（而其他来源的文本则占百分之五）。《武英殿聚珍版丛书》重视明以前作品的倾向也最为明显。在被重印的图书中，宋代之前的有二十五种，宋代的有八十五种，明代的只有十种。然而，《四库全书》文本也体现了这种偏见。《四库全书总目》列举了所有收入《四库全书》的图书，其中二十六卷是宋代作品，只有十卷是明代作品。相反，目录中列出了许多只保存了书名，但没有收入《四库全书》的图书；其中二十六卷是明代作品，只有三卷是宋代作品。另外，正如郭伯恭所言，明代思想家王阳明弟子的作品似乎一直被忽略：王氏弟子李颙（1627—1705）和黄宗羲的书籍都被列入存目，王氏作品被列在集类，而不是在经类。① 对王阳明的轻视反映了编修者的思想倾向，即他们认为这些作品并不是真正有用的。但是，这也反映了他们对明代作品的整体偏见。

　　《四库全书》鲜少收录佛教和道教文本，这也受到了很多批评。皇帝的指示是，纂修者应该只收录那些紧要的图书以供参考。《四库全书总目》中的佛教类仅包括十三种作品，且全部是元朝前的作品，而道教部分则包括四十四种作品。纂修者的标准很不明晰。比如说，他们收录了宋代佛教作品《高僧传》②，但却忽略了唐代的一部同名作品。纂修者似乎也存在误解，比如说对于几部作品，于敏中曾经明确要求将其收入《四库全书总目》，但是我们今天所看到的《四库全书总目》中却并没有。

　　那些批判《四库全书》很少收入佛教和道教著作的人，往往忽略了这样一个事实，即在甄选佛教和道教文本的时候，其标准不仅来自《四库全书》的纂修者，也受到了历史先例的影响。事实上，所有列在《四库全书》"佛家"类的图书都被纳入了前朝帝国收藏目录，而这可能是历代目录学家所形成的共识，即"一个受过良好教育的皇帝应该了解一些佛教知识"。③

　　将《四库全书》中所列佛教图书与17世纪佛教《阅藏知津》进行比较

----

① 郭伯恭：《四库全书纂修考》，227页。
② TMTY, p. 3019 (145：2a).
③ 这明显是从我认可的角度做出的评论。将四库清单与早期藏书目录进行详细比较，是个十分复杂的问题，因为存在着各种各样的藏书目录，以及其文本本身的变化情况。

很有意义。①《阅藏知津》是由智旭（活跃于1650年左右）汇编的，该书被分为四部分，且其前三部分对应的是佛教三藏传统。《四库全书》所列全部佛教图书都来自该书的第四部分，即有关佛教的各种著作。在这一部分中，《四库全书》纂修者只选择了汉人作者的作品，并且排除了明显宣传某佛教派系学说的作品。《四库全书》收录了《阅藏知津》"杂记"、"高僧传"以及"传道录"各类中存世最多的作品。《四库全书》纂修者唯一认可的是禅宗，因此收录了宋代禅宗大师的四部作品。《四库全书》纂修者以及被他们视作榜样的早期帝国目录学家，似乎都更倾向于中国佛教中更广泛且世俗的内容，而非宗教信仰的内容。

针对佛教图书形成的这种收录原则，体现了一个中国传统观点，即"儒释有相通之处"的观点。在这种传统观点的激发下，学者试图建立一个全面的收藏。在儒家和释家发展历程中，形成了许多类似的理论。《四库全书总目》的纂修者特别希望能够为儒释两家思想的发展，构建一条共同的脉络体系。《四库全书总目》提到，佛家的基本主题是业报，这就像是儒家经典的基本主题是训诂六经一样。禅宗和宋儒都钻研"义理"；这种做法都是与儒释两家的传统主题相违背的，但都在宋代兴起。这是一个十分特殊的评论：禅宗影响了宋代儒学的发展，但是两者都背离了其最初的传统，且都受到了宋代思想的影响。② 在另一篇评论中，《四库全书总目》提要撰写者感叹道，对教义阐释的不同倾向导致了学术争议。编修者们写道，在唐以前，有关儒学和佛教的冲突主要体现在相互排斥方面。然而，唐末之后，随着派系日益增多，儒家、佛家内部都纷纷产生了争斗。这并不意味着，儒学和佛教应该再次回到相互争斗的阶段，而是说，儒学和佛教的永恒发展趋势是争论。这意味着，一个希望长治久安的统治者应该注意到这一点。③

没有任何《四库全书总目》纂修者会真心地认为，因为臣民信佛，所以皇帝就应该了解佛教；他们之所以提出这样一个论点，或许是因为他们承认，皇帝是绝对真理的仲裁者。相反，那些反对《四库全书总目》的人认

---

① 智旭编：《阅藏知津》。
② 参考《法苑珠林》的评论（TMTY, p. 3018 [145：1b]）。
③ 参考《五灯会元》的评论（TMTY, p. 3022 [145：3a]）。

为，儒家应该从佛教书籍中吸取很多教训。因为在他们看来，佛教虽然最初是一种外来教义，但其在中国经过数百年的发展，这已使其成为中国学术传统的一部分。他们认为，佛教已经受到中国传统的影响，甚至在某些情况下还反过来影响了中国传统本身。因此，他们指出，佛教图书对中国统治者是有用的。

在确定道教文本的用途方面，《四库全书》馆内外的争议则有所不同。佛教虽然复杂，但佛教文本多已经被大众接受，因此纂修者有所参考。但是，道教图书的情况则不同。《四库全书》纂修者的任务，首先是弄清楚道教的原始意义，并且说明和划分其后续的发展历程。有关道家思想开端的问题、道教文本完整性问题，以及道教思想的纯洁性问题，是《四库全书总目》提要中所需要关注的主要内容。《四库全书》纂修者对这些问题的态度，很有可能体现在提要之中。也就是说，他们认为，道教书籍在某些方面是有用的，但是道家思想本身"并不严谨"。①

道家图书的主旨在"道家"类的开端便得到了很好的阐述。纂修者写道："后世神怪之迹多附于道家，道家亦自矜其异，如《神仙传》《道教灵验记》是也。要其本始，则主于清净自持，而济以坚忍之力，以柔制刚，以退为进。"因此，需要对许多曾经被列入道家的图书进行重新分类：《申子》《韩子》属于法家；许多鬼怪、神仙之书，也应该与更偏向于哲学的道家图书区分开来。提要撰写者发现，许多收入该类的图书都是后世对道家思想的阐述。除非对这些图书进行重新整理，否则道家思想无法被厘清。因此，在提要撰写者看来，没有必要在帝国图书目录中做这项工作。"然观其遗书，源流迁变之故，尚——可稽也。"②

如上所述，对古代著作进行标注和分类，是该帝国编纂项目的核心内容。对于道教文本来说，这项工作似乎特别重要。《四库全书总目》的基本组织原则是，学派创始人的作品将被列在该学说开端，随后按撰写时间顺序列出各种评论作品。这意味着，在包括"佛家"类的大部分类目中，书籍是

---

① *TMTY*, p.3034 (146：3b)。
② *TMTY*, p.3029 (146：1a)。这包括焦竑《国史经籍志》中有关佛教的部分评论（145—146页）。其中也提出了一个类似的观点，即道家著作的无序问题。但是其并没有提出政府具有纠正该无序问题的义务。

按时间顺序排列的。然而，在"道家"类中，纂修者将隶属于不同道家学派的作品进行了区分；因为，纂修者认为，道家作品都分别源于几部特殊的古代文本。故而纂修者选择在每部古代文本之下，列出几部重要的评论性作品。因此，在《四库全书总目》"道家"类之下，《阴符经》被列在第一位，其次是三部评论作品，然后是《道德经》，然后是九部评论作品，再然后是《列子》《庄子》等。《四库全书总目》所列的道家作品的顺序，大致与它们出现在《道藏》和早期帝国图书目录中的顺序是相同的。① 但是，乾隆朝纂修者在提要中明确指出了以往图书目录中隐含的一个观点：道教思想是对中国社会存在的多种趋势的反映，而不是一个统一的思想。准确地来说，《四库全书》纂修者整体且客观地处理的第一个道教文本是《云笈七签》。②

《四库全书总目》中最令人怀疑的文本，是那些杂糅各道教派别，或者把道教与中国其他思想派别混为一谈的著作。与朱熹一样，《四库全书》纂修者反对苏辙（1039—1112）的看法，即道教和佛教同出一源。③ 他们也坚决否定了徐大椿（1693—1771）的观点。徐大椿的看法十分有趣，且似乎更加接近真相，即道家先于儒学，道教文本比"六经"更能代表黄帝的思想。《四库全书总目》声称，老子生活在一个战乱的时代，并为了应对那样的艰难环境，而形成了有关纯粹道德的哲学思想。老子的初衷似乎并不是为了让他的作品成为促进帝国统一的思想基础。当然，古代的圣人希望"六经"——而不是《道德经》——成为后世指南。④

《四库全书》纂修者也对那些打着"道家"旗号的"卜筮之学"表示怀疑。但是其中似乎也存在争议，即"卜筮之学"是否应该被放在"道家"类下。因此，纂修者小心翼翼地指出，他们在道教的基础上，依据《易经》对关于占卜的书籍进行了重新分类。以往目录学著作曾将这些作品都归为"《易经》"类，或者在"五行"类之下。但是《四库全书》纂修者似乎将"卜筮之书"与"卜筮之学"曾经产生的危害相混淆了。这也从侧面表明，

---

① 有关传统道家经典的结构，参考 Ofuchi Ninji, "The Formation of the Taoist Canon," pp. 253-267; Liu Tsun-yan, "The Compilation and Historical Value of the Tao-tsang," pp. 104-119. 我十分感谢 Judith Boltz 对此问题的评价。

② 《云笈七签》，参考 *TMTY*，p. 3055（146：12a）。

③ 参考《道德经解》的评论（*TMTY*，p. 3033［146：3a］）。

④ 参考《道德经解》的评论（*TMTY*，p. 3036［146：4a］）。

儒家曾经认可"卜筮之学"。①

因此，《四库全书总目》中有关"道家"的标准便清楚地被确定了下来。它将"道家"与在某些情况下被称为"道家"的各种思想做了区分。那些符合这一标准的书是有用的；其他那些将道教与诸学派思想混淆起来的学说，或者过分强调技术、实践的学说则不被视作"道家"。在"佛家"类，就没有提到信仰问题。

"纠正错误汉字"与"修订文本内容"之间的界限是明晰的。而《四库全书》纂修者无疑涉及了这两方面。官方记录清楚地表明，皇帝希望他的纂修者对某些文本进行修改。在编纂有关晚明官员奏议合集的问题上，皇帝指出：

> 诸人奏疏不可不亟为辑录也。除《明史》本传外，所有钞入《四库全书》诸人文集，均当广为蒐采，裒集成编，即有违碍字句，只须略为节润，仍将全文录入，不可删改。此事关系明季之所以亡与我朝之所以兴。②

于敏中的信件表明，纂修者一直遵循上级指示行事，虽然有时候他们是不情愿的。在一个案例中，于敏中曾命令纂修者从宋代藏书中摘下一篇题为《朱子储议》的短文。这篇文章中包含了宋代学者朱熹为抵御金或女真人入侵所提出的建议。③ 在另一封信中，于敏中表示，某个文本太常见了，无须编纂。④ 值得庆幸的是，于敏中指示纂修者，被删去的内容应该在《四库全书总目》和《四库全书》中明确地标注出来，尽管他的这个说法并没有被很好地执行下去。⑤

纂修者删除的，不仅限于私人出版的文本。1783 年，皇帝发现，在官修的《通鉴纲目续编》中，有关金代的许多内容与他最近提出的誊录规则不太

---

① *TMTY*, p. 3047 (146: 8b).

② *TMTY*, "圣谕", 9 页。译文见 L. Carrington Goodrich, *The Literary Inquisition*, p. 147。

③ *YMCSC*, p. 74.

④ *YMCSC*, p. 110. 此文本就是《三朝北盟会编》(*TMTY*, pp. 1070 – 1071 [49: 1b])。

⑤ *YMCSC*, p. 26.

相同。① 因此，他命令各省纂修者，根据官方准备的底本，对所有印刷底版进行修订。该活动至少持续了两年。皇帝要求巡抚在每年年底之前，报告他们修改过的图书的份数。②

多年以来，虽然学者们一直都关注到，《四库全书》纂修者曾对文本进行过修改，但是很少有人对修改前和修改后的文本进行对比，并考察删除文本的意义。然而，有明显的证据表明，大部分被删除的内容，要么是涉及排外思想的文献，要么是有关满族征服的故事和传说，要么涉及对清政府早期作为的抱怨。例如，多年来一直有人认为，乾隆在编《四库全书》时，对顾炎武的《日知录》进行了重大修改。该假设部分来源于顾氏的生平传记。作为清初思想史上的一位领军人物，顾炎武被认为是同时代最杰出和最有创造力的思想家之一，并被18世纪知识分子尊为那一时代学术的奠基人。问题关键在于，在17世纪那个黑暗的时代，顾炎武的"忠诚"形象尚未完全确立；在他的传记中，存在着明显的反满迹象。他的思想是否太反动了，以至于不值得被赞扬呢？至少，这是章炳麟的推论。章炳麟指责纪晓岚和他的"心腹"，并认为他们在编纂过程中，系统地削减了顾炎武作品中所含的社会和政治内容。③

从表面看来，章炳麟的推论似乎是合理的，因为《四库全书》所收《日知录》的版本与20世纪初所流传的版本不同。然而，当对《四库全书总目》进行仔细考察之后，我们可能不会再认为纂修者企图歪曲顾炎武的作品。《四库全书总目》收录了他二十三种作品，而这几乎揽括了顾炎武的全部成果；其中十五种作品被重新刊刻，另八种作品也有提要。事实上，只有包括朱熹在内的七位作家，在《四库全书总目》中享有这样的待遇。而且，在《四库全书总目》收录的这二十三种作品中，只有两种曾经是秘阁馆藏的一部分，只有一种被描述为当时的通行著作。④ 其余作品都来自私人收藏，特

---

① 《实录》，p. 17204（1174：8b-9a）。

② 他们的报告被保存在台北"故宫"清史档案馆。这给18世纪书籍流通研究，提供了很有趣的内容。

③ 章炳麟：《哀焚书》，见《检论》，4：17b。

④ 《四库全书总目》所列作者中，只有7人有多于20种著作被收录其中除顾炎武外，尚有：朱熹（1130—1200），28种；陈继儒（1558—1639），31种；陆深（1477—1544），20种；王世祯（1634—1711），32种；魏裔介（1616—1686），24种；杨慎（1488—1559），35种。

别是来自那些两淮盐商。因此，该项目的一个成果是，将那些以往只被富人珍藏的顾炎武的作品向公众开放了。这种结果怎么能与"纂修者有意审查顾氏作品"的观点统一起来呢？

该问题在1930年代初期得到了解决。当时对《日知录》的版本研究显示，今天可见的未删版《日知录》在18世纪是不可见的。《四库全书》纂修者可以引用的唯一版本是顾炎武死后不久形成的一个早期版本。这个早期版本是由顾氏学生编写的，且是一个被删节的版本。① 因此，这个被章炳麟视作道德犯罪的事件，被证明只是一个偶然的历史事件。

《旧五代史》的例子说明，在编纂和修改过程中，学者和朝臣存在着复杂的互动。《旧五代史》是一部有关宋朝前五十三年历史的作品。973年，宋朝皇帝下令编纂该作品。次年，监修薛居正将该作品上呈朝廷。它借鉴了当时的官方档案，以期形成一个可靠的历史叙述。五十年之后，伟大的宋代散文大师欧阳修编撰了一部《新五代史》。尽管欧阳修的历史作品风格清丽迷人，其散文风格体现了孔子"褒贬"历史的美好传统，但它并不像《旧五代史》那么可靠。这两部书都在宋代被人引用，但欧阳修的作品流传更广。薛居正的历史书被部分地收录到了《永乐大典》之中，但是，到了18世纪，《旧五代史》已经失传。②

1773年，作为整理《永乐大典》的少数学者之一，邵晋涵向《四库全书》馆提到薛居正作为史学家而非官员的声望，开始辑佚薛居正的《旧五代史》。邵晋涵从《永乐大典》中辑录了《旧五代史》的大部分内容，并用相关宋代资料对其内容进行必要的补充。因此，邵晋涵辑佚的文本与薛居正的原文篇幅相当，并且可能包含了许多相同的信息。但是，邵晋涵的辑本并不是薛居正的原稿。为了标注他在哪些地方对原稿进行了补充或修改，邵晋涵用小黄纸条做好了笔记，并将其插入辑稿之中，并准备了一个很长的参考书目作为附录。③

在将该作品誊录到《四库全书》，并收录到《武英殿聚珍版丛书》重印的过程中，纂修者显然经过了一番辩论。他们决定不收录作为附录的参考书

---

① 章炳麟：《日知录校记序》，引自徐文珊：《原抄本日知录》，台北，1958年。
② TMTY, pp. 1005-1007 (46：2b); 有关朝廷对该文本的兴趣，可参考 YMC-SC, pp. 80, 83, 84。
③ SCHNP, p. 53; 有关邵氏的传记，参考第五章。

目,而只是在文本末刊行整理该文本过程中形成的注释,以及邵晋涵对原稿措辞进行的改动。在邵晋涵看来,该成果不"鱼"非"禽","不伦不类",他感到十分惊讶。作为一个热心考证的学者,邵晋涵经常抨击过去和现在的纂修者,因为他们在文本中做出了许多修改,却没有标注其参考依据。这肯定也让邵晋涵的许多朋友感到反感。①

然而,随着时间和环境的改变,在《四库全书》编纂过程中,对考证传统的遵循也越来越不严格。显然,邵晋涵的几位朋友曾抄录邵晋涵的作品,包括他的笔记和附录,并藏于自己的私人藏书馆中。1921年,其中一部作品被出版了;五年后,另一部作品又被出版了。这两部作品都被《四部备要》和商务印书馆(北京)的纂修者视作重要的底本。1937年,陈垣发表了一篇题为《旧五代史辑本发覆》的研究文章。在该文中,陈垣详细叙述了《四库全书》纂修者对邵晋涵文本所做的一百九十四处改动。其中大部分涉及对游牧民族的传统蔑称,包括胡、虏、羯、夷,并将其改成正式的部落名称,如契丹。对某些涉及其他非汉族制度(如部落酋长)以及匪徒的内容,也做出了相应的修改。②

《四库全书》反映了其时代特征。到了18世纪后期,中国虽然取得了一定成就,社会相对稳定,但朝廷和社会各因素之间也同时存在着合作或冲突的可能性。像《四库全书》这样的项目之所以能够获得成功,其关键在于国家和社会各方面能够形成某种共同的利益。皇帝、官僚精英,以及其他知识分子,是组成《四库全书》纂修者团队的核心成员。他们的合作在许多方面是成功的。他们合作创作出了一部最大的且沿用至今的中文著作,完成了书目保存和恢复的工作,且后者可能是更重要的。当然,《四库全书》的纂修者在某些方面失败了。但从某种意义上说,评估其成就的时机已经过去了:《永乐大典》的文本现在已经被破坏了,许多编纂工作时所使用的版本已经不存在了;当代中国的百科全书与过去的相比,呈现出了许多不同的形式。对今天来说,该项目最大的意义在于讨论皇帝、官僚和学者之间的共同兴趣是如何促使该项目获得成功的,以及他们的分歧点是如何预示着该项目的失败的。

将皇帝、官僚和学者团结起来的是对文字的信仰,他们认为文字是知识和政治权威的最终来源,因此十分重要。他们投入了大量的时间、才能、空

---

① *SCHNP*,p.54.
② 陈垣:《旧五代史辑本发覆》。

间、资源和能量,来整理古代文本,这表明了该信仰对他们的重要性。然而,文字和行动对他们来说,可能有不同的意义。对于皇帝而言,文字是为了规范行动。《四库全书》不仅是一个史无前例的集体活动,也是中国历史上皇帝赞助的最大的图书编纂项目。皇帝吸引了当时最有才华的学者到他的朝廷来服务,且其学术名誉和慷慨程度超越了所有前代帝王。乾隆皇帝此举旨在向世人宣誓,他将成为历史上最文明的帝国的学术领袖。他希望自己能在有生之年实现这一梦想。这可能是他急于求成,以及对手稿中出现错误表现出极不耐烦的态度的原因。

对于官僚来说,文字或者至少是操纵语言和历史书写的能力,可能是他们能够在朝廷一展身手的原因。文字能力是知识分子打开中国各级政府大门的钥匙,且在像乾隆皇帝这样一位君主的统治下,文字能力又尤为重要。然而,对于一个试图在朝廷重要职能部门中产生影响力的人来说,在《四库全书》馆获得一个职位,只是他进阶的垫脚石,而不是他的最终目的。有些学者为写成一部完美的书稿而付出了持久且艰辛的努力,这与官僚为了获得朝廷认可、表彰并得到提升而付出的努力是有所不同的。因此,《四库全书》编纂的政治环境不可避免地影响了官僚对该项目的态度。即使是向皇帝汇报错误,也显然既含有政治目的,也含有学术目的。相比之下,对于学者而言,行动是通过文字来表达的。只有当文字被精心编辑和小心传播之后,世人才能理解过去和现在人们的想法,以及既往的历史事件。在中国历史上,皇帝、官僚和学者的观点差异当然一直存在,这种差异或多或少阻碍了既定目标的实现。

在 18 世纪后期,中国政府的举措可能维持了一个表面和谐的社会状态;尽管皇帝、官僚和学者之间可能也存在与以往一样明确的分歧,但他们的矛盾可以被调和。当然,到了 19 世纪,他们之间的合作变得日益困难,而分歧则变得更加明显。事实上,对《四库全书》项目评价的变化,也表明了这些分歧的存在。在 19 世纪,当中国面临前所未有的挑战时,皇帝(或以他的名义行使权力的人)、官僚和学者将会对社会治理秩序形成完全不同的观点,并为捍卫各自的观点采取必要的行动。尽管 19 世纪的挑战使中国精英阶层的内部分歧进一步扩大,但这种分歧并不是在 19 世纪才出现的。《四库全书》这部收录了三万六千五百余册蕴含中国传统文化遗产图书的巨著,很好地说明了,现代中国既有维持和谐的潜力,也可能存在着因个人利益而导致分裂的现实危险。

第五章
对审稿人的考察：学术派别与《四库全书总目》

20世纪，批评者对乾隆皇帝及《四库全书》编纂者提出了许多批判。其中最严重的批判之一则是，他们试图给学术界施压，并通过审查制度，来禁毁那些反对清朝统治的著作。实际上，《四库全书总目》是一部在许多帝国利益和学术思想影响下形成的复杂产品。校勘《四库全书》文本的工作在某些方面是成功的，如不同利益群体的人可以一起合作完成这项工作；《四库全书总目》在收录范围和全面性上来看是成功的，但这得益于不同领域的专家可以深入不同的官僚阶层。

将学者纳入政府的举措，对知识分子和政治都有很大的影响。如何能使学术见解成为被广泛接纳的知识，对任何社会而言都是一个有趣的问题。而该问题在中华帝国又尤其引人注目。从理论上来说，皇帝是一位十分理解知识分子，且对知识分子有控制权的圣人。事实上，新观念和范式有可能形成于政府之外，也可能形成于政府之内。政治权威和知识创造的不同诉求如何才能被调和？圣人和学者如何相互沟通来构建学术话语？新见解如何能传达给皇帝并被纳入正统经典之中？皇权如何在学术界行使，以及其目的是什么？

18世纪的复杂性表明，这些冲突不仅仅也不主要是皇帝与学术界之间的冲突。在学术界，不同的学术观点竞相获取帝国的认可。朱筠和他的同事除了提出帝国图书采集项目外，也请求同时进行其他几个文字项目，因为他们确信真理是蕴含在文字之中的。当然，从广义上来说，《四库全书》项目得以推行，说明皇帝对这一观点是认可的。但是，《四库全书总目》提要给个人提供了更多表达学术观点的机会。从这个层面来看，争相获取帝国嘉许的竞争最为激烈。在《四库全书》编纂过程中，汉学胜出了，其对手十分沮丧。

尽管一些历史学家试图对《四库全书总目》提要撰写者进行分析，但现在看来，很显然这是一部成于众人之手的作品。① 在有关《四库全书》项目的第一个诏谕中，皇帝命令为上呈的每一部附上一个内容和价值的简单提要。事实上，在1790年代，当阮元担任浙江学政时，他发现了一些拟提交给内府收藏的卷帙，其中就包含了这样的提要。② 并非所有收入《四库全书》的书都来自外地。但是，似乎《四库全书》馆安排了部分纂修人员，专门审查内府所藏书籍，或者可能重新撰写省级编纂人员提交上来的提要，因为它们不太合格。

到了19世纪，首都编修人员的三份提要稿被汇编出版了。其一，马用锡收集了邵晋涵的三十七篇提要，这部分提要稿被收录于1883年出版的《绍兴先正遗书》。③ 这些提要主要是"史部"图书提要，其中包含二十二部正史的提要稿。而且在所评论的书籍中，还有两部来自"经部"的图书和四部来自"集部"的图书。其二，姚鼐的学生毛岳生（1791—1841）于1841年收集和编辑了姚鼐的提要稿，并发表在《惜抱轩遗书三种》中。④ 这个集子中共有八十六篇提要，其中八篇"经部"提要，十四篇"史部"提要，二十三篇"子部"提要，二十八篇"集部"提要；其中十三篇提要最终未列入《四库全书总目》。这两个集子中的提要稿，清楚地阐释了《四库全书总目》提要的基础。但是，在正式出版前，这些提要都接受了重大修改。其三，翁方纲的提要稿也被整理成集。据说其中包括了一千多篇原始提要稿。1875年，这些稿件还存世，但现在似乎已经找不到了。⑤

---

① 19世纪早期江藩（1761—1830）指出，"大而经史子集，以及医卜词曲之类"，都是出自纪晓岚之手。参考江藩：《纪昀》，见《汉学师承记》，6：1b。李慈铭在《越缦堂笔记》中指出，纪昀的学识还不足以让他写出这么多的评论来。李氏只承认纪昀对集部文献的贡献，而将经、史、子各部的评论分别归于戴震、邵晋涵和周永年［王兰荫《纪晓岚先生年谱》（95页）引用了李氏的评论］。

② 阮元："序"，见《四库未收书提要》，重印本，*TMTY*，卷5。

③ 邵晋涵：《四库全书提要分纂稿》，见马用锡编：《绍兴先正遗书》。

④ 姚鼐：《惜抱轩书录》，见毛岳生：《惜抱轩遗书三种》。

⑤ 缪荃孙、胡思敬和翁氏为该作品所写序言还尚存。参考缪荃孙：《艺风堂文集》，见《艺风堂文漫存》4：16a-b；翁方纲：《复初斋文集》，1388—1389页；胡思敬：《退庐全集》，339—340页。刘承幹在《四库全书表文笺释》的序言中提到，他曾经见过这些手稿，时间是1915年夏天，见杨家骆《四库全书概述》（"文献"，11—25页）。

显然，编纂这些原稿的任务落在了纪晓岚的身上。协同校办《四库全书总目》的刘权之称："皇帝敕辑《永乐大典》，并蒐罗遗书，特命吾师（纪昀）总纂，《四库全书总目》俱经一手裁定。"① 于敏中在给陆锡熊的信中写道："提要稿吾固知其难，非经足下及晓岚学士之手不得为定稿。诸公即有自高位置者，愚亦未敢深信也。"

该过程显然很容易受到外界影响。现存提要向人们详细展示了学术派系是如何抓住机遇，对该过程产生影响的。事实上，两部已出版提要稿的作者分别站在了18世纪两个学术领域顶端。邵晋涵是汉学的杰出学者，擅长语言学。因此，他很难容忍他的同事和同时代人的粗心大意。相比之下，姚鼐对考证学派的学术倾向则有所怀疑，并在他的提要稿中，表达了一种更符合宋代学者朱熹学术立场的倾向。就对《四库全书总目》的影响而言，邵晋涵是两位评论家中更成功的一位；失败的姚鼐感到十分无奈，并最终从朝廷辞职，回到了老家桐城。他在家乡开创了一个新的学术流派，其中洋溢着对当时政治和学术倾向的不满。

邵晋涵的成功说明，在中华帝国中，洞察力已经成为一种被人认可的智慧；它同时也揭示了18世纪政府与"汉学运动"之间的关系。思想不仅仅是政治的婢女，但是在"汉学运动"中，政治权力与知识分子的关系似乎尤其值得研究。20世纪以后，学者多认为，汉学是从学术上反对清朝的政治镇压和学术迫害的运动。然而，对邵晋涵所撰提要的修改表明，人们必须谨慎对待以上结论。② 到了18世纪中叶，中国学者似乎和国家之间达成了某种妥协。《四库全书总目》纂修者对邵晋涵所撰提要做出的修改则揭示了这种妥协。而且它也进一步证明了，在这一运动中，哪些争议是可以被朝廷接受的。

相反，对姚鼐所撰提要的处理表明，清朝知识分子至少可以在某些层面上质疑古代正统观念的演变，形成新的学术流派，并且也存在"讨论哪些文本能最有效地阐明古代真理等问题"的空间。简而言之，它说明了"政治权

---

① 刘权之：《纪文达公遗集序》，见王兰荫：《纪晓岚先生年谱》，95页。
② Liu I-an 和 Immanuel C. Y. Hsu 在《清代学术概论》的译文序言中都提到，乾隆和嘉庆时期的"考证运动"是一种避免政治高压的选择，学者们的方法是埋首故纸堆。侯外庐在《中国近代思想学说史》中指出，戴震在评价孟子思想时也表达了对满洲高压政策的不满。

威"如何在中华帝国晚期的朝廷中发挥作用。

一、《四库全书》与汉学：邵晋涵的提要稿

邵晋涵于 1743 年出生于浙江余姚的一个著名家族。关于他父亲的信息很少有人知道，因为他的父亲是其家族近五代人中唯一一位没有获得科举身份的男丁。但他父亲很喜欢收藏书籍；除非偶尔为了贴补家用外，他一般不允许妻子出售他所珍藏的图书宝藏。① 邵晋涵是在他的祖父邵向荣（1674—1757）的家里长大的。其祖父在浙江东部沿海地区的教谕。他对邵晋涵早期学术生涯产生了重要影响，并且将邵氏家族和该地区的学术传统带给了邵晋涵。② 祖父邵向荣又集中向邵晋涵传授了邵晋涵伯祖父邵廷采（1648—1711）的教化。邵廷采在父亲和祖父（王阳明的第二代或第三代门徒）的影响下，成为黄宗羲的崇拜者。③ 邵廷采在去世之前，将自己所学传授给了族弟邵向荣④，而邵向荣又将它传给了邵晋涵。尽管后来，邵晋涵也有过其他方面的兴趣，但他始终忠实于祖父辈的教化。这是 18 世纪和现代作家所谓的孝道。

在科举生涯中，邵晋涵也遇到了其他一些影响其思想发展的人物。16 岁时，邵晋涵考中秀才。22 岁时，邵晋涵考中举人，并因此结识了副考官钱大昕。钱大昕后来成为邵晋涵一生尊重的密友。钱大昕回忆邵晋涵的举人考试称：

> 五策博洽冠场，金谓非老宿不办，及来谒，才逾弱冠，叩其学，渊乎不竭。⑤

为了参加会试，邵晋涵和他的朋友张熙年一起三次前往北京。⑥ 由于家人与钱大昕的关系密切，邵晋涵可以在这些旅行中见到当时许多杰出的知识

---

① 章学诚：《皇清例封孺人邵室袁孺人墓志铭》，CSCIVC，p. 59. 很显然，邵氏的父亲终生致力于《易经》研究。参考钱大昕：《赠邵晋涵序》，见《潜研堂文集》，23：333-334.
② SCHNP, pp. 4, 5-6.
③ ECCP, p. 639.
④ 朱筠：《邵念鲁先生墓表》，见《笥河文集》。
⑤ 钱大昕：《邵君墓志铭》，见《潜研堂文集》。
⑥ SCHNP, pp. 11-19.

分子。作为一个贫穷的同乡，汪辉祖指出："吾自友人二云，始得天下士。"①1767年，经过朋友安排，邵晋涵得以阅读和抄录纪晓岚所藏著名手稿《古文尚书考》。这是18世纪著名的考证学作品之一。② 1771年，邵晋涵第三次去北京时，他终于中了进士。

然而，问题是邵晋涵如何看待他的得中。尽管通过了礼部举行的会试，并且名列前茅，这个名次往往会使他在著名的翰林院中获得一席之地，但是，邵晋涵并没有得到这样的荣耀，而是开始往南方巡游。③ 钱大昕为此提供了两个解释。在邵氏正式传记中，钱大昕指出，虽然邵氏在会试中取得了第一名，但在随后的殿试中，他排在二甲。他成绩太低，所以没能在翰林院获得一个职位。④ 在一篇有关邵氏父亲的不太正式的文章中，钱大昕则认为，邵氏其实已经选择不在政府中服务，因为他的祖先和早期汉学家也是如此。⑤ 然而，邵氏南行并非没有效果，因为他很快被带到了学政朱筠在太平府的衙署。在那里，邵晋涵遇到了洪亮吉、戴震和章学诚，并且还可能参与讨论有关《四库全书》的奏折，即后来朱筠提交给皇帝请求采集遗书的奏折。⑥ 1773年，邵晋涵跟随朱筠、戴震前往首都，执行纂修《四库全书》任务。

邵氏为《四库全书》馆服务的时间很短，因为在1776年至1777年间，

---

① 汪辉祖：《病榻梦痕录》，见 SCHNP，pp. 14-15。
② SCHNP，p. 15.
③ SCHNP，p. 18.
④ 钱大昕：《邵君墓志铭》。刘统勋是邵晋涵的一个主考官，也是朱筠的密友。根据李威为朱筠所写的传记，邵晋涵之所以能够通过科举考试，主要是由于朱筠曾向刘统勋表示他十分欣赏邵晋涵。参考李威：《从游记》，见《筠河文集》。

邵晋涵在科举考试中名列第13位。14名位次在邵晋涵之下的考生在翰林院获得了职位，参考洪业：《增校清朝进士题名碑录附引得》，114页。
⑤ 钱大昕：《赠邵晋序》。
⑥ SCHNP，p. 20. 邵氏在太平府遇见章学诚，他们自此建立了终生友谊。《章氏遗书》中，包含了章氏写给邵晋涵的八封信，以及章氏为邵晋涵所撰的一个传记。章学诚也经常在其"家书"中提及邵晋涵。通过这些文件，Nivison 认为，邵晋涵是"非常小心的，也许与章氏比起来，他的这个特点更加明显。因为章氏经常不假思索地表达自己的观点。很明显两人有互补之处"（Nivison, Chang Hsueh-ch'eng，p. 51）。章氏的书信对于考察章氏本人是十分有用的。但是，由于缺少邵晋涵的回复，也许仅从这些文件来考察邵晋涵则是不太公允的。

他需要在浙江为母亲服丧。① 然而，这段时间足够让他为《四库全书总目》撰写大量提要稿，辑佚《永乐大典》中的许多重要作品，并获得学术界的好评。邵氏和他的同事戴震、周永年、余集、杨昌霖被称为《四库全书》项目的"五征君"。②

在担任《四库全书》馆臣之后，邵氏还担任过其他朝廷职位，包括翰林院编修、侍讲，以及国史馆提调和起居注总纂官等。③ 在这些职务上，他参与了朝廷的许多图书编纂项目，并且撰写了许多清史人物传记。他多次被提拔。他也完成了自己的《尔雅》评论，开始了有关南宋史的研究，并且给总督毕沅的《续资治通鉴》编纂提供了建议。④ 邵晋涵身体一直很差，猝死于1796年7月19日，他的猝死很显然与一位医生的错误用药有关。⑤

虽然汉学家有许多共同的设想，并促成了一场"汉学运动"，但是，他们之间也存在差异。当时的和现代的历史学家都曾明确指出这些差异。在各种历史学和文献学著作中，邵晋涵都阐释此运动参与者所形成的共识及其存在的争议。⑥ 邵氏忠于祖父的教诲，并间接地对王阳明和黄宗羲的理论进行了谴责。而王阳明和黄宗羲等是被章学诚标榜为"浙东学派"的知识分子。⑦ 他们不经意间形成了一种学术传统，而该学术传统的特征则是对近世历史，尤其是明末清初历史的兴趣；他们都具有一种类似戴密微（Paul Demieville）所言历史诠释学视野下的"系统直觉"倾向。⑧ 该学术传统的第一个特征最初可能来自黄宗羲的政治效忠。浙江东部地区长期以来一直抵制清朝的征服；参加这一抵抗运动的黄宗羲，甚至将维护这种传奇作为自己的责任。⑨

---

① SCHNP，pp. 50—54.
② SCHNP，p. 30.
③ 钱大昕：《邵君墓志铭》。
④ 关于《尔雅》，参考下文。有关《续资治通鉴》，参考章学诚：《邵晋涵别传》（CSCWC，p. 159），也可参考 Nivison 的 *Chang Hsueh-ch'eng*（p. 206）。
⑤ 钱大昕：《邵君墓志铭》。
⑥ 参考上文第二章。
⑦ 章学诚：《浙东学术》，见《文史通义》，51—52页。章氏自称传承了黄宗羲、万氏兄弟，以及全祖望的学术。
⑧ Paul Demieville, "Chang Hsueh-ch'eng and his Historiography", p. 170.
⑨ Naito Konan, *Shim shigakushi*, pp. 356—357.

该学术传统的第二个特征则是一个基于历史学和认识论的假设。作为王阳明的追随者，黄宗羲主张"知行合一"——学术与道德修养的统一。他的座右铭是"博约"。这话经常被拿来跟与黄宗羲同时代的顾炎武的座右铭做对比，后者即"博学于文，行己有耻"。人们多认为，后者表达了学术和伦理世界的更大分歧。① 在历史写作方面，黄宗羲的一个理念是要给读者提供足够的材料，因为它们可以被用于道德反思，以及用于对历史道德教训的直观理解（这是历史本来应该教给人们的）；他认为史家应该书写在现代被称作"专题研究"的有关整个时代的历史。② 这种史学立场与"浙西学派"形成了对比。具有讽刺意味的是，邵晋涵的朋友钱大昕是"浙西学派"的领导者。钱大昕主张将那些显然不相关的历史证据逐渐采集起来，并将它们记录在"笔记"中，他自己的《十驾斋养新录》和王念孙（1744—1832）的《读书杂志》就是这样的作品。③

邵氏在很多方面都忠于他祖父的教诲。他所有的历史研究都是关于整个时代的，且他在作品中，一直表达了对历史学家道德教化角色的关注。例如，在一篇《四库全书总目》提要中，他对公羊氏的《春秋》评价较左氏的为高，因为公羊氏区分了"文家"（后天成就）和"质家"（先天品质），并且关注"文家"。④ 无论这是否两者间的实际区别，邵氏的这番话都十分有趣。⑤ 他的言外之意是，历史学家的角色是判断一个历史人物如何在后天取得成功，而不仅仅是记录这位历史人物的先天本性。邵氏也保留了晚明"浙东学派"的历史传统。据说在一次谈话之后，总督毕沅对邵氏说：

> 君生长浙东，习闻蕺山、南雷诸先生绪论，于明季朋党奄寺乱政，

---

① 钱穆：《中国近三百年学术史》，1：31。
② Naito Konan, *Shim shigakushi*, pp. 298-299. 黄氏及其门生尤其注重图表，并将其作为历史证据。他们也强调在史书写作中的文献证据。
③ 参考 Virginia Mayer Chan 有关浙西传统研究的学位论文。
④ *TYFTK*, p. 1b.
⑤ 这句话引起了"邵氏和今文经运动之间的关系"这个有趣的话题。在邵氏的著作中，我没有发现他是该运动推动者的证据。另外，18世纪该运动最重要的推动者之一是庄存与，而他恰好是邵氏的副考官，即两人之间至少存在着官方的师生关系。

及唐、鲁二王起兵本末，口讲手画，往往出于正史之外。自君谢世，而江南文献无可征矣！①

邵晋涵也注释了《尔雅》。可见，除了历史外，邵氏还有其他方面的才华。文献学虽然在 18 世纪非常流行，但与黄宗羲的学说没有特别的关系，它可能与顾炎武的追随者有关。②《尔雅》是一部汉代作品。根据经书文本的不同用途，《尔雅》将经书中出现的各种词汇和短语分为了十八大类（山、鸟、器等）。③ 正如邵晋涵在序言中所说，之前多数评论家关注的是其中所用的《诗经》典故，而较少考察对其他经书文本的引用。邵氏声称，这个注释文本不仅可以澄清《尔雅》中词语的含义，还可以纠正其文本在流传过程中产生的错误。④ 邵氏说，撰写提要是一件很令人愉悦的工作："始具简编，舟车南北，恒用自随。"⑤ 这项工作至少持续八年时间，其结果也令人惊叹。黄云眉声称，当邵氏完成该工作之后，他的几个同时代人，包括汪中、王念孙和段玉裁等，都放弃了他们正在撰写的类似手稿。⑥ 洪亮吉撰写了一首关于此文本的诗，他说："在阅读此书时，我所有的疑虑，犹如晨曦的光芒驱除黑暗一样，都被扫除了。"同时，他也将邵晋涵的副考官钱大昕等人与邵晋涵的学识和勤奋进行了对比。

邵氏学习了汉学的许多内容。从他的祖父那里，邵晋涵了解了黄宗羲及其追随者的方法论和观点。通过他的同事，尤其是钱大昕，邵晋涵接触了"汉学运动"的其他内容，并发展了其他相关兴趣，包括文字学和经学研究。通过朱筠，邵氏又遇到了几位重要的 18 世纪思想家——戴震、章学诚和洪亮吉，当时他们还没有得到政府职位。所有这些都为他在《四库全书》馆工

---

① 钱大昕：《邵君墓志铭》。
② 许多作者将清代的音韵学研究追溯至顾炎武的《音韵五书》。比如参考钱穆：《中国近三百年学术史》，1：151。
③ TMTY, pp. 832-834 (40：1a-b). 其文本和评论，可参考洪业：《尔雅引得》。
④ 邵晋涵：《尔雅正义》，"序"，3a 页。
⑤ 邵晋涵：《尔雅正义》，"序"，4a 页。
⑥ SCHNP, p. 80. 黄氏进一步指出，19 世纪最著名的《尔雅》评论家郝懿行的《尔雅义疏》，与邵晋涵的研究并无太大差别。然而张之洞在《书目答问补正》（42 页）中指出，郝氏的评论显然超过了邵晋涵的。

作做好了思想和知识准备。他在《四库全书》馆执行的最有趣和最具学术意义的任务之一，就是为许多重要的历史文本撰写提要，包括王朝正史。对邵晋涵的提要稿与《四库全书总目》最终定稿进行比较的工作很重要。这种比较可以揭示乾隆政府和"汉学运动"之间，在哪些领域存在冲突与合作。

为邵晋涵撰写了传记的现代传记作家黄云眉曾批判《四库全书总目》纂修者，认为他们一直偏离着邵晋涵提要的主旨。根据黄氏的观点，他们这样做是为了通过整合邵氏的"辨证"和删除他的"议论"，从而将一篇仔细论证的论文变成一篇"好古"的文章。然而，对邵晋涵原稿和最终提要稿的仔细对比研究表明，除了系统化的删削以外，还有其他改动。下面将详细讨论其中四篇提要。在前两篇提要中，《四库全书总目》纂修者大部分采用了邵晋涵的原稿，只是改变了他的论点。在后两篇提要中，《四库全书总目》纂修者也改变了邵晋涵的原稿，但他们改变的重点在于修改其写作风格，而不是更改其观点。从这两篇提要可以看出，试图获得皇帝赞许的"学者"与执行帝国意志的"纂修者"之间存在差异，而其中并未体现朝廷试图将学术权威强加其中的尝试。①

《史记集解》

裴骃（约公元 5 世纪）的《史记集解》是三部评价《史记》的早期作品之一。另外两部是张守节（活跃于 736 年左右）和司马贞（活跃于 8 世纪）的作品。② 显然，邵晋涵最喜欢裴骃的这一部，他在评论《史记》时说道："迁能述经典之遗文，而骃能存先儒之轶说，考诸经古义者，必归焉。"③

尽管以上三部评论作品成书于不同时期，但是将它们汇为一编也是一种不错的尝试。明朝国子监在编《史记》及其评论时，采用了这种汇编的做法。当时唯一一部存世的《史记集解》单行本是由明末藏书家毛晋刊印的。《四库全书总目》纂修者发现了毛氏印本的副本（或者是基于它的一

---

① 洪亮吉：《卷施阁集》卷8，引自 SCHNP，p.80。
② TMTY，pp.974-979（45：2a-4b）。这三个评论已被广泛研究，并被日本学者 Takigawa Kame-taro 在 *Shiki kaichu kosho* 中收录及重印。
③ TYFTK，p.2a。

个副本)。① 邵晋涵的提要稿和《四库全书总目》提要都用了很大篇幅，来比较《史记集解》毛氏印本和明朝国子监本的异同。国子监本将裴松之对《史记》的评论与张守节和司马贞对《史记》的评论，汇编在了一起。

两篇提要稿的重点都在于指出，毛氏印本纠正了国子监本（将三种评论汇为一编的版本）中存在的许多错误。如果仔细比较、阅读各版本，可以举出很多例子，来支持这一观点。例如，在明国子监本"高阳氏有才子八人"和"高辛氏有才子八人"这段文字之后，并没有注释；但是，在该文本的毛氏印本之后，则有"见《左传》"这条注释。或者，在《秦始皇本纪》"轻车重马"这段文本之后，毛氏印本援引了徐广的话，"一无此重字"，但国子监本中也没有记载。邵晋涵的原稿和《四库全书总目》终稿都提到了这一观点，即以明国子监本为底本的版本更不可靠。②

这两篇提要篇幅相当，约八百字；其中，只有九十个字（包含列举裴骃所任职位的四十个字）不同。邵晋涵的原稿没有列举裴骃所任职位；虽然邵氏没有意识到这个内容，但显然它是《四库全书》编修所不能忽视的。通过余下的五十二个字（即约百分之五多的评论），纂修者对论证性质做了微妙的改变。这个改变说明，作者和纂修者的关注点是不同的。

在邵晋涵的原稿中，他不遗余力地称赞了裴骃的学术。他说："采经传百家，删其游辞，取其要实，词约而义博。"这种精确的考证与后世学者形成了鲜明的对比；后世学者简单地将裴骃的文本与其他评论放在了一起，并且将一些其他文本错误地混入了裴骃的文本之中。总而言之，早期学者是很精确的，后来的学者是很粗心的。明朝国子监的版本只是这种粗心大意的一个最极端的例子。③

---

① 关于毛晋，参考 ECCP，pp. 565—566。一个毛氏批注本《史记》现存于国会图书馆。

② TMTY, p. 974 (45:2a); TYFTK, p. 2b. 有关高阳和高辛家族的故事，见《史记·五帝本纪》(Takigawa, 1:50)。有关秦始皇的描述，见《史记·秦始皇本纪》(Takigawa, 2:67)。在这两个案例中，《史记集解》的相关解释都未曾被其他文献提及。

③ "博"和"约"这两个术语的经典出处是《论语》："君子博学于文，约之以礼。"在清代，这两个术语被用来指代两种学术活动，即广泛阅读（博）和道德修养（约）。对于这两个术语最好的解释可能是章学诚《文史通义》中的"博约"篇（47—51页）。有关这篇论文的分析，见 Shimada Kenji, "Shō Gakusei no ichi", pp. 519—530，尤其是 pp. 522—524。

131 　《四库全书总目》纂修者将邵晋涵对裴骃的赞誉改得十分简略，即只保留了四个字"援据浩博"。《四库全书总目》提要终稿将重点放在强调毛氏文本的准确性上，并以此凸显《四库全书》馆臣发现了明代国子监本的不准确性，进而以贬低明朝官方学术成就为代价，含蓄地赞颂清朝政府取得的学术成就。《四库全书》所用的文本多为明代版本，所以纂修者不得不最后进行说明；纂修者辩解说，《四库全书》中收录的版本，多是其中较好的版本。①

　　人们对纂修者在邵氏原稿中做出的修改，可以有不同的理解。但是，从根本上来看，两种提要稿之间的差异是形式上的，而不是实质性的。双方都认为毛氏文本优于所有其他文本，并且为了证明这一点，两者都似乎花费了在现代读者看来过于冗长的篇幅。《四库全书总目》纂修者似乎试图（通过恢复毛氏文本）赞扬清朝官方学术，而不是赞美裴骃。邵晋涵认为阅读对古代文本的注释是十分重要的；的确，邵氏的这一论点被压制了。但是，对于聪明的读者来说，这个观点可能并没有完全丢失。而且，正是因为纂修者所做的改变，该项目的最终成果对清朝统治者才更有吸引力。

　　《宋史》

　　《宋史》尽管是邵氏所评论的历史文本中最长的一部，并被一位现代评论家称赞为"中国官方史学"的"巅峰"之作②，但这是邵氏最不满意的一部历史作品。他似乎对这部书有三点反对意见。邵晋涵同意章学诚的说法。首先他认为，虽然《宋史》所使用的资料规模惊人，但"榛芜莫甚于元人三史，而措功则《宋史》尤难"。③ 其次，他认为《宋史》中有大量历史信息是错误的，并且包含了许多矛盾的说法。④ 最后，他认为《宋史》过于关注北宋，而忽视了对思想史家来说尤其重要的南宋历史。⑤ 邵晋涵对《宋史》的

---

①　TYFTK，p. 2b.
② 　杨联陞，"The Organization of Chinese Official Historiography，"p. 357。
③ 　Nivison, *Chang Hsueh-ch'eng*，p. 51；章学诚：《邵与桐别传》，CSCWC，pp. 134-135, 136。
④ 　TYFTK，p. 35a-b. 标点本见 SCHNP，p. 45。
⑤ 　TYFTK，p. 37a-b.

看法，与 18 世纪的许多思想家如出一辙，包括钱大昕、全祖望和万斯同。①可能早在 1774 年，邵晋涵便开始着手或至少计划修改《宋史》，并将新作题名为《宋志》。他的修订计划显然没有完成；虽然该新作仅有目录存世，但是，在当时，他的计划是广为人知的。②

在提要稿中，邵晋涵毫不掩饰他对《宋史》的蔑视。他一开始便指出："向来论《宋史》者，俱讥其繁芜，而鲜所举正。"通过引用和详细考察以往评论家柯维骐（1497—1574）和沈世伯所指出的一些错误和矛盾之处，邵晋涵继续从事这样的研究。③

然后，邵氏还关注了书中所蕴含的历史思想。和他的浙东前辈一样，邵氏也关心史书的道德价值和史实的准确性问题。《宋史》记载了很多历史细节，但解释很少；事实上，许多人认为，该书中历史信息的丰富性，弥补了其分析的不足。但对于邵氏而言，这部书在两方面都不尽人意：

> 讥《宋史》者，谓诸传载祖父之名而无事实，似志铭之体；详官阶之迁除而无所删节，似申状之文。然好之者，或以为世系官资，转可藉以有考。及证以他书，则《宋史》诸传多不足凭。④

最后，邵氏观察到，这部史书受到了宋朝学者所持政治偏见的影响。他

---

① Naito Konan, *Shim shigakushi*, pp. 360-361. 钱大昕的评论，参考《跋宋史》，见《潜研堂文集》28：432-435. 看起来，钱大昕抱怨的主要是《宋史》中没有讨论一些重要的学术领军人物。万斯同和全祖望的文集中有大量的笔记，涉及如何修改和补充南宋军事、学术人物传记。全祖望《鲒埼亭集外编》中有 14 条这样的笔记，pp. 3204-3228（28：9a-28b）；万斯同《群书疑辨》中有 5 条这样的笔记，11：1a-7a。

② SCHNP, pp. 62-66. 章学诚的儿子章贻是邵晋涵的弟子；他对其父亲给邵晋涵所作传记的评论，是有关邵晋涵修书问题的主要参考资料。钱大昕很显然看过此手稿，并在他的《十驾斋养新录》中收录了其目录。根据这个目录可知，邵晋涵准备重修《宋史》，其方法类似万氏和钱氏。除了钱氏和万氏讨论的军事和学术人物外，邵晋涵主要侧重作家和哲学家的传记。

③ TYFTK, p. 37a; TMTY, p. 1009（46：3a）. 柯维骐的作品是《宋史新编》（TMTY, pp. 1109-1110 [50：10a]）. 沈世伯的作品是《宋史就正编》。柯氏的作品被《四库全书总目》提及，但是没有被收录到《四库全书》之中。沈氏的作品没有被录入；同时，正史中也没有沈氏的传记。因此我很难找到有关沈氏撰写此书的其他信息。

④ TYFTK, p. 36a; TMTY, p. 1009（46：3b）.

们"喜欢叙述北方历史",很少写到南宋。结果,该书后期处理上出现了不当的情况。《四库全书总目》纂修者采纳了邵氏在这方面的所有评论。①

然而,在讨论《宋史》为什么存在不足的问题时,邵晋涵和《四库全书总目》纂修者都不得不轻描淡写。邵氏说:"元修《宋史》,大率以宋人所修国史为稿本,匆遽成编,无暇参考。"② 事实上,邵氏的观察可能是正确的;正如杨联陞所言,《辽史》《金史》《宋史》编纂者的主要目标"似乎是速成"。该目标是通过"有效的,有时甚至是高压的监督和编辑来实现的"。③ 但是,问题在于,《宋史》与《辽史》和《金史》一样,都是元朝政府所编;好战的蒙古统治者(即蒙古官僚)和汉族学者的关系是复杂的,这或许与乾隆朝的统治格局相似。显然,他们都不得不避免提及"非汉族势力对中国学术控制是有害的"这种隐喻,特别是当所涉及的外来统治者是"蒙古人"时,因为清朝统治者对他们的历史权利问题特别敏感。④ 即使提及统治者(无论是汉人还是其他族人)赞助学术,都有可能涉及危险的优先权和时间下限问题,因此《四库全书总目》纂修者必须谨慎对待。很显然,邵氏多次提到"没有时间进一步研究",这对于《四库全书总目》纂修者来说,太过频繁了,因此在最终版本中,这句话被删去了。

《四库全书总目》纂修者虽然几乎全部采用了邵晋涵的《宋史》提要稿,但从邵晋涵的论断中得出结论时却很谨慎。在导言和结论中,都可以很明晰地看出他们的谨慎;他们分别在邵氏提要稿的基础上添加了四十个和八十个字。他们可能还参考了其他关于《宋史》编纂的资料,以蒙古史官脱脱(1314—1356)的官方传记开始。然后,他们指出,《宋史》是一部五百多卷的有关整个时代的历史作品,因此一定很难进行校勘。最后,提要稿给出了

---

① TYFTK, p. 37a-b;TMTY, p. 1010(46:3b)。有关"南宋抵抗"问题的不恰当处理,可参考全祖望为岳珂传记所作跋,见《鲒埼亭集》,pp. 3224-3225(28:17a-18b)。

② TYFTK, p. 37a。

③ 杨联陞,"The Organization of Chinese Historiography," p. 54。

④ 《四库全书总目》对柯维骐重修《宋史》进行了批评,原因在于柯氏赞扬汉人,并认为柯氏"强援蜀汉,增以景炎、祥兴。又以辽、金二朝置之外国,与西夏、高丽同列,又岂公论乎? 大纲之谬如是,则区区补苴之功,其亦不足道也已"。TMTY, p. 1110(50:10b)。

令人震惊的评论。纂修者认为,《宋史》是在宋学影响下写成的;除了宋学以外,其他所有记载都可能是不准确的。《四库全书总目》的结论可能保留了邵晋涵提要稿的论点,但也可能有另外的目的。正如刘汉屏所指出的,《四库全书总目》中对宋学多有攻击,而这往往与批判宋代学者倾向于形成学术派系有关。① 但是,无论如何,纂修者都小心翼翼地给人们提供了一些继续阅读《宋史》的学术理由:

> 自柯维骐②以下,屡有改修,然年代绵邈,旧籍散亡,仍以是书为稿本,小小补苴,亦终无以相胜。故考两宋之事,终以原书为据,迄今竟不可废焉。③

满族统治者对批判元朝是十分敏感的,但是《四库全书总目》纂修者收录了大量邵氏在《宋史》提要中批评元朝的内容,这种做法可能是十分大胆的。这也说明,考证学本身并未被清廷视为威胁。在编纂邵氏提要原稿时,《四库全书总目》纂修者似乎毫不犹豫地采纳了邵晋涵的主要结论、方法论或证据,只是偶尔添加了他们自己的一些论据或观点。事实上,在今天所见《四库全书总目》中,很多有用的内容可能都是出自邵晋涵等人之手。对邵晋涵《史记集解》和《宋史》提要稿所做的修改也是十分重要的;这些修改说明,学者急于表达他们自己的看法,而纂修者则必须对其中的任何政治隐喻负责。但是,两种提要中所涉及的基本问题是相关的。那么,对邵氏或者纂修者来说,还有什么问题呢?

《汉书》

《汉书》讨论了中国学术造伪的问题。在邵晋涵提要原稿和《四库全书总目》提要终稿中,有关《汉书》的前三分之一都涉及"古文"和"今文"的评论。据《梁书》记载,刘之遴(476?—547)最早将《汉书》的两种版本贴上了这样的标签。应昭明太子(501—533)之请,刘之遴将太子所藏两种版本的《汉书》进行了对比。自汉代以来,被刘氏称为"今文"的版本,实际上一直在流通,并且在梁代成为一个标准版本。相比之下,"古文"版

---

① 刘汉屏:《略论〈四库提要〉与四库分纂稿的异同和清代汉宋学之争》,43 页。
② 有关柯维骐,参考 127 页(中文版页码。——译者)注释③和 128 页注释④,以及 *Dictionary of Ming Biography* 1:721-722。
③ TMTY, p. 1010 (46:4b).

本则是被太子下属发现后，上呈给太子的。从刘氏对两个版本的《汉书》所使用的标签来看，刘氏似乎认为"古文"本比"今文"本更真实。①

对这个结论，邵氏和《四库全书总目》纂修者都提出了质疑。他们给出了六个论点。第一，在"古文"中，附上了《汉书》上呈给朝廷的日期，而"今文"则没有；但是，《后汉书·班固传》中所提到的上呈日期，与"古文"所记并不一致。第二，"古文"开头有一个序，但汉代作家习惯于将这种说明文字放在书末。第三，"古文"中包含了班彪的一个传记；从西汉历史书写传统来看，这也是不合适的，因为班彪在东汉时才正式获得朝廷任命。第四，"古文"分为三十八卷，但班固清楚地描述称，他的史书分为一百零六篇，而这与"今文"的形式一致。第五，"古文"的传记与"今文"的也不同，这似乎是不熟悉汉代习俗或班固写作目标的人所创作出来的作品。第六，昭明太子在他著名的文学作品集《文选》中，也引用了"今文"。邵氏和《四库全书总目》纂修者一致认为，这个"古文"是梁朝人伪造的。②

邵氏和《四库全书总目》纂修者很详细地阐释了这一论点。这其实是没有必要的，因为刘之遴的许多论点在唐代已经被驳斥了。但是，刘氏的观点为邵氏提供了一个攻击11世纪中国学术倾向的机会。邵氏称：

> 后人校书者好言宋本，只求纸版之古，不顾文义之安，皆此类也。汉制近古，固此书叙次缜密，故郑康成、干宝引以注经，而经师如服虔、韦昭，皆为《汉书》注。③ 盖实有可辅经而行者，审音辨义代有其人，不意尚有谬托古本，欲颠倒其次第者，驯至庸妄之徒，谓班固不能文从字顺，益不足与辨矣。④ 颜师古注，唐人称为班固忠臣，惜其只聚诸家旧注而定其折衷⑤，不能旁征载籍，以推广其义，然后人考正《汉

---

① 参考《南史·刘之遴传》，45：1250-1251；《梁书·刘之遴传》，50：573。
② TYFTK, pp. 9b-11a；TMTY, pp. 980-981 (45：4b-5a).
③ 郑玄是一位著名的经学家。他的16部作品被收入了 TMTY。干宝生活于东晋（317—420）；他的评论直到隋朝（581—618）还存世，但是没有被列入 TMTY。服虔和韦昭有关《汉书》的评论都是东汉时期的作品，在隋朝时尚存世，但现已亡佚。
④ 正如《后汉书》和《三国志》所载，该文本甚至在东汉和六朝的时候就已被认为很难读了。参考《汉书》"序"，p.9。
⑤ 颜师古（579—645）是一个著名的《汉书》评论家。但是显然他的评论没有单独流传，而是保存在《汉书》文本之中。

书》者，俱不能出颜氏之范围，则谓之忠臣也亦宜。①

当然，造伪引起了汉学界人士的愤怒，但是，邵晋涵不只在《汉书》评论中攻击过前代学者，他还在其他地方，比如说《后汉书》的评论中写道：

> 宋人论史者，不量其事之虚实，而轻言褒贬，又不顾其传文之美刺，而争此一二字之名目为升降，辗转相遁，出入无凭。②

在讨论欧阳修的《新五代史》时，邵氏说："所恨于修者，书法之不审也。"

邵晋涵的这些评价，都是经过加工之后才被收入《四库全书总目》的。在《汉书》提要中，《四库全书总目》纂修者去掉了邵氏的长篇大论，而采用了一种平静的、学术的态度，来处理有关《汉书》的争论。③ 他们还赞扬了颜师古的评论，并观察到，"后人考正《汉书》者，俱不能出颜氏之范围"。④ 对《后汉书》和《新五代史》的评论，纂修者采用了完全不同的形式；他们关注的是该文本本身发展的历史，而不是评价它们作为史书的价值。⑤

邵氏十分小心地考证着《汉书》文本，其目的是为批判汉以后的学术提供证据。但是，《四库全书总目》纂修者则转向了对文本发展历史本身的考证研究。这种研究不仅是相对枯燥无趣的，也改变了邵晋涵的主要结论。关于《四库全书总目》纂修者对邵氏提要进行更改的原因，我们必须仔细考察。邵晋涵的观点对清廷并不构成威胁；如果有，纂修者为什么会在删除他的结论的同时，保留他提供的证据呢？另外，这些评论如果存在，则会使得

---

① TYFTK，p. 12a-b.
② TYFTK，p. 24a-b.
③ 很显然最早是李延寿（600—680）提出了这样一个质疑。他是撰写《南史》和《北史》的唐代作家。Clyde B. Sargent尽管没有完全依靠李氏提供的证据，但是他考察了这个案件所折射出来的问题。可参考他的"Subsidized History：Pan Ku and the Historical Records of the Former Han Dynasty,"pp. 141-142. 可参考 Homer H. Dubs 的回应，"The Reliability of the Chinese Histories".
④ TMTY，p. 982（45：5b）.
⑤ TMTY，pp. 983-984（45：5b），1006（46：3a-b）.

《四库全书总目》前后文不一致。人们很难在一篇提要中轻视某文本，而在另一篇提要中详细讨论其优点。此外，邵氏的言论十分倾向于某一学派的观点。《四库全书》的编纂是为了给万代学者提供参考，而不是为学术争议提供平台。

《明史》

如果没有确凿的证据，我们很难证明邵晋涵在评论《明史》时意在批判，因为他对该书的赞许内容很少。受他的家族和家乡影响，邵氏比18世纪的大多数学者更了解《明史》。然而，他所撰的五百七十五字的《明史》提要，是他所写过的提要中篇幅最短、分量最轻的一篇。在许多主题方面，特别是某些有关晚明政权的合法性问题方面，邵氏可能谨慎地选择了沉默。除此之外，邵晋涵的《明史》提要稿和《四库全书总目》的最终提要，确实也有着截然不同的风格。《四库全书总目》提要将朝廷描绘成了一个提供正确教化的历史教师的角色。但是，邵晋涵的提要原稿也对比了《明史》与其他私人史家的作品，并且强调，官方纂修者可以利用第一手的政治和军事资料。

邵晋涵的《明史》提要稿和《四库全书总目》提要的开头不同。邵氏首先观察到，明代许多知识分子曾根据当地风俗、石刻、墓志铭等资料，来撰写一个朝代或一个事件的历史。他列举了郑晓的《吾学编》、邓元锡的《明书》，以及薛应旂的《宪章录》。① 邵氏认为，所有这些作品都存在问题，因为它们的作者无法查看政府档案，因此，他们只书写了部分历史。即使是王士贞《史乘考误》那样一部有条理的研究著作，也未能纠正所有的错误。② 但是，在王鸿绪的原稿基础上工作，并由张廷玉领导的清代官方史家则不同，他们可以接触到大量官方记载，可以比较各种私人历史，并编纂出既公平合理又全面准确的史书。③ 有趣的是，邵氏所提到的书籍，最后都没有被收录到《四库全书》中，尽管这些作者都被《四库全书总目》提到了。

《四库全书总目》的《明史》提要稿，没有提到这些早期的历史作品；

---

① TMTY评论过的作品如下：郑晓的《吾学编》（TMTY，p. 1110 [50：10a]）；邓元锡的《明书》（TMTY，pp. 1112－1113 [50：10a－b]）；薛应旂的《宪章录》（TMTY，p. 1062 [48：4a]）。

② TMTY，p. 1856（90：2b）。

③ TYFTK，p. 43a-b。

对纂修者来说，尤其是对那些有两百卷帝国图书编纂任务的纂修者来说，这是合理的。但是，在政治上，这样的做法也更易被人接受。因为与其讨论私人史学家对《明史》的贡献，不如强调国家在编纂过程中的作用，因此纂修者详细地引用了上呈《明史》给清廷的奏折。其中描述了五十多年来，编者如何享受康熙、雍正、乾隆皇帝的恩惠和教导。①

两种《明史》提要都指出，《明史》编者在中国传统史学实践的基础上，有所创新。第一，在"天文学"类中引入图表。邵氏将这个做法追溯到徐光启（1562—1633）的作品，并最终归功于明末清初居住在宫廷的耶稣会天文学家的影响。②《四库全书总目》忽略了私人天文学家的贡献，并写道："历生于数，数生算，算法之句股面线，今密于古，非图则分寸不明。"③也许，《四库全书总目》纂修者并不愿意承认耶稣会士对中国天文学的贡献。这与清朝限制在华耶稣会的诏令相呼应——该类诏令于康熙末年首次宣布，并在雍正、乾隆早期得到加强。第二，对皇帝支持《明史》编纂，提要稿用很大篇幅进行了赞美。《四库全书总目》提要将《明史》的创新归功于朝廷的智慧。

邵晋涵的《明史》提要稿和《四库全书总目》提要都指出，《明史·艺文志》中只列举了明代作家的作品，而忽视了前代学者的作品。《四库全书总目》提要将这个做法追溯到唐代的刘知幾（661—721）。邵晋涵的解释则更有说服力。他说，因为有关明代秘阁书库的记载已不可见了，所以《明史》编纂者在编写《艺文志》时，没有可以参考的资料。④ 最后，两种提要都指出了《明史》在人物传记方面的创新之处，即建立"阉党"和"流贼"传，以及增加了一张"六部"和"都察院"官员的表。这表明，这些群体在明朝是十分重要的。

这两种版本的提要，都承认了清朝皇帝在编纂《明史》中所发挥的作用，但是《四库全书总目》提要给出了一个最终的、充满溢美之词的评论。此外，邵氏可能有意忽略了对南明王朝的评论。1649年以前，邵晋涵的学术

---

① *TMTY*, p. 1017（46：7b）.
② *TYFTK*, pp. 43b-44a. 有关徐氏，参考 *ECCP*, pp. 316-319.
③ *TMTY*, p. 1017（46：7b）.
④ *TYFTK*, p. 44a. 卢文弨也抱怨了《明史》这一不足点，参考他的《题明史艺文志稿》，见《抱经堂文集》，7：98。

前辈黄宗羲曾任职于南明福王王朝；有人说，邵氏可能比 18 世纪晚期的其他作者都要了解这个南明王朝。① 乾隆皇帝也特别关注这个南明王朝。1775 年 12 月 17 日，他发表了一个关于此问题的诏谕。该诏谕规定，福王政权的年号只能用于叙述 1644 年以前的历史事件。唐王和桂王政权的年号完全不能提及。② 《四库全书总目》仔细记录了皇帝的看法，模仿官方史家的口吻断言，"圣人大公至正之心，上洞三光，下照万祀"，并且宣称，"尤自有史籍以来所未尝闻见者矣"。③

正如所有《四库全书总目》提要一样，在最后一段中，纂修者强调了皇帝在建立历史真相，以及确定历史道德教训方面的权利。至少，在《明史》提要中，邵晋涵的想法恰恰相反。他认为，皇帝和官方编纂者都受到了同样的约束。私人史学家是否应该参与官方修书的问题，以及私人和官方学术是否可以兼容的问题，成为 17 世纪清廷与汉学家存在争议的主要问题。当然，到了 18 世纪，汉学家已经克服了他们对政府赞助项目的矛盾心理。但是为了回应早期观点，他们认为，至少私人史学家的作用应该与官方纂修者的一样重要。邵晋涵在《明史》提要中，保存了这一观点。当然，这些回应不可能被录入《四库全书总目》。

也许更重要的是，尽管存在意见分歧，但朝廷允许邵晋涵为《四库全书总目》撰写提要稿。这些稿子的意义并不亚于乾隆皇帝之前所编的正史。一方面，政府不希望过分夸大私人史学家的重要性；另一方面，政府开展了一场有系统的活动，来改变当时一个主流学术运动的重要性。

许多人发现，乾隆朝廷对"汉学运动"怀有不良的企图；其中一个企图就是要将"汉学运动"的焦点从"内容"转向"方法论"，并将汉学家的思想或政治论断，转化为与 18 世纪无关的"好古式"的讨论。《四库全书总目》纂修者采纳了邵晋涵所写提要的许多内容，因此，我们必须仔细评价他们的动机。正如最近对现代语言学思想的批评所表明的那样，"方法"和"内容"不能那么容易地被分开。为了解决问题而提出来的假设，体现在了方法论中，尤其是像考证学那样复杂的方法论。《四库全书总目》纂修者就有这样

---

① 参考上文引用的毕沅评论（边码 127—128 页）。
② 《实录》，p. 14611（995：21b-24a）。
③ *TMTY*, p. 1018（46：8a）.

的一种推定：人们可以通过考察古代文本的真实性和完整性，重新发掘圣人的智慧，并更清楚地呈现目前存在的错误。毫无疑问，这一思想贯穿了《四库全书总目》的大部分推理。尽管没有重申汉学家邵晋涵等最具挑衅性的结论，但《四库全书总目》反映了汉学家们的许多基本思想。事实上，"汉学运动"与《四库全书》关系十分密切，这也诱发了学界的反汉学思想。这将是下节所要讨论的问题。

二、《四库全书》与宋学：姚鼐的提要稿

"宋学"与"汉学"这两个术语一般被历史学家用来形容18世纪晚期和19世纪早期中国的两个相互竞争的学术思想流派。汉学家从事的活动并不同于公元1世纪的汉代学者，而宋学家的活动也名不副实，因为他们并没有完全像宋代学者那样积极地展示着类似的思想关照和反对佛教的情绪。18世纪的问题在于如何理解中国的学术遗产。汉学家认为，最好是通过文本，而从某种层面上来说，宋学家的观点是对汉学家的一种过激回应。这种回应就是感叹过度专业化的文本考证研究，以及由此导致的碎片化研究。如果将这两种思想倾向描述成两种学术派别，可能是夸大了它们的分歧。因为它们从来没有被真正制度化，并且两者还有许多共同的观点。把宋学视为"汉学运动"中出现的一种反动倾向，可能更为准确。在这个过程中有一个关键人物，他就是来自安徽桐城的《四库全书》编修人员，经学家和文学家姚鼐。

姚鼐在《四库全书》馆的经历很可能是促使宋学形成的一个重要原因。因为只有在他以退出朝廷的方式，来抗议《四库全书》馆的编纂政策之后，姚鼐才开始表达他对汉学的不满。在后来的信件和序言中，他把汉学的极端做法归咎于《四库全书总目》的纂修者，以及围绕在他们身边并主宰着首都学术生活的北京文人群体。1815年姚鼐去世，但是，宋学的旗帜却被他的学生们继续热烈地高举着。在1825年至1826年间，姚氏最著名的学生之一方东树撰写了一部反对汉学的著作，即《汉学商兑》。此书出版于1831年。①

---

① 有关《汉学商兑》的作者和学术价值，参考 Hama-guchi Fuji, "Ho Tojo no Kangaku shoda o megutte," pp. 73—79。

十年之后，姚鼐为《四库全书总目》撰写的提要稿被他的另一个学生毛岳生整理出版了。① 这两部著作共同形成了"宋学运动"的大部分主题。

近年来，日本思想史学者滨口富士雄（Hamaguchi Fujio）指出，方东树对汉学的批判主要是"针对该运动的反社会性质"，并反映了"对清初经世致用思想的重新唤醒"。滨口富士雄进一步认为，这似乎是对1830年代广州鸦片贸易的一种有远见的预测性建议。②《四库全书总目》提要没有记录姚氏提出的切实的政策建议。然而，提要确实表明，在有关"真理以及学者如何辨别真理"这个问题上，宋学家从儒家经典中得出了有别于汉学家的不同经验。③ 这些不同点及其与《四库全书》项目的关系，则是本节所要解决的问题。

姚鼐的家乡桐城离邵晋涵的家乡浙东地区仅二百二十五英里，但这两个地区在学术传统上截然不同。在明清易代之际，两地人们的经历也非常不同。清朝早期，浙江东部经常爆发明遗民起义；在桐城地区，为了共同维持现状，新统治者和年老的精英，都采取了沉默的态度。④ 因此，在邵晋涵的祖父向邵廷采学习英勇抵抗故事的时候，姚鼐的高祖已经当上了刑部尚书，并审判了被俘的明遗民。⑤ 桐城地区有着很强的在清政府为官的传统。姚鼐是极不愿意放弃这种传统的。

浙东和桐城也有不同的思想传统。在浙江流行"知行合一"思想的时候，桐城地区却被宋代"理学"思想控制着。姚鼐从他的家族中接受了始自方苞的这一传统。他的家族是该地区最重要的两个宗族之一，方苞家族则是

---

① 有关本书的作者身份和起源问题，参考 Hama-guchi Fuji, "Ho Tojo no Kangaku shoda o megutte," pp. 122-123. 有关毛岳生，参考《清史列传》73：29b。

② Hamaguchi Fujio, "Ho Tojo no Kangaku hihan ni tsuite", pp. 172, 173-178. 我非常感谢艾尔曼将滨口富士雄的文章提供给我。有关《汉学商兑》，可参考 Benjamin A. Elman, "The Hsueh-hai-t'ang and the Rise of New Text Scholarship at Canton".

③ "姚鼐的眼光与他的学生的政治立场的关系"是一个很有趣的话题，但这并不是本章的讨论主题。总体上来说，19世纪学者的政治地位和学术地位是一个值得深入研究的话题。

④ 参考 Hilary J. Beattie, "The Alternative to Resistance: The Case of T'ung-ch'eng in Anhwei," pp. 256-257。

⑤ 姚鼐的高祖姚端恪从某种程度上来说是一个"严格的建构主义者"。参考毛岳生：《姚惜抱墓志录》, KCCHLC 146：8a。

另一个。① 尽管方苞曾被卷入戴名世的"文字狱"案,并曾被监禁,但直到去世之前,他一直为清廷效力。方苞在乾隆时期刊刻"十三经"的项目中,还发挥了重要作用。他也是朱熹思想的坚定追随者。据说,他在给朋友的一封信中曾提到,因为他的朋友攻击了朱熹的学术,所以,他朋友孩子的死亡,可能就是对他的惩罚。② 也许,"桐城学派"最重要的特点是,对写作尤其是古文风格写作的强烈兴趣。③ 姚鼐从方苞和其他当地学术大师那里学到了这一技巧,并且成为当时无可争议的大师。周永年曾经说:"天下文章,其出于桐城乎!"④

姚氏早年曾发生了一个颇为奇怪的事件,而该事件表明,尽管有着强烈的宋代"理学"背景,但是姚鼐并未像他后来那样坚定地反对汉学。显然,在1750年代早期,姚鼐曾写信给戴震,请求做他的学生。戴震礼貌地回应了他,并感谢了姚氏对他的欣赏。但是,戴震指出,两个朋友之间不应该存在师徒的关系。⑤ 章炳麟声称,姚鼐对此很失望,对汉学思想的信仰也产生了动摇。⑥ 但是,他从未在自己的著作中提到过,甚至在批判汉学的时候,他也从未追溯过这件事。在这个时代的学术争端中,虽然宗派主义和个人恩怨无疑发挥了重要作用,但是,这样一个重大分歧似乎不可能是从这么小的一件事开始的。更有可能的是,姚鼐正如他的同时代人一样,早期曾因受到戴震作品的震撼,而开始拥护他的学术思想。后来他才开始否定戴震的思想。

姚鼐更关心的是他的科举和职业生涯。他在1763年的考试中中进士,这是对他所在地区一个良好传统的继承;随后,他被任命为翰林院官员。从1763年到1766年,他任职于翰林院。1766年至1771年间,他任职于兵部、礼部和刑部。⑦ 显然,他吸引了于敏中的关注,因为于氏要求姚氏"出其门"(成为他的门生),并给他安排了一个御史

---

① 姚莹:《姚鼐行状》,KCCHLC 146:16b。
② ECCP, pp.235-237. 有关戴名世案件,请参考第二章。
③ 有许多关于桐城派观点的研究。比如说,可参考刘声木:《桐城文学渊源考》。
④ 叶龙:《桐城派文学史》,126页。
⑤ 戴震:《与姚孝廉姬传书》,见《戴震文集·原善孟子字义疏证》,141—142页。
⑥ 章炳麟:《检论》,4:25a。章氏和魏源都强调了汉宋学术的派系之争。
⑦ 《国史馆本传·姚鼐》,KCCHLC 146:6a。

的职位。① 1771年，根据刘统勋和朱筠的建议，姚鼐被任命为管理四川省上呈遗书的《四库全书》馆负责人。②

然而，在《四库全书》馆工作了几年之后，姚鼐对其同事和上级的学术偏见感到十分不满。姚鼐的儿子描述了当时的情况：

> 纂修者竞尚新奇，厌薄宋、元以来儒者，以为空疏，掊击讪笑之，不遗余力。先生往复辨论，诸公虽无以难，而莫能助也。将归，大兴翁覃溪学士为叙送之，亦知先生不再出矣。临行乞言，先生曰："诸君皆欲读人未见之书，某则愿读人所常见书耳。"梁阶平相国属所亲语先生曰："若出，吾当特荐。"先生婉谢之。③

对姚鼐来说，这个过程并不容易。因为他辞职后不久，便向章氏提到，《四库全书》项目的刺激如此之大，以至于没有人会忽视它，"士苟获是幸，虽聋瞆犹将耸耳目而奋，虽跛躄犹将振足而起也"。此外，姚氏也想到了他的祖先，"仆家先世，常有交裾接迹仕于朝者，今者常参官中乃无一人"。这种选择的结果是痛苦的，但是他必须这样做。姚鼐观察到，在这个世界上，有人能够喝上一百杯酒而不醉，还有一些人完全没有酒量。因此，他反问道，如果人们在为朝廷服务的能力上存在差别，那么，这也并无大碍。④

姚鼐辞职后，开始了在许多重要的书院长期讲课的生涯，其中包括江宁的钟山书院。他在那里获得了一些忠诚的学生及善于表达的拥护者，其中包括陈用光（1801年进士）、毛岳生和方东树。⑤ 姚鼐为他们和其他朋友写下了非常多的序言。在姚鼐晚年的书信中，他阐述了对学术和写作的看法。这

---

① 毛岳生：《姚惜抱墓志录》，KCCHLC 146：8b；姚莹：《姚鼐行状》，KCCHLC 146：17a。

② 姚莹：《姚鼐行状》，KCCHLC 146：17a。

③ 姚莹：《姚鼐行状》，KCCHLC 146：17b。有关此事，还可见姚莹有关其父亲的传记。

④ 姚鼐：《复张君书》，见《惜抱轩全集》，65页。有关18世纪晚期宋学更为详细的记载，参考余英时：《论戴震与章学诚》，第6章，注释70。

⑤ 除了姚莹和毛岳生的传记中引用了以外，还可参考陈用光：《[姚鼐]行状》，KCCHLC 145：12b-16a。

些作品是今天所见姚氏思想的主要来源。①

尽管他们后来存在一些激烈的论争,姚氏和他的学生并没有完全反对汉学。例如,姚氏对谢启昆的《小学考》②和一部有关《尚书》的作品《尚书辨伪》表示了赞赏③。考证学和对汉代文献的研究,有其一定的地位。姚鼐认为,所有的学术都是由三个要素组成的,即考证、义理和辞章。最好的作品应该保持这三个要素的平衡。如果过分强调义理,研究则会变得十分混乱和无序;如果过分强调考证,研究则会变得毫无意义和微不足道。④ 对姚鼐来说,这个观点并不是新的⑤——戴震和章学诚先前都表达过这样一种观点,但是,姚鼐和他的追随者都频繁地提及了这一观点,而且该观点还成为他们学术运动的重要口号。

姚氏反对的是"汉学运动"中存在的过激行为。他认为,这可能诱发两个不良的方向。首先,汉学倾向于琐碎的学术,使学者的注意力集中在琐碎和神秘的事情上,而不能激起他们对中国早期思想家所持的更重要的道德和政治的关注。其次,也许更重要的是,在姚氏看来,有一个学者群似乎试图通过生活和写作来接近圣人智慧。但是,汉学倾向于嘲笑这些人。也就是说,汉学家曾经嘲笑像宋代思想家朱熹和程氏兄弟那样的人。

姚鼐在为钱坫(1744—1806)著作所写的序言中最有力地表达了他的第一个反对意见。⑥ 姚氏认为,汉学的缺点可以追溯到汉代:

---

① 姚氏 619 页的文集中还有大量笔记、书信和序言。陈用光编辑了姚鼐致仕后的书信集,题为《惜抱先生尺牍》。
② 姚鼐:《小学考序》,见《惜抱轩全集》,47—48 页。
③ 姚鼐:《尚书辨伪序》,见《惜抱轩全集》,193 页。
④ 姚鼐:《述菴文钞序》,见《惜抱轩全集》,46 页。同样的论点可以在姚氏其他的论文中体现。
⑤ 余英时:《论戴震与章学诚》,111 页。
⑥ 钱坫现存的作品中都未保存此序言,且该序言本身并没有说明要介绍一部什么样的作品。但是,其中的一部作品题为《论语后录》。这部书于 1776 年完成,当时姚氏即将离开北京。在给蒋松如的一封信中(参考《惜抱轩全集》,73 页),姚氏谈到与戴震和他的同事讨论学术,为钱坫的作品写了序,并通过该序来说明他的观点。如果这里引用的序言和姚氏在给蒋松如的信中所说的序言是一样的,那么这个脉络很可能反映出了姚氏在离开首都时的想法。这里引用的序言以引用孔子之言和保存他的教义为开头和结尾,那么很可能这就是给《论语后录》所写的序。关于钱坫,参考 ECCP,p. 156。

> 孔子没而大道微，汉儒承秦灭学之后，始立专门，各抱一经，师弟传受，侪偶怨怒嫉妒，不相通晓，其于圣人之道，犹筑墙垣而塞门巷也。久之，通儒渐出，贯穿群经，左右证明，择其长说。及其敝也，杂之以谶纬，乱之以怪僻猥碎，世又讥之。①

姚氏对汉代形成的不同学术流派的看法，与纪晓岚、孙星衍、章学诚的完全不同。② 他们认为，不同学派的形成过程有助于推行圣人教化。姚氏认为，不同学派的形成混淆了圣人之学，并指责18世纪的学者，认为他们犯了同样的错：

> 专求古人名物制度训诂书数，以博为量，以窥隙攻难为功。其甚者，欲尽舍程、朱而宗汉之士，枝之猎而去其根，细之搜而遗其巨。③

那些放弃宋代大师教诲的学者，尤其受到了姚氏的批评。在姚氏看来，他们不应放弃这样一群对人性和道德有一定洞察力的人的思想：

> 自秦汉以来，诸儒说经者多矣，其合与离，固非一途。逮宋程、朱出，实于古人精深之旨所得为多，而其审求文辞往复之情，亦更为曲当，非如古儒者之拙滞而不协于情也。而其生平修己立德，又实足以践行其所言，而为后世之所向慕。④

尽管在18世纪的学术论争中，地方派系和个人友谊显然非常重要，但是，汉学家与宋学家之间也存在着真正的思想差异。如上所述，在思想史上，汉学意味着一种反动。而这种反动，不可避免地会引发学者的回应。姚氏在他的信件和文章中，提出了两个学派之间存在的基本分歧；他所撰写的《四库全书总目》提要稿，则澄清了这些差异在实践中的意义。

历史学家偶尔会提出一些超乎现实的宏大假设，但很少有能回答这些问题的人。然而，如果《四库全书总目》是由宋学而不是由汉学所主导的，那么该目录会呈现出什么样子呢？这个问题似乎是可以回答的，因为《惜抱轩书录》（姚鼐的作品）仅包含被《四库全书总目》纂修者拒绝了的提要内容。

---

① 姚鼐：《赠钱献之序》，见《惜抱轩全集》，84页。
② 姚鼐：《惜抱轩全集》，59—60页。
③④ 姚鼐：《赠钱献之序》，见《惜抱轩全集》，84页。

《惜抱轩书录》序言清楚地表明,这部作品是为了指出汉学家的错误而发表的。在这方面,《惜抱轩书录》与邵晋涵的提要集有所不同。后者是由一位浙东士绅出版的。这位士绅试图褒奖该地区学者的成就,并且这部作品只包含了作为《四库全书总目》基础的提要稿。考虑到《惜抱轩书录》的性质,我们必须假设,对于纂修者来说,其中每一篇提要在某种程度上都是不可接受的。① 在以下讨论的前两篇提要中,姚氏和《四库全书总目》纂修者的结论大致相似,但论证方法和风格则大相径庭。在下文讨论的第三、四篇评论中,姚氏和《四库全书总目》纂修者的结论也有很大差异。

《古史》

姚鼐的《古史》提要在许多方面可与邵晋涵的《史记集解》提要相提并论;邵氏是用汉学观点对《史记》进行评论,而姚氏采用宋学观点对《史记》进行评论。这两篇提要不仅表明了汉学和宋学两种学术风格的差异,也体现了汉代和宋代知识分子的不同特点。《古史》是苏辙的一部作品。苏辙是诗人苏东坡的弟弟。该书旨在补充和纠正司马迁《史记》年表、列传和世家等方面存在的一些基本问题。②《古史》也包括了老子与佛陀会面的故事,以及孔子弟子子思对孟子的教导。虽然这本书的语言很典雅,但内藤湖南(Naito Konan)从现代历史批判学的角度宣称,该书"实际上是无用的"。③

然而,这本书中的历史观点受到了新儒家尤其是朱熹的赞许。朱熹写道:"近世之言史者,惟此书为近理。"朱氏特别认可苏氏的论点,称"古帝王为善,不为不善"。④ 生活在一个对经书所提供的证据更为敏感的时代,姚氏和《四库全书总目》纂修者都不能接受朱熹对《古史》的粗浅评价。然

---

① 姚氏所评论的一些图书并没有被收录入《四库全书总目》。在姚氏评论的99种书中,66种被收录到了《四库全书》,16种被收录到了存目,17种没有被存目收录。姚鼐的评论稿太多,以至于它们甚至能独立成为一部著作。我选取了《古史》、《山海经》、《墨子》和《中庸辑略》,因为它们能够很好地呈现《四库全书》纂修者和姚鼐的治学风格的差异。

② 《古史》成书于1065年。它主要讨论的是《史记》中早于孔子时期的部分。它修订了《史记》中十分之六的表、三十分之十六的世家、七十分之三十七的列传。

③ Naito Konan, *Shim Shigakushi*, p.219.

④ 朱熹:《古史余论》,见《朱子集》,71:33a。

而，在他的评论中，姚鼐并未质疑该著作的准确性问题。相反，姚鼐总结了有关两位作者（苏辙和司马迁）的简短而又令人印象深刻的一系列特征，并将这些特征写成了一首批判性的赋。姚鼐说，在写作《古史》时，无论是在年龄上还是在心智上，苏辙都已经十分成熟。尽管这部作品存在弱点，但它赢得了宋代学者的尊重。另外，司马迁所编《史记》也十分出色，特别是考虑到，秦始皇焚书导致大量原始资料散失了。虽然可以对《史记》做许多修正，但对早期作品的修订工作，无法与原作者的劳动相比。尽管如此，司马迁确实也有缺点，特别是他过于相信小说和传说。苏辙根据儒家原则，对这一点进行了纠正。总而言之，苏辙应该被看作是司马迁"跨越千年的朋友"。①

《四库全书总目》纂修者并不是依靠简短的人物传记，而是利用了《古史》提供的大量例子和其他汉代历史文本，来证明他们的观点。纂修者在提要开端，便引用了书中所提到的一些更令人难以置信的故事，例如老子与佛陀见面的故事，并标注了这些故事的来源。然后，纂修者引用了朱熹对这本书的赞扬。同时也指出，朱熹反驳了苏辙对其《杂学辨》的一些评价。② 与姚鼐一样，《四库全书总目》纂修者也认为，苏辙的著作对司马迁没有任何挑战，尽管纂修者的表达较姚鼐更加明显：

> 史至于司马迁，犹诗至于李、杜，书至于钟、王，画至于顾、陆……辙乃欲点定其书，殆不免于轻妄。

尽管如此，纂修者承认，当苏辙有可靠的资料来源时，他对《史记》的修正是值得参考的。③

两个《古史》提要之间的一个明显区别是篇幅：《四库全书总目》提要几乎是姚鼐提要原稿的三倍半。但是，篇幅的差异更进一步反映了论证风格的差异：姚鼐用隐喻或其他修辞来阐述观点；《四库全书总目》纂修者则仔细地注意到了苏辙对司马迁的补充，以及苏辙本身存在的问题。很显然，姚氏可能认为，纂修者的提要将读者的注意力从核心问题，即宋代历史文本的价值，转到了对汉代历史细节的考证上来。而纂修者则可能认

---

① *HPHSL* 2：1a-b.
② *TMTY*，pp. 1903-1904（92：6a-b）.
③ *TMTY*，pp. 1092-1093（50：3a-b）.

为，姚鼐的稿子太过空洞。这种方法论上的差异背后，存在着两者对如何处理中国历史文献问题的根本分歧。这种方法论上和本质上的分歧，在《山海经》的两篇提要稿中，也有很明显的体现。《山海经》是汉代最多姿多彩的一个文本。

《山海经》

在《山海经》提要中，他们主要的分歧在于，采用何种解释模式来评价该作品。至少在历史时期，中国人曾将地理特征视为超自然力量的产物，并相信人类有可能用堪舆术来描绘自然秩序与超自然秩序之间的联系。《山海经》是一部写作时间和作者身份都不确定的作品。它是一部有关中国疆域及其地形特征的目录，并涉及了许多相关的传说和超自然力。① 朱熹认为它是一部志怪和有关天文的奇异文本②，杨慎（1488—1559）③ 在一部民间故事书中，以及惠栋在他的一部有关古代地理书的研究中④，也持这样的观点。对该书性质的不同解释反映了不同的评价标准和预设。

姚鼐的《山海经》提要原稿，承袭朱熹《楚辞辩证》的论断，即《山海经》是在《楚辞》之后撰写的，是为了解释和阐述《楚辞》中某些难以理解的文本。⑤ 为了论证该观点，姚鼐回顾了有关《山海经》作者身份的问题。他不认为这部书是由传奇人物伯夷和禹撰写的。他的理由是，书中提到的许多地名仅仅在秦朝之后才出现。所以，姚鼐认为，这部书是魏晋时期的作品。他指出，该书作者引用了当时流行的传奇古史，来注解古代诗歌。姚鼐

---

① 关于《山海经》内容的很好的介绍及其评论，请参考 Naito Konan, *Shina shigakushi*, pp. 93-95。

② 参考 Naito, *Shina shigakushi*, p.93, 以及注释 125。

③ 杨慎的评论在《山海经后序》中表述得很清楚（《升菴全集》2：17）；杨氏也在《山海经补注》中做了一个简短的评论。有关杨氏的传记，请参考 *Dictionary of Ming Biography* 2：1531-1534。

④ 惠栋（1697—1758）很显然撰写了《山海经》的一个评论，并将其视作一本地理参考书。但是他的评论现在已经亡佚。徐文靖使用了《山海经》中的许多信息，并考证《楚辞》中的地理信息。在1783年，毕沅出版了一个《山海经》的版本，并附录了评论。孙星衍在其序言（参考《孙渊如外集》，3：5a-6a）中很清楚地指出，参加这个项目的人普遍将《山海经》视作地理书。有关《山海经》最全面的评论可参考当时学者姚鼐和郝懿行（1757—1825）的作品，郝懿行的作品题为《山海经笺疏》。

⑤ 朱熹：《朱子辨证》，B：1b-3b，见《朱子集注》。朱氏在反驳一个早期解释，即洪兴祖（1090—1155）使用《山海经》来评论《朱子集注》中的《天问》部分。

赞同朱熹的说法，认为这部书原本可能是有图表的。但是，姚鼐也认为，这些图表很可能是在宋代失传的，因此明朝出现的《山海经》图表应该是假的。通过对文本出处的简要介绍以及部分删节，《四库全书总目》纂修者对姚鼐的提要进行了总结。①

《四库全书总目》的《山海经》提要包含了姚鼐原稿中的许多信息，但在语言组织形式上，却围绕着不同的问题进行。像姚鼐一样，《四库全书总目》纂修者考察了《山海经》的作者身份，但他们的目的是确定文本的性质和真实性，而不是为了证明或反驳朱熹的观点。他们注意到了宋代思想家的观点，但是，他们认为其观点的出现时间相当晚，且是不可信的。他们得出的结论是，《山海经》与《楚辞》之间虽然存在相似之处，但是这仅仅表明，这两个文本都使用了类似的早期传说，而不能说明它们是文本和注释的关系。然而，纂修者同意姚氏这个观点：即使《山海经》最初确实有随文图表，但它们现在肯定已经丢失了。②

因此，姚氏和《四库全书总目》纂修者都把《山海经》视为一个传说集；他们只是在关于为什么收集传说的看法上，有不同理解。但是，这种理解上的差异，对于如何评价该文本具有重要意义。姚鼐把《山海经》看作是对《楚辞》的一种注释，但是，他认为这是一种异端阐释，且将其内容描述为"浮夸和虚假的理论"。《四库全书总目》纂修者持另一种观点，并把它放在"小说家"的目录分类中，称：

> 书中序述山水，多参以神怪，故《道藏》收入太元部竞字号中。究其本旨，实非黄、老之言。然道里山川，率难考据，案以耳目所及，百不一真。诸家并以为地理书之冠，亦为未允。核实定名，实则小说之最古者尔。③

虽然这两种提要的内容非常相似，但其所折射出的内涵和所使用的评论方法却大相径庭。姚鼐如朱熹一样，将其视作早期反儒家思想的一个例子；《四库全书总目》纂修者将其视为早期小说家的一个例子。从更宏观的角度来看，姚鼐试图将《山海经》这部书与中国古代的正统信仰联系起来，而这

---

① *HPHSL* 2：10a-b.
② *TMTY*, pp. 2938-2939（142：1a-b）.
③ *TMTY*, p. 2939（142：1b）.

种信仰曾是 11 世纪理学家极力宣扬的。虽然姚鼐愿意批判性地思考很多问题，但是当这样做可能会致使人们质疑朱熹的思想时，他显然不会这么做。对他来说，传统信仰比那些基于这些信仰形成的文本更加重要。相比之下，汉学家提出了一系列有关出处和价值的新问题，以及解决中国思想史上难以解决的许多问题的新方法。不可避免的是，这些新问题在某些方面破坏了古老的正统观念，并使得汉学家得出了新的结论。这是下一部分将举例说明的内容。

《墨子》

《墨子》在中国帝制时期是一个饱受诟病，且被研究得很少的文本，因此到 18 世纪，该文本已很不完备。《墨子》最初有七十一篇，到了清代，则仅存五十三篇。① 此外，正如姚鼐和《四库全书总目》纂修者所指出的那样，《墨子》的部分文本——很可能是兵书、经书及其阐述的一部分——并不是由墨子本人，而是由其门徒或伪造者创造的。②

然而，对于姚鼐来说，《墨子》的主要缺点，并不在于文本的不完备性，而在于其写作风格，以及它所倡导的"异端"思想。姚氏说，墨子不像老子、庄子、韩非子和孙子，后几位的文学能力足以表达自己的想法。相反，墨子似乎刻意避免使用优雅的写作风格。正如他的一个门徒曾对楚王提到的那样，墨子担心人们会在纠缠于他的风格的时候，忽略他的主要观点。③ 对于姚鼐来说，这种恐惧是没有必要的：

> 文不足则道不明，故曰："言之无文，行而不远。"徒为文无质，诚不可。然岂以文为患哉？④

姚鼐认为，墨子不喜华丽文风，是他思想上的一个误区：

---

① 《汉书·艺文志》列举《墨子》为 71 篇。因为某些原因，宋代目录学著作只著录为 61 篇。

② 值得怀疑的是 40—43 和 52—71 篇。

③ 这个事件与《韩非子》联系在一起。作为《墨子》的一位当代翻译者，Burton Watson 指出："《墨子》文本无论如何都是很难阅读的……全文都是使用一种单一乏味的句式，而缺乏幽默和美感并非中国文献的一个典型特征。"参考 Burton Watson, *Basic Writings of Mo-tzu, Hsun-tzu and Han-Fei-tzu*, pp. 14-15。

④ HPHSL 3：5b.

圣人之道必近于人情，故嗜欲节之而不禁，而墨子使人必出于俭薄危苦，是故非乐薄葬，而著书无文，何其情之好与人异与？……其谬诞不足辨也！①

对于同样的文本，《四库全书总目》纂修者却得出了完全不同的结论。对他们来说，《墨子》文本的不完备，只不过是两个世纪以来对《墨子》文本的忽视所造成的。他们将对《墨子》的忽视归因于孟子对墨翟和杨朱的谴责②，并认为，由于孟子的攻击，历代没有一位大思想家宣称自己为墨家。在《四库全书总目》纂修者看来，这是十分不幸的，因为《墨子》在周代曾是一个十分有影响力的作品。此外，《墨子》中的某些教化也是特别值得赞扬的，尤其是节用的思想。基于以上原因，《四库全书总目》纂修者认为，《墨子》应当是中国早期思想史的重要代表作。③

在 18 世纪，有感于孟子攻击《墨子》的危害性的学者，不仅限于《四库全书总目》的纂修者。1783 年，几位著名的经学家在毕沅的赞助下，撰写了《墨子》的第一个注释作品。这些学者拼凑了大量的碎片文本，并恢复了这部古老的作品。正如一位研究此文本的学者所言，他们从事着一种复古行为。但是，可能只有在《墨子》被《四库全书总目》纂修者认可之后，这种行为才会出现。④ 汪中与许多《四库全书总目》纂修者有着密切的联系，并为该书的新版本撰写了两篇序言。在第一篇序言中，汪中指出，《墨子》强调节俭，反对儒家的一些礼乐和仪式，这是解决当时紧迫的经济问题的好方法。他进一步认为，孟子对《墨子》的谴责，不应被视为绝对真理，而应该被视作古代的学术论争。这表明，早期思想流派曾在寻求追随者和获取关注方面，产生过竞争。在他的第二篇序言中，汪中赞同庄子的评论，即墨子与圣人大禹有着共同的奉献精神和自我牺牲的精神。⑤

这些言论引起了翁方纲的报复性和责难性的斥责。翁方纲是姚鼐的密友。像姚鼐一样，他担心 18 世纪的考证学家在争议中走得太远，并可能会

---

① HPHSL 3.5b.
② 参考《孟子·滕文公章句下》。
③ TMTY，pp. 2452—2453 (117：16).
④ Augustinius Tseu, *The Moral Philosophy of Mo-tzu*, pp. 35-36.
⑤ 汪中：《墨子序》《墨子后序》，见《述学》，3：1a-4b.

破坏传统教化和儒家思想的基础。实际上，当姚氏离开《四库全书》馆时，翁氏曾给他写了一封信，表示惋惜。① 在批判汪中的序言时，该序言在某些方面比《四库全书》馆臣的提要更加温和。翁方纲断言，墨家曾被认为是无知的，至少以往大多数目录学家和思想家都是这么认为的。翁氏进一步宣称，那些"尚治《墨子》之书"的学者是"自外于圣人之徒"。翁氏可以容忍毕沅主持的著作的出版，但他认为，汪中的论点纯粹是诡辩。"岂能当此称哉？"翁氏愤怒地说道。最后，军机大臣翁方纲指出，尽管汪中在其他方面表现了杰出的才华，似乎具有很好的学术气质，但是，汪氏关于《墨子》的评价却显然具有误导性。翁氏之所以如此严厉地批判汪氏，可能是由于翁氏曾长期抑制着他这方面的观点。汪中的序言受到了这样的指责，那么，我们可以想象当姚氏和翁氏在《四库全书总目》中看到这样一个论点时可能会产生的感受。②

《中庸辑略》

对于汉学反对者来说，《四库全书总目》纂修者对宋代文本的处理更加令人沮丧。《中庸》在宋代被提升为代表中国儒家思想的"四书"之一，这也是宋代理学的核心和特色。这部大约可以追溯到战国时期或汉初的作品《中庸》，约有三千五百个汉字，且被称为"全部儒家经典中最具思想性的作品"。③ 它阐明了一个关于真理的概念，是宋代理学的核心。正如杜维明所阐释的那样："人性定义了道，反过来又决定了教化的特征。"④ 为了反对这种真理观，即人类通过自我修养来保存天赋，汉学家提倡了不同的观点：文本考证研究才是追求真理的最佳手段。

《中庸》之所以被提升到经典的地位，主要归功于朱熹。但实际上，他对这部作品的看法反映了宋代早期思想家的观点。在 12 世纪的某个时候，石𡁋（1145 年进士）收集了关于《中庸》的宋代早期评论，并将这部新作命名为《中庸集解》。在该世纪晚一些时候，由于十分欣赏石氏的作品，朱熹

---

① 有关翁方纲，参考 ECCP，pp. 856-858。关于他对姚鼐表示同情的笔记，参考姚莹：《姚鼐行状》，KCCHLC 146：17b。
② 翁方纲：《书墨子》，见《复初斋文集》，618—620 页。有关这个争议的重要性，参考胡适：《翁方纲与墨子》，见《胡适文集》，931—933 页。
③ Wing-tsit Chan, *A Source Book in Chinese Philosophy*, p. 96.
④ 杜维明，*Centrality and Commonality: An Essay on the Chung-yung*, p. 3.

两次出版了该书,并亲自作序。① 但是,在朱熹自己的作品《中庸章句》出版后,石氏的作品被掩盖了,并且实际上已不再独立地流传下去了。② 到了晚明,石氏的一位同乡找到了刊印这部书的原始底版,并且将它重新刊刻了出来。③

然而,姚鼐并没有提到后来的版本,而且几乎没有在他的提要稿中提及石氏。姚鼐只集中讨论了石氏与朱熹后期作品之间的关系。姚鼐指出,1183年,五十四岁的朱熹为《中庸集解》撰写了第一篇序言。六年后,石氏已死,朱氏自己也完成了对《中庸》的评论;朱氏重新编辑了石氏的文本,并重印了它,还附上了他之前所作的旧序言。此外,朱氏还为石氏撰写了一篇墓志铭。那么,对姚鼐来说,石氏作品最重要的意义则在于它对朱熹的影响。④

在《四库全书总目》中,《中庸辑略》被放在"中庸"类最顶端。该书仅仅涉及《中庸》一书,因此它给《四库全书总目》纂修者提供了一个探讨《中庸》来源问题,以及回顾该书引起的宋代学者之间的争论的机会。纂修者观察到,汉代作家不知道如何定位《中庸》这部书。刘向把它放在其目录学著作的《礼记》"通论"部分,而其他人则把它看作是《礼记》的一部分。直到宋代理学家重新发现该文本时,人们才认识到其对阐释儒家思想的重要性。然而,在这之后,对该文本的评论也变得越来越多。纂修者进一步指出,司马迁认为《中庸》的作者是孔子的弟子子思。朱熹毫不犹豫地接受了这一点。但《四库全书》馆臣认为,这只不过是一个猜想,并且一些汉代学者已经反驳了该猜想。⑤

此外,正如《四库全书总目》在其他地方所提到的,《中庸》并不是一个容易阅读的文本,连宋代思想家都对它的文本含义产生过分歧。⑥ 在《中庸或问》中,朱熹形成了自己对《中庸》的解释。在此书中,他反驳了许多

---

① 有关这两个版本的差异,出现在1183年和1189年,参考下文。在重新刊印石𡍩的作品的过程中,朱熹很明显将《中庸集解》的名字改成了《中庸辑略》。
② *TMTY*, pp.721-723 (35:5a-6b).
③ *TMTY*, p.724 (35:6b).
④ *HPHSL* 1:6a.
⑤ *TMTY*, p.725 (35:6b).
⑥ 纂修者在《四书或问》中发表了他们的评论,*TMTY*, p.723 (35:5a)。

宋代早期思想家的观点。石氏作品的价值在于，它保留了许多早期解释，所以人们可以看到朱熹是如何形成他的结论的。简而言之，《四库全书总目》纂修者并不强调石氏与朱熹作品之间的联系，而是强调了两者之间的差异，并指出，解释含糊不清的早期文本是有困难的。①

对于汉学反对者来说，如果说"《墨子》有一定价值"这个说法是异端思想的话，那么"《中庸》不一定是神圣不可侵犯的"这种概念一定会让他们更加反感。《墨子》和《中庸》的提要表明，姚氏和《四库全书总目》纂修者所采用的不同方法，可能会导致根本结论上的差异。《四库全书总目》纂修者将《墨子》和《中庸》视作思想史文献，认为它们具有一定的价值，也存在缺点。这些价值和缺点，可以通过文本本身的发展历史来考证。姚鼐则以其他方式看待这两个文本：尽管《墨子》出现的时间早，但它是异端代表作；虽然《中庸》在起源时间上有些含糊不清，但它是十分珍贵的文献，因为它可以引领人们理解圣人智慧，且这些圣人智慧是被历史传统和朱熹的修饰神圣化了的智慧。

三、宋学渊源及其意义：一个假说

现代思想史学家对宋学并无好感。房兆楹在《清代名人传略》的方苞传记中写道："桐城学派的特点是偏执。因为他们局限于朱熹的评论和少数人的研究，将其他类型的作品视为有害的作品。"② 梁启超也用类似的语言描述过宋学："此派者，以文而论，因袭矫揉，无所取材；以学而论，则奖空疏，阏创获，无益于社会。且其在清代学界，始终未尝占重要位置。"③ 当然，这些描述反映了19世纪汉学家针对姚鼐及其弟子提出来的反对意见。他们也可能受到了最早研究清代思想史的学者——如章炳麟和胡适，他们都赞同并发展了汉学——的影响。

然而，本章主要是为了讨论姚氏提要原稿与《四库全书总目》提要之间的差异；相比于两个学派之间的直接论争，以及之后宋学受到的待遇而言，

---

① TMTY，p.725（35：6b）.
② ECCP，p.237.
③ 梁启超：《清代学术概论》，78页。

这些差异更能反映汉学与宋学的重大争议。两个学派之间的本质区别在于对真理的理解以及验证方法。对于汉学家和宋学家来说，古代圣人是思想和道德智慧的终极来源。但是对于汉学家来说，这种智慧可以在文本中被找到，并被文本证实；对于宋学家来说，真理的关键在于判断和理解，且通常是通过经验而非记载来理解的。由于对真理存在完全不同的两种理解，两派提出了不同的观点；对于一个学派来说微不足道的事情，对另一学派来说可能是十分重要的。因此，两派都认可真理，但是在解释真理的问题上存在着重大差异，而且这些差异几乎是不可调和的。实际上，两派学者之间除了争论以外，几乎没有交流，因为他们看待问题的角度不一样。

如果正如上述证据所表明的那样，宋学基本上是某些学术领域对"汉学运动"存在的新倾向的回应，那么，为什么只有在 1780 年代和 1790 年代才有这种回应呢？① 自 17 世纪中叶以来，"汉学运动"便一直十分活跃。到 18 世纪中叶，它已经对传统信仰提出了许多根本性的挑战。到了 18 世纪最后几年，这一运动似乎达到了一个新高度。余英时所谓的从"智识主义"到"文本主义"的观念转变，可能是宋学家进行回应的部分原因。② 但是，《四库全书》项目在这方面的影响也不容忽视，因为这个项目不仅改变了汉学与政府的关系，也改变了汉学与其反对者之间的关系。

尽管《四库全书总目》纂修者不愿意接受像邵晋涵这样的思想家所提出的激进的学术观点，但是，在概念、方法和理论方面，《四库全书》的确是"汉学运动"的一个成果。在该项目中，汉学占据着政治和学术支配地位，这难道不是导致宋学家起来回应的原因吗？至少，我们可以认为，姚鼐发起了"宋学运动"。在《四库全书》馆中的经历，是姚鼐职业和学术生涯的转折点，并且姚鼐为《四库全书总目》编写提要稿的经历，也让他体验到主宰了首都政治和学术生活的"汉学"。有人认为《四库全书》项目在一定程度上引发了宋学的传播。虽然这最初只是一个猜测，但是，姚氏生平和《四库全书》项目本身很好地支持了这个观点。

---

① 尽管姚鼐参考了他的祖先（创办了桐城派的人）的观点，但多是涉及孝道的内容，而无关历史的准确性。大部分学者同意，这里所描绘的宋学是始自姚鼐的。

② 余英时：《论戴震与章学诚》，3—4 页。可以进一步指出的是，随着 19 世纪政治局势的改变，宋学的学术和政治重要性也发生了微弱的变化，由此产生了本章滨口富士雄所描述的现象。

无论这种假设是否能够成立，上述证据表明，在将学术见解变成被接受的智慧，并影响着 18 世纪中国社会道德和社会秩序的概念的过程中，清政府确实扮演着一个重要的角色。但在扮演这个角色时，清政府有清晰的问题和观念为指导，并更多地承担着仲裁者而不是思想监督者的责任。正如第六章将要讨论的那样，这并不意味着乾隆政府放弃了审查的特权，也不是说皇帝和他的大臣对学术的政治性不敏感。在他们看来，朝廷与汉族精英之间的关系，或者至少其中更激进和清晰的因素，对清政府在中国建立成功的统治至关重要。为了保持这种关系，朝廷接受了"汉学运动"中涌现的观点，这是很重要的。随着对汉族知识分子的担忧的改变，清廷的正统观念也必须随之改变。对某些人来说，姚氏离开朝廷可能是一件憾事。但是，对另一些人来说，汉学终于可以实现古老的社会理想，并在乾隆朝的德治中找到了一席之地。因此，这可能是一件乐事。

第六章
吹毛求疵：错误审查

20世纪的批评家经常将《四库全书》项目视为朝廷的一个"掩饰"，甚至是"借口"。因为在1770年代和1780年代，清朝在中国展开了一场大规模的审查和镇压运动。在郭伯恭的《四库全书》研究中，他断言，编纂《四库全书》的主要目的是以某种形式，实现文字控制。① 在《四库全书概述》中，杨家骆归纳了乾隆皇帝发起《四库全书》项目的十三条动机，其中前四条都涉及了对文史作品的各种破坏。② 1935年傅路德的《乾隆朝的文字狱》也向西方读者介绍了这场运动。傅路德宣称，尽管人们心存疑问，但它确实已经发生了。他认为，从《四库全书》项目开始以来，"针对违碍书籍进行的系统性的大规模搜索，便与该项目紧密地联系在一起了"。③ 这其中蕴含着两个假设：首先，皇帝在最初发起《四库全书》项目时，便设计好了这项运动；其次，该运动所涉及的范围之广，也是符合皇帝的最初意图的。

关于《四库全书》项目与查禁违碍图书运动之间关系的描述存在若干争议。为什么在这样一个繁荣社会和集权时代，皇帝还会开展一场势必会扰乱学术界，而且需耗费地方官员大量时间、精力，也可能会滋生潜在统治危机的运动呢？另外，如果查禁违碍图书并不是皇帝有意发起的，那么，它是如何开始和发展起来的呢？这个活动被称为"自秦始皇焚书以来，中国最大的文字犯罪"。那么，知识分子可能在《四库全书》项目中发挥了什么作用呢？为了回答这些对于理解乾隆皇帝及其时代至关重要的问题，我们有必要重新考察"文字狱"。

幸运的是，在两部重要作品出版以后，我们可以对此问题进行重新考

---

① 郭伯恭：《四库全书纂修考》，3页。
② 杨家骆：《四库全书概述》，17—19页。
③ L. Carrington Goodrich, *The Literary Inquisition of Ch'ien-lung*, p. 30.

察。一部是由陈垣主编的《清代文字狱档》，于1931年至1935年陆续出版。其内容包括诏谕、奏折和判词。第二部是台北"故宫博物院"的档案。在过去的二十年中，它一直向公众开放。其中包含了地方官员向中央政府提交的有关书籍采集程序和结果的报告。

  这些新资料以及之前已经出版的资料表明，审查运动可分为三阶段。第一阶段是1772年2月到1774年9月。在该阶段，《四库全书》项目采集了大量图书，但很少有图书被禁毁。只是，在该过程中，朝廷逐渐制定了审查和禁书政策。直到1774年9月10日，皇帝才开始系统地打击违碍书籍。第二阶段是1774年9月到1780年12月。在该阶段，审查运动迅速开展，但大部分原因在皇帝控制之外。一部分原因是违碍图书的性质仍然不明确，另一部分原因是士人成功举报违碍图书的回报很高。该活动为许多人提供了机会，他们匆匆撰写告发书，并多夸大其词。越来越多的人开始了解这些机会，以及失职可能带来的惩罚。随后，这场运动也呈现了可能超出其发起人想象的势头。第三阶段是1780年12月至1796年底。在此期间，中央政府开始介入，并开始系统地鉴定和采集违碍书籍，并尽量减少社会动乱。在该阶段，在朝廷政策转变的同时，清朝最高层的官僚也发生了更替。本章将考察该活动的这三个阶段。

一、活动的起源（1772年2月—1774年9月）

  到了1772年，审查制度对于乾隆皇帝来说已经并不新鲜；就像清代早期的皇帝一样，乾隆皇帝已经禁止了几种作品。事实上，对文字实行政治干涉的传统，与中国帝国制度本身一样古老。如果说1772年时，皇帝就有意禁止某些作品或某些类别的作品，那么，他似乎无须如此精心地伪装起来做这件事。但是，1770年代"文字狱运动"所呈现的帝国动机远不止于此：朝廷不仅要求禁止几种书，而且还要将反动言论从中国政治词汇中彻底删除。正如在最初发布的采集遗书的诏谕一样，皇帝在编纂《四库全书》时也没有明确提到"文字狱"，但实际上，皇帝没有明说的某些内容和已经被明确表述出来的某些内容可能同样重要。通过官方术语体现出来的有关审查的呼吁，掩盖了其复杂的动机。

  第一次提到审查的是1773年4月发布的一项有关《四库全书》的诏谕。

军机处内部就朱筠的提议（即关于《四库全书》项目以及将一起开展的任务）展开了一场辩论，并最终建立了《四库全书》馆。4月份的诏谕首先对该辩论进行了总结，并阐述了采集遗书的目标。然后，皇帝指出，鲜有巡抚或私人收藏家遵守了他的命令，因为他们很少向北京上呈珍贵的书籍。他推测：

> 必系督抚等因遗编著述，非出一人，疑其中或有违背、忌讳字面，恐涉干碍，预存宁略毋滥之见，藏书家因而窥其意指，一切秘而不宣。

简而言之，对思想或历史问题中存在的不同观点，皇帝提出了相对宽容的看法：

> 文人著书立说，各抒所长，或传闻异辞，或纪载失实，固所不免，果其略有可观，原不妨兼收并蓄，即或字义触碍……此乃前人偏见，与近时无涉，又何必过于畏首畏尾耶？①

除非地方官员和藏书家曾表现出明显的恐惧，否则皇帝肯定不会发布这样的诏谕。然而，从理论上来说，此诏谕并没有包含什么新内容：人们早已达成了共识，即国家在学术生活中可以发挥作用，且当产生误解时，明智和仁义的皇帝有义务进行纠正。藏书家的恐惧可能并不主要来自皇帝，因为皇帝的要求似乎是十分抽象的；他们的恐惧更有可能来自广为人知的"前人偏见"。正如中国学者谢国桢和美国学者司徒琳所言，大量描述17世纪从明朝到清朝转变的文献，可能流传到了18世纪和19世纪。② 这些文献大部分都是从汉人的角度书写的，并且成书时间也在书中所述事件发生几年之后。这些文献用生动的语言记录了许多不十分体面的事件，并描绘了当时许多汉人对"明朝陷于满人之手"的态度。此外，18世纪的学者也会偶尔使用这些资料。1772年4月，担任地方知县的文人查世桂，以一些不利于满人的私人史书为基础，编写了晚明和清朝征服的历史；此人因此而受到了清政府的惩罚。③ 所有有关禁书活动的官方文件，以及随后对该活动目标的大部分解释，

---

① 《实录》，p. 13465（929：19a-b）。

② 参考谢国桢：《晚明史籍考》；Lynn Ann Struve, "Uses of History in Traditional Chinese Society: The Southern Ming in Ch'ing Historiography"。

③ 《实录》，p. 13029（904：29a-30a）。

都体现了该运动的主要关注点，即禁毁反满文献。①

在 1773 年 4 月的诏谕中，皇帝表明了自己的意图，以消除官员的恐惧。然而，到 1774 年 9 月，采集最好的图书和禁止违碍性书籍之间的平衡，被打破了。皇帝的意图显然开始转向采集和禁毁反满文献。问题的关键在于，如何建立一个搜寻和摧毁这些文献的程序。皇帝提出了他的设想：

> 乃各省进到书籍，不下万余种，并不见奏及稍有忌讳之书，岂有裒集如许遗书，竟无一违碍字迹之理？况明季末造野史者甚多，其间毁誉任意，传闻异词，必有诋触本朝之语。

他进一步命令各省督抚迅速宣传他的旨意：

> 著传谕该督抚等于已缴藏书之家，再令诚妥之员，前去明白传谕，如有不应存留之书，即速交出，与收藏之人，并无干碍。朕凡事开诚布公，既经明白宣谕，岂肯复事吹求？若此次传谕之后，复有隐讳存留，则是有心藏匿伪妄之书，日后别经发觉，其罪转不能逭。

皇帝语气转变的意义不容忽视。在语气和内容方面，该诏书都与之前官方的表述大有不同。1774 年皇帝对"违碍性"的描述，比 1773 年更加具体和更加具有震慑性："前人偏见，与近人无涉"一夜之间变成了"诋触本朝之语"。1773 年，皇帝希望减轻官员的恐惧，但是到了 1774 年，皇帝似乎又试图唤醒他们。皇帝特别点名提到十名督抚，并说道：

> （这些人）俱系世臣，若见有诋毁本朝之书，或系稗官私载，或系诗文专集，应无不共知切齿。岂有尚听其潜匿流传，贻惑后世？不知各该督抚等，查缴遗书，于此等作何办理者，著即行据实具奏。②

这是皇帝第一次要求对私藏图书的人进行处罚。

另外，人们也不应该高估该意图的后果。如果说 1770 年代禁书运动刺

---

① L. Carrington Goodrich 在 *Literary Inquisition*（p. 53）和吴哲夫在《清代禁毁书目研究》（27—62 页）中都提到，对反满文献的禁毁是乾隆时期政治审查的主要目标。而这部分文献正好占了被审查文献的大部分。

② 《实录》，pp. 14077-14078（964：9b-11b）。我采用了 Goodrich 的翻译本（即 *Literary Inquisition*，p. 110），只做了少许的修改。Goodrich 翻译本存在一个问题：他没有说清楚，在其中一个诏谕之前，包含了对其他两个诏谕的介绍。

激了读者反对政府的情绪的话，那么，相对于1780年代而言，这种刺激是微不足道的。与被当时英国政府迅速判定为反动法令的《人权宣言》，以及20世纪清政府迅速禁止的《革命军》不同，18世纪中国的文字审查并没有提出一些有关政府的新理论，或者反对现有权威的模式。这种文献只是从历史的角度挑战了清朝的权威，并且以相当抽象的语言质疑了满人的道德观。在1770年代和1780年代，朝廷所禁止的材料之所以被视作反动材料，则在于它们揭示了朝廷想要保守的某些秘密，但暴露朝廷秘密只能被看作是思想武器。可以肯定的是，在18世纪左右，确实存在着带有煽动性和叛逆性的文献，但这样的文献——国家的机密奏折汇编确实揭示了朝廷的一些秘密，或者白莲教的起义宣言——反而很少被纳入此次禁书活动。从内容的角度来看，乾隆皇帝及他身边的人似乎是和平的守护者，因为他们似乎是在下决心发起最后一场战争；比起朝廷对17世纪反动言论的态度来说，朝廷对18世纪向清朝统治发起的挑战并没有那样严厉。对于一个稳固、合法和强大的中国统治者来说，乾隆皇帝是不可能容忍他人的诽谤的，特别是在皇帝有充分理由，且可以轻易地将这样的作品消除掉的情况下。与《四库全书》项目试图用传统汉族术语来表明清政府的合法性一样，禁书运动也意在表明清政府有对中国施行合理控制的权力。

至少有六位督抚回应了皇帝的命令，并忠实地上奏了书籍采集程序。其中两位督抚报告说，他们在调查过程中没有看到任何煽动性的书籍。但是，他们已经制定了新程序，来查找和销毁违碍图书。① 但是，其他四位督抚则提交了更多的信息。安徽巡抚裴宗锡写道，他曾分六次，向《四库全书》馆提交了五百一十六种书，但其中没有发现任何煽动性事件记载。其他统计数据显示，安徽省提交给《四库全书》馆共五百一十六种书；显然，在朝廷核查违碍图书之前，安徽省已经完成了书籍采集的过程。② 同样，福建巡抚余

---

① KCT: CL 029802（三宝，1774年10月12日）；KCT: CL 029880（高晋，1774年10月17日）。

② KCT: CL 029909（裴宗锡，1774年10月19日）。正如第三章所提到的，有两个不同文献记载了各省上呈《四库全书》馆的图书数，且两者存在不同之处。但对于安徽省而言，两个文献记载的数量是一致的，即516［杨家骆：《四库全书概述》，154页；KCT: CL 032624（闵鹗元，1776年10月12日）］。

文仪报告说，该省已经提交了二百零三种图书，这实际上是该省对《四库全书》项目的全部贡献，但他也没有发现任何违碍文献。① 在广东，为《四库全书》采集图书的活动已于1773年完成，这正好是朝廷采集违碍书籍的诏谕发布的前一年。在江西，图书审查开始之前，该省已经提交了全省一半的图书。② 当然，督抚们可能没有真实地报告他们省份存在的动乱情况。但是，他们不能谎报转发到北京的书籍数量。这些数字最清楚地表明，为《四库全书》采集图书和为"文字狱"采集书籍是两项独立的举措，而为审查采集图书的活动是1774年之后发起的一项新活动。

1774年皇帝实行这个政策的原因还不太清楚。可以说，在1770年代政治或思想史上，还没有一个事件足以引发该审查活动；它也不是从北京和各省官员的建议中发展而来的。③ 这项运动的倡议来自皇帝本人，或他最亲密的顾问大臣。总之，它来自内廷；这也是现代历史学家对清政府最难理解的领域之一。在1770年代，皇帝对文学和学术的兴趣发生了转变，且该转变可以从皇帝于1770年代初期赞助的学术项目体现出来；这是有关皇帝动机

---

① KCT: CL 030000（余文仪，1774年10月26日）。杨家骆（《四库全书概述》，154页）的数据显示，福建提供了200种书；KCT: CL 032364（钟音，1776年9月23日）显示，其数量是216。

② 有关广东，参考KCT: CL 030178（德保，1774年11月7日）；关于江西，参考KCT: CL 029861（海成，1774年10月16日）。据海成报告，1774年10月之前，有503种书被提交给了《四库全书》馆。杨家骆给出的数据是664，KCT: CL 032205（海成，1776年9月3日）给出的数据则是1038。

③ 1774年夏末和秋初，朝廷面临着多方面的问题。除了镇压山东的王伦起义和平定西南地区的金川苗人起义外（参考下文），控诉案件还涉及宦官高云从，因为他泄露了朝廷密诏的内容，以及救济黄河洪水灾民的信息。这些都与满汉关系问题或压制反满文献没有太大关系。在《实录》所载10月份之前和之后两个月的诏谕中（《实录》，960—967卷各处），或在1774年至1776年的清朝国史中（《清史》，171—189卷各处），都没有提及满汉关系。无论是"上谕档"，还是1772年夏下发的其他各类诏谕稿件（我有幸能在北京中国第一历史档案馆找到相关资料），我都找不到揭示审查制度起源的直接证据。1774年9月的诏令是乾隆皇帝在热河避暑时发布的，但它是由在首都的于敏中起草的。可能很重要的是，当于氏起草诏书时，他自己也受到了牵连，需要为高云从案件负责，并遭到了降级处罚。此案件可参考Preston Torbert, *The Ch'ing Imperial Household Department*, pp.131-135。

的唯一线索。①

在乾隆皇帝长达六十年的统治期间，他敕修的图书共九十多种，其中十五种涉及满语、满族历史或明末历史。十五种中的十一种是在1772年至1781年间编修的；另外两种是早些时候编修的，但在1770年代后期又被续修并重新发行。通过这些作品的编纂，有关新崛起的满族政权的官方新记载便形成了。与此同时，满语和蒙古语名称，也被成功地转化为标准的汉语。1770年代后期的审查运动似乎与这一系列的编纂活动密切相关。

在官方编纂这些历史和语言作品的过程中，时间顺序是有一定深意的。编纂的第一部是涉及满语和蒙古语的图书。1771年，朝廷下令编纂新版《清文鉴》。② 此后不久，就开始编纂《辽金元三史国语解》。③ 在1770年代中期，帝国的关注似乎从纠正现存史书，转到撰写新史书；通过新史书，朝廷追溯了满族家谱及战胜明朝的若干历史事件。④ 1774年9月的诏书对"叛逆"的定义，可能反映了朝廷兴趣的转变：为了使清朝新撰史书更可信，朝廷不得不销毁或抹黑旧史书。编纂满族历史的一系列活动，在1781年达到了顶峰。在一年内，三种关于满族习俗的新作开始编纂。⑤ 朝廷除了1791年下令重编《辽金元三史国语解》外，1780年代初期以后，再无进一步编纂满族历史的活动。正如下面将要讨论的那样，在1781年，审查活动的程序发生了改变，且审查的目标也在这一年被全面放弃了。

皇帝下令新编满族历史的目标，可以从他下令编纂这些作品的诏谕，以及他亲自为这些书所写的序言中体现出来。这些作品的一个核心主题是满语和历史；虽然这与汉人作品不同，但也应得到学者和官僚的尊重与关注。例

---

① 我十分感谢耶鲁大学史景迁给我的这个"线索"。有关乾隆文字项目的详细资料，可参考第二章。有关这些项目如何改变了满族学术性质，参考陈捷先：《序言》，见《八旗通志》，尤其是3—7页。

② *TMTY*, p. 875 (41：11a)。

③ *TMTY*, p. 1016 (46：7a)。

④ 有《圣朝殉难诸臣录》(*TMTY*, p. 1284 [58：4b])、《开国方略》和《满洲源流考》(参考《实录》, pp. 15260-15262 [1319：4b-8a])。最后两种书由于完成时间太晚，未能被录入 *TMTY*。

⑤ 有《宗室王公功绩表传》、《明臣奏议》[参考《实录》, pp. 16759-16760 (1043：25b-26a)]以及《满洲祭神祭天典礼》。三者都因成书太晚，而未能被录入 *TMTY*。

如，在《明史》中，"t'u"这个常见的满语发音经常用"兔"来表示，而不是用"图"；皇帝担心，后来的学者会认为《明史》纂修者是在以儒家"褒贬"的方式嘲讽满族文化。因此，皇帝趁修《明纪纲目》之机，专门纠正、规范《明史》中满语和蒙古语地名的转译。① 在另一个诏书中，皇帝表示，汉人常按照自己的习惯对外族人进行分类，比如说北狄、南蛮等，实际上模糊了各族群之间的差异性；这是对满族的不公正待遇。② 正如皇帝在《开国方略》序言中所言，该书重述了满洲和明末历史，显示满族统治"于汉、明有光，而唐、宋在所弗论"。③ 这些作品的目标都是纠正早期史家在书写清朝初期历史时的不公正现象。1774年，皇帝命令采集违碍书籍，则是这种努力的自然结果。

1770年代朝廷对满语和历史十分重视，但没有一个具体事件或担忧可以证明朝廷为什么这么做。但是，有几种可能性。对于满族军事热情的下降，皇帝可能感到十分困扰；这在第二次金川之役（1770—1776）和1774年镇压王伦起义的过程中，表现尤其明显。前者是一个极为耗时耗力的重大事件，温福将军统率下的满族官兵曾全部阵亡。④ 在之后镇压王伦起义的战役中，清朝军队曾全部逃离战场，才避免了再次全军覆没的悲剧。因此，1774年10月，皇帝颁发诏书，谴责满人遗忘了他们的军事传统，并忽略了骑射技能。王伦起义以及白莲教起义军居然能够在运河沿线，发动十分有策略性的进攻；这震撼了朝廷，并使得清廷关注其自身的脆弱性。⑤

一系列新发现的文档引起了皇帝的兴趣和恐惧。这些文档显然是在1770年代早期的官方编纂工作中被重新发现的。《清文鉴》和《开国方略》都是以满文文献为基础编纂的，这些文献被称为《旧满文档》。这些文献生动地记载了清朝从1621年至1633年，以及从1635年至1636年之间的历史。在最近陆西华（Gertraude Roth Li）的博士学位论文中，他将《旧满文档》的文本，与乾隆时期编纂的《开国方略》进行了对比。他发现，乾隆朝纂修者

---

① 《实录》，pp. 14425–14426（983：6b–7b）。
② 《实录》，p. 15261（1319：5a–b）。
③ 阿桂等：《开国方略》，"序"，4a。
④ ECCP，p. 7。
⑤ 《实录》，pp. 14152–14153（967：32a–34b）。引自 Richard Lu-kuen Jung, "The Ch'ien-lung Emperor's Suppression of Rebellion," p. 218。

隐藏了早期满族的社会和经济状况、汉人在满洲地区对满洲统治的反抗情况，以及满族王子对皇太极统治（1627—1644）的反抗情况。被压制的内容还有很多，比如说汉人曾在满洲地区的井里下毒，以击垮满人强大但粗鲁的霸主地位。这些记载对满汉关系有着十分不好的影射。发现这些资料以后，朝廷急于弄清真相，并开始搜索其他同类资料。①

最后，皇帝对满族历史和文学的兴趣，可能反映了乾隆朝廷的朋党之争。正如第三章所指出的那样，整个清朝统治期间似乎一直存在政治朋党；在1770年代初，首席军机大臣于敏中统率着一批汉族学者，而另一群人则正向满族侍卫和珅靠拢。皇帝可能希望或需要维持一种平衡，因此在支持汉族学者的同时，也支持整理满族传统的文献。当然，吸引朝廷赞助的能力，也是衡量各朋党力量的重要标准。大部分满族文献的编纂活动，都是由阿桂、和珅主持的，这些著作的出版在1781年达到了高潮。此时，阿桂、和珅正好先后出任首席军机大臣。这不可能完全是巧合。

有关审查活动起源的问题已经解释得十分详细了，这说明禁书活动和为《四库全书》采集图书是两个独立（虽然可能同时）进行的活动。《四库全书》是为彰显朝廷的功绩和统治的繁荣，也是为万代学者和统治者提供参考资料。发起图书审查，是为了消除有关早期满汉冲突，以及汉人不尊重满族传统、文化和习俗的历史记录。当然，这两个项目都表明，对"文字"作为思想正义性来源的重要性这一点，乾隆皇帝有深刻的认识，也表明皇帝对其个人历史地位的关注近乎沉迷。但是，这两项举措并不是"借口"和"现实"的关系。它们都代表着满族统治（特别是乾隆朝的统治）的特征，即强大与脆弱、自豪与敏感并存。

二、文字审查的发展（1776—1782）

在1774年，朝廷发起了违碍图书搜寻活动；在未来七年内，该活动逐渐

---

① Gertraude Roth Li, "The Rise of the Early Manchu State," p. 4. 这些文献都曾两次被出版：第一次是被神田信夫组织的东洋文库出版，即《满文老档》（东京，1955—1962）；第二次是被台北"故宫博物院"出版，即《满洲旧档》（台北，1969）。这两个出版物都是依据不同的原始文献，而"故宫博物院"的版本被认为是更加完整和可靠的。

发展成为一场大规模运动。数以千计的可疑图书被送到首都。督抚及其下属花费越来越多的时间,来审查违碍书籍和处理叛逆性案件。家庭成员互相攻击。这反而诱发了社会动荡的潜在危机。没有任何迹象表明,朝廷1774年发动该活动时就是为了达到这样的效果。但这场运动开始后,一些不良动机也应运而生。在大量不同利益群体不断被卷入之后,官员和学者逐渐认识到,图书搜寻和禁毁的过程,也可能为个人利益服务。因此,审查程序的发展和对该程序回应的增多,不仅体现了朝廷的动机,也体现了学术界的特征及兴趣。

1770年代和1780年代的审查分三阶段进行。首先,朝廷将所寻求的作品类型告知藏书家,并要求他们将其所藏任何可疑著作提交给省级政府。其次,朝廷会对这些图书进行审查,并在省城初步确定每部作品的性质。最后,被判定为违碍书籍的将被转运到北京,进行最终审查;当决定要销毁某一部特定图书时,巡抚会命令搜索所有用于印刷该书的底版,并将它们运往首都。朝廷没有颁布任何一条专门搜查违碍图书的法令;相反,当督抚及其下属在执行命令遇到困难时,他们要向朝廷汇报情况,并接受皇帝的批示。①

---

① 最近一篇关于18世纪的研究文章称,重构审查程序的工作是"徒劳的"。实际上,由于清代文件的整理和台北"故宫博物院"的分类程序,这项工作可以相对容易地被完成。在这里,我简单说明一下涉及审查程序的档案的规模和重要性。在1774至1779年间,KCT和CCCT共有1225个奏折处理"文字狱"。我认为,这仅囊括了记载整个事件的原始文件的一半到三分之一。这是基于对已收集档案所存在的空缺数(某些奏折中的内部证据表明它们是按序排列的),以及巡抚对皇家诏令的答复数量,而得出来的推论。我的结论如下:
a. 档案中的空缺。KCT和CCCT所含1774年至1779年间的奏折档案存在五个空缺:
1. 在KCT-23中空缺1773年1月17日至1773年10月16日的档案。
2. 在KCT-1中空缺1775年2月至1777年2月7日的档案。
3. 在CCCT中空缺1778年1月28日之前的档案。
4. 在KCT-28中空缺1778年1月28日至1778年6月23日的档案。
5. 在CCCT-27中空缺1778年2月至1778年9月21日的档案。
"故宫"博物院其他藏品中也存在许多空缺。档案工作者推测,这是由于(在战争期间)被转移之前,从事收藏工作的历史学家抽出了他们感兴趣的某些时间段的文件。这些文件被单独存放,未再放回原来的收藏地。也许它们仍然存放在几个战时收藏地点。
b. 排列顺序。一些巡抚有记录他们所管辖省份提交禁书奏折的次数的习惯。对于这种做法,历史学家应该感谢三宝。他曾担任浙江巡抚,并将这个习惯带到了湖北。可以将现存奏折数与理论上应该存在的这种奏折数进行比较。比较的结果如下:

这些审查程序与编纂《四库全书》的程序相同，但是由于这两项工作涉及的任务性质不同，因此，由不同人掌控着这两项事情，故而出现了不同的利益导向。正如清代历史上出现的许多其他事件一样，因为形式相似，人们常常会忽视其功能上的差异性。我们可能很难仔细鉴别曾经参与这两项活动的人，但是，我们确实可以做出一些区分。支配《四库全书》项目的知识分子，多是具有影响力和地位的人，或者是较有学术成就和影响力的人。他们愿意参与这个可以产生个人兼集体利益的事业。相比之下，禁书运动在需

(续前)

	按顺序排列的提交数量	现存数量	百分比
浙江	18	9	50%
福建	7	2	28%
湖南	5	2	40%
湖北	8	6	75%
贵州	6	4	66%
云南	5	1	20%
广西	4	1	25%
		平均	43%

c. 帝国诏书的回应。对于所有的巡抚来说，为回复皇家诏令而提交奏折似乎是必然的。因此，可以比较现存的巡抚回复数量和理论上应该存在的数量。当然，这一措施并不像以前那样可靠，因为在没有任何书面证据的情况下，我们只能假设巡抚对特定法令应当做出回应。

法令	回应数量
1774年8月5日	9
1774年9月10日	6
1777年5月18日，8月12日*	17
1778年8月27日	6
1779年1月26日	8（9）**
1779年9月6日	10（11）**

*此法令发布了两次，显然是因为很少有巡抚对第一次诏令做出回应。
**在这两种情况下，新任巡抚重复其前任的承诺。

无可否认，这些数据还很不完整。但是，基于两点原因，我认为它足够支持本部分有关审查程序的描述。首先，现存文件中的大部分语言都是重复的；巡抚使用同一份表格提交违碍书籍，并反复重复。其次，皇家法令中重申了所有重大审查程序的变化。由于帝国诏书的记录相当完整（没有任何既没有记录在 Pan-li 又没记录在《实录》中的关于审查程序的规定），我相信我没有错过审查程序的任何重大转变。

要整个社会愿意为维护正统而做出巨大牺牲这样的背景下进行，它基本上变成了一个治安活动。几乎不可避免的是，禁书活动给参与者提供了不同于《四库全书》项目的机会。这些机会更多地体现在这些行动所涉及的惩罚上，而不是相关人员所能获得的直接利益上。

至少在湖北、浙江和两江总督辖区，以及可能在其他区域，朝廷将通知藏书家的任务分派给了一个统称为"地方教官"的群体。当然，这些人是负责采集、评估和誊写图书的"书局"成员。① 他们通常是所服务地区的本地人，并且负责管理该地参加科举考试者的学术发展和政治活动，所以，他们是朝廷寻找反满书籍所必然依靠的官员群体。他们也是《四库全书》图书资料的采集者，并负责采集了该项目的一半图书（见第三章）。但是，在禁书运动的初期，他们的工作却不太成功。这反映了"地方教官"这一群体的性质。至少在朝廷看来，这些官员的形象是负面的，因为他们多数是年老、试图在科举中取得更大成功但却无法获得其他职位的人。朝廷诏谕多使用"老衰"来形容他们；由此可见，在清政府的最高层眼中，他们的形象便是如此。②

然而，这个形象的真实性是值得怀疑的。虽然很少有文章和传记专门记载这些人，但是，"地方教官"的传记却很有可能出现在历史文献中，因为他们很有可能成为一位有成就的学者（如邵晋涵的祖父邵向荣）的导师或别人的死敌。可见，他们并非微不足道的人物。正如禁书运动所表明的那样，教官或者至少是候补教官可能是相当有活力的人。此外，"地方教官"在中国也有一定的社会权力：他们控制着一个地区生员身份的分配，并控

---

① KCT：CL 032031（陈辉祖，1777 年 8 月 15 日），KCT：CL 029802，KCT：CL 029907（裴宗锡，1774 年 10 月 20 日），KCT：CL 029880。

② 雍正皇帝对这个职位的资格要求和规定做了一些修改。有关此问题的分析，以及对此职务的常规讨论，参考 Araki Toshikazu, "Choku-shō kyogaku no sei o tsujite mitaru Yosei chika no bunkyo seisaku"。关于乾隆皇帝的形象，参考1750 年法令和1753 年诏谕中提到的，对"地方教官"的能力和活力进行定期检查的重要性，见《学政全书》1：419（23：8a）和 1：423-425（23：9b-11A）。有关"地方教官"对所辖区域学田的控制，参考1721 年法令，其中要求"地方教官"就任之后立即清楚地汇报当地的土地、书籍和其他资源数量，见《学政全书》1：417－418（23：7ab）。有关地方获得的科举经费，参考 Miyazaki Ichisada, *China's Examination Hell*, p. 31。

制地区的学田,而这些土地的收入将作为当地官学学生津贴。从某种意义上说,他们处在中央政府任命的人员(如省级学政朱筠)和地方学生之间。他们对这两个群体的意图都很敏感,但他们并不是其附庸。"地方教官"给朝廷留下了"老衰"印象,但是,这可能并没有反映出这些人的真实情况,而是反映出了朝廷担心无法轻易控制这些"地方教官"。显然,在设立"学政"来管理这些"地方教官"时,雍正皇帝担忧的正是这一点。在《四库全书》项目中,"地方教官"的表现平平。采集反满文献是一项更微妙的任务,因为18世纪的朝廷正在让它的官员参与中国历史上最令人厌恶的一项事件。但很可能,许多"地方教官"成功地避免了这项压在他们身上的重担。

许多地方书籍搜索程序也表明了这些年所出现的问题和朝廷优先考虑的事项。只有在广东和浙江两个省,朝廷才专门设立"保甲"制度来控制士人。这就是我们发现那些藏书家兼士绅经常逃离本籍的原因。此外,文字审查的任务与保甲制度(基本上是治安和监督制度)不同。皇帝的命令并非针对所有人口,而只是针对精英阶层的一小部分人,并需要通过斟酌来确定他们到底是谁。朝廷不太可能将该任务委托给乡村的里长。① 事实上,几个省份的巡抚并未依靠官方力量,而是选择依靠那些非官方的士绅,即地方"才俊和能人",让这些地方士绅协助他们下达通知和采集图书。在禁书运动中,正如《四库全书》项目一样,审查书肆和私人收藏都非常重要,在江苏、江西等繁荣省份尤其如此。在这些地区,朝廷还委派专员搜索书肆的违碍书籍。实际上,使得审查程序发生重大改变的,并不是那些被没收的图书,而是委托购买图书的任务。②

在1774年之前,这些地区已经存在书局,这些机构可能继续承担审查任务。随着活动的进一步发展,这类机构的数量也逐渐增加。巡抚们发现,在禁书运动中,他们可能还需要对那些在《四库全书》项目中贡献不大的区

---

① KCT: CL 030466(三宝,1777年2月20日),CCCT 021115(桂林,1778年12月9日)。萧公权,*Rural China: Imperial Control in the Nineteenth Century*,pp. 72-83。

② KCT: CL 029861(海成,1774年10月16日);KCT: CL 032946(毕沅,1777年11月24日)。有关购书,参考 KCT: CL 030695(杨魁,1776年3月11日);KCT: CL 032376(高晋,1777年9月23日)。

域,做更多的工作。1778年,湖南建立了一个书局;1779年,山东建立了一个书局,四川建立了四个书局;1781年,山东和直隶的书局也开始运作了。① 在《四库全书》项目中,书局很好地完成了书目编纂任务,这就像是将麦粒从糠中分离出来的工作一样;它们将最好的书或抄本运送到了北京。在禁书运动中,它们的表现却不佳;这很可能是书局的组织结构造成的。朝廷为这些机构制定的标准很少。省书局成员不得不根据皇帝谴责个别作品的诏谕进行推测,来区分反满文献和《四库全书》所需文献。在某种程度上,朝廷没有给出官方的违碍图书的定义,这表明"文字狱"起源于朝廷对反满文献的泛泛关注,而不是起源于任何一个具体的流派或反抗性语言的攻击。皇帝很难将他的目标写成诏谕,因为他不知道存在什么样的反满文献,或者这些文献藏于何处。朝廷对违碍的含糊定义也可能反映了中国法律的特征:朝廷的禁令和规定,常常是既不普遍也不具体的。当然,在审查初期书局曾发挥了作用;这表明,满族朝廷对汉族文人有一定的依赖性。朝廷甚至依靠他们来定义反满文献。

在确定"违碍"性质方面,书局是有一定随意性的;这给局内人员以及研究该运动的现代历史学家都带来了困扰。地方士绅被要求对自己实施审查,这必然为当地权贵操纵此事提供了可能;同时,朝廷进行统筹也存在困难。这意味着,省级书局提供的标准,可能存在很大差异。这也说明,许多人发现了朝廷禁令中大量不一致的信息(见下文)。

在地方书局初步审查之后,被认定为值得进一步审查的书籍,将会被送往北京,等待最终的评估和处理。在首都,这些图书被存放于军机处的办公室中,只有军机大臣及相关职员才能进入。从理论上来说,军机大臣仔细检查这些图书的目的是向皇帝提供建议。有一些资料显示,军机大臣曾授权

---

① KCT: CL 036136(李湖,1778年10月12日)。事实上巡抚李氏指的是一个获得候补知县职位的人——陈经礼(1756年进士)。他的任务就是接收和评价图书。陈氏是不是书局的负责人还不清楚,但是下文提到的指责,即在评价违碍图书方面的困难,就是他在该书局承担此责任的体现。(山东)KCT: CL 038326(国泰,1778年6月4日);(四川)KCT: CL 037783(文德,1779年5月2日),四川4个书局分别位于成都、重庆、雅州和顺庆,(陕西)CCCT: CL 026623(勒尔谨,1780年5月2日);(吉林)CCCT: CL 029202(袁守侗,1781年1月7日)。

《四库全书》馆臣纪晓岚和陆锡熊来处理此事。①

第一次禁毁事件似乎发生于 1778 年。当年 6 月，军机处向皇帝报告称，军机处档案室中堆满了违碍书籍和用于印刷它们的底版，军机大臣害怕有些卷帙会丢失或被放错位置。6 月 11 日，皇帝下令"将这些图书尽行销毁"。② 1781 年 11 月 12 日的一份奏折显示，该命令已被执行了。其结果是，重达三万六千五百三十斤、共五万二千四百八十件违碍图书的底版，被劈为烧火木柴。奏折上还提到，木版每一千斤花费二两七钱，自 1774 年以来为宫廷节约了九十八两六钱。③ 然而，应该指出的是，到了 20 世纪，当我们再次考察军机处的这些观点时，我们发现，在审查中被标记为应禁毁的许多图书，却还完好无损地被保存了下来。④

选用候补教官作为审查人员

早期的这些审查程序显然存在很多漏洞。因教官的疏忽，以及各省标准的不一致性等原因，许多图书逃过了审查。然而，为了消除这些漏洞而采取的新措施，则必然会牵涉更多人。随着越来越多的人涉及其中，不仅越来越多的煽动性图书被发现了，而且带有私人目的的搜索活动也日益增多。这场运动的发展不仅反映了帝国的意图，也体现了文人社会的特点。1776 年，这场查禁运动开始升级；当时宣传禁令和采集禁书的职责，则转移到了候补教官的手中。

此次改革的过程十分复杂。1776 年，江西巡抚海成突然想到了一个很好的建议，那就是向藏书家和书商支付两倍的价格，以购买违碍书籍。然后，他命令属下以购买的方式，继续搜索违碍书籍，再汇总给他。结果，海成于 1776 年 12 月向朝廷上呈了八千多卷书籍，以供禁毁。大量书籍被运回了首都，再加上海成的奏折；这引起了皇帝的注意。这似乎意味着，截至当时，

---

① 关于奏折与图书一起提交的案例，可参考 SYTFP: CL 45（秋）159；SYTFP: CL 45（冬）317；SYTFP: CL 46（夏）335。参考一个军机处奏折，其中提到"图书已被转交给纪昀和陆锡熊编纂"（Pan-li I, p.89a–b，见 Goodrich 的译文，*Literary Inquisition*, p.214）。也可参考于敏中给陆锡熊的一封信，其中提到要求纪昀和陆锡熊寻找违碍图书之事（YMCSC, p.97）。

② *Pan-li* I, p.55b.

③ *Pan-li* I, p.70a.

④ 我十分感谢白彬菊与我分享她通过对军机处档案全方位搜索得来的信息。

帝国内肯定还存在着大量的反满文献。1777年1月21日，皇帝下令，将海成的奏折寄给浙江和江苏巡抚：

> （海成）所办甚好。看来查办遗书一事，惟海成最为认真，故前后购获应行毁禁书籍，较江浙两省尤多。江浙为文物所聚，藏书之家，售书之肆，皆倍于他省，不应购获各书，转不及江西……江浙两省自呈缴数次后，即未见陆续呈缴，又未将如何购求及作何展限、设法妥办、务期净尽之处据实奏闻。皆因该督抚视为无关紧要，徒以具文塞责，并不实力查办，则藏匿应禁之书何由尽出？
>
> 高晋、三宝办经数年，杨魁亦已到任半载，何以轻率若此？俱著传旨严行申饬。①

2月，江苏巡抚杨魁和浙江巡抚三宝都回应了这一诏书。三宝自称，他阅读诏谕后，感到十分"惶恐、不安、惭愧"，他继续说道：

> 盖缘浙省藏书素以杭州、嘉兴、湖州、宁波、绍兴等五府为最，而此等藏书之家，子孙多列绅士，凡书中有违碍者不肯买存，书贾人等亦鲜售卖。且屡经宣布谕旨，训示详明，群知警惕，不敢藏匿，自蹈罪愆。惟金华、衢州、严州、温州、处州等五府，道远地僻，前明不经之书，或恐其祖父遗留，子孙不攻笔砚，未能清检，是以臣屡著意，每严饬各属遍为访寻，均不过零星收积，虽经留意查购，而所收仍属无几。②

巡抚杨魁接着说：

> 好为记载著作及文集尺牍之剞劂者原多，此等书籍及板片，各本自相收贮，并非通行诵习之书，大概隐藏日久，后人未能悉知，虽遍加晓谕搜罗，难以一时净尽。③

在朝廷要求将违碍书籍公之于众的压力下，两位巡抚的语气变得更加

---

① 《实录》，pp. 15032-15033（1022：20a-21a），译文见 Goodrich, *Literary Inquisition*, pp. 157-158.
② KCT: CL 030466.
③ KCT: CL 030695.

紧迫,且他们还将搜寻目标转向了一个新的藏书群体。他们瞄准的不是那些生活在城市且在大型图书市场从事书籍交易的大藏书家,而是居住在"道远地僻"地区的人们。他们甚至无法阅读他们所持有的书籍。为了接触这些藏书家,他们必须采取更积极的策略。巡抚杨魁谈到了该政策的重要性,希望"选派明白绅士,遍历有书之家,悉心查检",并且"纷纷呈缴"违碍图书。

三宝在1777年3月的奏折中,第一次提出了实施该计划的具体流程。

> 查分发教职闲空人员甚多,伊等俱系本地之人,派其各赴原籍府分,因亲及友,易于询访,并代为清查。将来即以缴书多寡,为补用名次后先……既可不致滋扰,而于亲友家所藏书籍知之必详,翻查亦易,其呈缴必多。①

从机构的角度来看,朝廷将搜寻图书的负担,从教官转移到了候补教官;这似乎只是一个极小的改变,但是,该转变使得搜寻者的特征和动机发生了重大转变。到18世纪中叶,对于那些只获得了举人头衔且还未获得进士头衔的读书人来说,"地方教官"这一职位是众多政府职位中,他们最有望得到的。但是,这样的职位却很少有空缺。尽管各省巡抚和学政须每六年检查一次该省教官的适任情况,但他们往往敷衍了事。其结果是,"地方教官"多一直留任,直到他们死亡或退休。1725年,巡抚田文镜曾向雍正皇帝报告说,一些候补教官已经在候补名单中长达五十余年了。三宝建议中提到的审查程序,给他们带来了机遇;我们有充分的理由相信,那些候补教官肯定会利用这样的机会,来获取朝廷的正式任命。②

在接下来的几年中,书籍被源源不断地运往首都;这生动地展示了该程序的高效性。在1777年4月之前,浙江省仅向北京提交了三百一十五种书;自1777年4月三宝提出该程序,到1779年7月,则有四千八百一十一卷违

---

① KCT: CL 030925(三宝,1777年4月28日)。三宝在许多奏折中使用了类似的语言,参考 Goodrich, *Literary Inquisition*, pp. 159–160。

② 引自 Araki, "Choku-sho Kyogaku," pp. 77–78。

碍图书被运往首都。① 在同样采用了该程序的江苏，其结果更加引人注目。在 1776 年至 1777 年间，仅有六百四十四卷图书被送往北京。但在 1777 年 3 月至 10 月，便有一万零六百四十多卷图书被转运京城。② 1778 年初，三宝调任湖北巡抚。他在那里也实施了与他在浙江相同的程序。结果，在 1778 年 3 月之前，他便已经呈交了二百七十九卷图书；1778 年 3 月至 1779 年 12 月间，他又提交了五千七百一十三卷图书。③ 毫无疑问，违碍图书数量增长的原因便是三宝所提出来的审查程序。杨魁和他的上司两江总督高晋，分别在奏折中报告说，使用候补教官作为搜索官，是大量违碍图书被发现的

---

① KCT：CL 030466. 我将浙江地区提交的数据（序号 7 至 13、16、18）统计在一起，得出了这样一个表格。表格及其数据来源如下：

序号	来源		提交的卷数
7—8	KCT：CL	03095 （1777 年 4 月 17 日）	120
9	KCT：CL	03125 （6 月 24 日）	454
10	KCT：CL	031808 （7 月 28 日）	549
11	KCT：CL	032229 （9 月 5 日）	1957
12	KCT：CL	032446 （10 月 3 日）	298
13	CCCT：CL	019448 （1778 年 3 月 20 日）	307
16	KCT：CL	036007 （10 月 2 日）	105
18	CCCT：CL	023848 （1779 年 7 月 22 日）	456

序号 14、15、17 的数据丢失了。但是，毫无疑问，这些数据应该加到总数中去。1778 年 10 月 2 日的一件奏折中包含了一些图书清单（CCCT：CL 036342）。

② KCT：CL 030695；KCT：CL 032872（杨魁，1777 年 11 月 18 日）。

③ 我统计的数据都是 1778 年提交的数据，通过三宝汇报的 1778 年 9 月 11 日之前湖北的总数据，并且减去其中三宝自己统计的数据。三宝 9 月 11 日的汇报见 CCCT：CL 020733，其他的 5 次上呈列举如下：

序号	来源		卷数
3	CCCT：CL	019402 （3 月 1 日）	524
(4)	（文件号丢失，但可从下面的报告中推测出来）		1341
5	CCCT：CL	021724 （7 月 29 日）	613
6	CCCT：CL	021227 （12 月 2 日）	1817
7	CCCT：CL	022661 （1779 年 2 月 12 日）	667
8	KCT：CL	039290 （5 月 21 日）	26
9	CCCT：CL	025117 （1 月 25 日）	725

原因。①

可能正如三宝所预测的那样，这些候补教官曾下乡搜查，并在偏僻的农村发现了不少违碍图书。也许更有可能的是，这些新的搜索官遍布城市和农村，而且他们之所以能够取得成功，更多的是因为该项目参与者的活力被激发了，而不是什么新图书搜索渠道出现了。无论这些违碍图书的来源如何，这场来势汹汹的新运动当然必须归功于候补教官所付出的劳动，以及他们的雄心壮志。

制造反满文献：王锡侯的案例及其后果

新的书籍流动改变了审查制度的性质，因为它使皇帝不仅更多地关注反满文献，而且更加怀疑之前未曾发现这些违碍图书的各省督抚。反过来，皇帝的新态度也对各省督抚产生了影响。他们尽可能地打消皇帝的疑虑。既然朝廷从未对反满文献有过明确的定义，那么各省督抚则有意或无意地，尽量"充实"提交给北京的文献，而且这些图书的性质最好是存疑的。在当时，这种现象很好地体现在倒霉的词典编纂家王锡侯的案件及其后续情况之中。

王锡侯于1750年中举人，但之后却再未获得任何更高的科举身份。到1777年，他已经写了十部书，其中包括一卷诗、一部地方志和他的词典《字贯》。《字贯》便是给他带来麻烦的一部书。他因此书获得了两项罪名：首先，为了阐发自己的学术主张，王锡侯在序言中批评了《康熙字典》，而这是由乾隆皇帝的祖父康熙皇帝主持编修的一部字典；其次，王锡侯在书中提到了康熙、雍正和乾隆皇帝的全名，而这在当时被视作忤逆行为。对王锡侯的另一个指控是，在他自己的家谱中，他将自己的祖先追溯到了传说中的黄帝。② 后来，该案件引起了朝廷的注意。几年前，一个叫王泷南的人因"煽

---

① KCT：CL 033091（高晋，1777年12月6日）；KCT：CL 032872（杨魁，1777年11月18日）。1777年9月，皇帝发布了一个推行该程序的诏令，并要求各省遵旨行事。参考《实录》，p. 15263（1319：10a-b）。

② 有关王氏的传记，参考ECCP，pp. 819-820；孟森：《心史丛刊》，pp. 581-595。有关谴责王氏的记录，见KCT：CL 033054（海成，1777年12月3日），以及《掌故丛编》中重印的有关王锡侯案件的信息。王锡侯在序言中提到，《康熙字典》中存在的问题是"穿贯之难"。在审讯期间，王氏称，他想要表达的是中国汉字书写系统之难，而不是《康熙字典》写作存在的问题。他接下来宣称，他直接使用了应当避讳之人的名字，只是为了向人们展示他们是谁。然而，他在第二版字典中则很好地处理了避讳问题。

动诉讼"而被赶出了王锡侯的家乡新昌县。1777年,当王泷南试图回归家乡时,王锡侯等人抓住了他,并将他提交给了地方官员。因此,王泷南反过来指控王锡侯书写反满文献,作为报复。王锡侯字典的副本被转交给了江西巡抚海成;海成将该书转发给书局,进行审查。书局工作人员阅读了该书,并标注了其中可疑的段落;之后,又将它交还给了海成。海成将其转交给北京,并建议皇帝取消王锡侯的举人头衔。①

王锡侯显然不是明朝的遗民,但他的著作却质疑了清朝的学术成就;这触怒了乾隆皇帝。自乾隆皇帝继位以来,可能出于政治或私人原因(见第二章),他十分强调康熙时代的官方学术活动及其对清朝学术发展的恩泽。《康熙字典》便是这种官方学术活动的一个光辉典范。正如审查王锡侯案件的一位朝廷高官所言,这部作品是为了"给千万代学者提供模范"的。当这位私人学者将自己的作品与一部形成官方定论的字典相提并论时,无论他怀着多大的善意,对于乾隆这位对学术作品有十分强烈的政治敏锐性的皇帝来说,都是一种极大的冒犯。此外,王锡侯也没有在作品中,对清朝帝王表现出应有的尊重。而且,王锡侯这样做时,似乎并未考虑到他已经拥有一个举人头衔。尽管王锡侯的错误可能很严重,但是,他和他的家人似乎不至于应该承受惩罚。通过刑部审讯后,王锡侯本人被判处死刑。1777年12月22日,他被处死之后,二十一名王氏家族成员被充奴。② 最重要的可能不是王氏是否通过该字典体现出了傲慢,而是在于皇帝利用王氏的案子,向学术界展示他维护王朝声誉的决心。在今天看来,这种强加的罪行是十分令人厌恶的。但是,在18世纪这却是一种十分常见的方式,因为当时朝廷的旨意并不明确。在王氏案中,帝国声明至少吸引了大量观众;该声明发布之后,朝廷在全国范围内发起了对王氏作品的搜索,并采集到了两千多本,包括他所编字典的副本一百二十五部,其中一些图书甚至来自偏远省份,例如云南。③ 王锡侯及其亲属的命运很好地说明了当时图书出版所蕴含的危机。这个帝国的统治

---

① 有关朝廷对此案件的态度,参考下文。
② 《掌故丛编》,王锡侯案件。
③ 这些信息来自"故宫"档案馆庄吉发对王锡侯案件相关问题的整理。并非所有巡抚上呈图书时,都会特别标注王锡侯的书,只有少量巡抚提到了"王锡侯之书"。因此,与整个帝国内实际存在的王锡侯之书的数量相比,此数据有可能被大大低估了。参考庄吉发:《王锡侯〈字贯〉案初探》,144—147页。

者几乎拥有无限权力,甚至包括对知识世界的控制。尤其是,当时的统治者是乾隆皇帝,他与帝国生活的现实是隔绝的。

从后来的诏书来看,王锡侯的悲剧与这个情况有关:朝廷的判决主要是针对官员,而非学术界。在判决该案件时,皇帝的愤怒不仅是针对王氏的,同时也是针对江西巡抚海成的。在朝廷看来,海成的调查太宽松了,而且他所建议的处罚也太轻。皇帝问道,督抚怎么会把有关王朝尊严的事情委托给他们书局中的下属呢?为什么不亲自审阅这些图书呢?最为严重的是,皇帝在该书的出版赞助名单中发现了海成的名字,但是这位巡抚大人从未做出过相应的解释。清朝官员和作者可能存在相互勾结,这是皇帝不能容忍的。在1777年12月的一则诏令中,海成被描述为"道德沦丧,玩忽职守"。皇帝继续说道:"朝廷又安藉此辈尸位持禄之人乎?海成实属天良尽昧,负朕委任之恩,著传旨严行申饬。"当海成案件被呈交吏部时,有官员建议皇帝解除他的职位,并将其移交刑部论处。在刑部,并没有关于处罚的讨论,或有关海成最终命运的记录。但在1778年1月的一个诏谕中,皇帝下旨减轻对海成的惩罚,并将其关押至秋天再执行惩罚。另外两名省级官员也被革职了。①

这件案子可能是最著名的"文字狱"案件。此案结束之后,还出现了两个很有特色的案例。由此可知,该案对省级官员的影响很大。1778年5月,山西巡抚上奏了举人王尔扬的案例。王尔扬是辽州人,他在山西担任地方教官。山西生员李榆元邀请王尔扬为他的父亲撰写墓志铭。王尔扬在墓志铭中使用了"皇考"来代指李氏的父亲。但是,"皇"在汉语里是帝王的专用字。"皇考"合起来本应是对已故父亲的尊称,并且在中国传统经典《礼记》里就有这样定义。但是,巡抚断定王氏有谋逆之心,因为他在使用"皇"字时没有按照规定采用"抬头"形式,而按照规定,所有文本在提及"皇帝"的"皇"字时,都必须要遵循此原则。因此,朝廷对该案件展开了调查。巡抚不仅搜查了李氏的宅子,也要求对王氏在辽州的祖宅进行搜查。②

然而,当案件引起皇帝的注意时,皇帝发现,该用法并不违碍。因此,

---

① 《掌故丛编》,王锡侯案,2:12a,2:22a。
② *WTYT*, pp. 305-306.

他下令停止调查。皇帝指出，这个词汇在中国古典文献中有十分广泛的运用，如《离骚》和欧阳修为纪念他父亲所写的《泷冈阡表》。虽然中国历史上有些经典的表达方式由于其中的某个汉字成为禁忌字，而不得不发生变化，但是，这些情况都是涉及皇帝个人名字中的具体汉字，而不是像"皇"这样的通用术语。① 他发现不仅"皇考"是一个毫无违碍的习惯用语，而且该墓志铭中也并未涉及任何与王朝或其统治相关的内容。皇帝宣称，审查人员必须将这样的案件，与真正的叛逆案件分开。"（王尔扬）并非狂悖不法，如王锡侯之显肆悖逆者可比。本可无庸深究，尤不宜概行提问，株累多人……仍将朕旨出示宣谕，俾众共晓。"② 后来，当皇帝要求无须进一步追究某案时，他总是会用到"更像王尔扬，而不是王锡侯"这样的说法。

第二起涉及误用禁忌汉字的案件接踵而至。1778 年 7 月 3 日，湖南巡抚李湖报道了国子监生黎大本的反动行为。李巡抚对"文字狱"的态度可能是由当时湖南行政管理的历史状况所决定的。李湖在上报黎大本案件时，刚上任十二天。该年 6 月，一位平民在李湖的前任颜希深的衙门前留下了一篇文章。巡抚颜希深阅读之后，认为它是一篇反动文章，而且颜希深得知，这篇文章之前还曾提交给他的前任巡抚。不幸的是，被颜希深任命调查此案的下属，正是前任巡抚的远亲。这引发了皇帝的怀疑：颜希深及其下属，是否都在试图掩盖前巡抚的过错呢？皇帝责令颜希深将此调查责任交给李湖，并前往首都接受审讯和处罚。巡抚李湖理所当然地成为了谨慎和严厉地调查此案的典范。③

黎大本的案件涉及了一本名为《资孝集》的诗集，其中载有各种亲属为纪念李氏母亲八十大寿而作的颂诗。对该书的主要指控是，书中将李氏之母与中国古代一些著名的女士相比，包括传说中黄帝和神农时期的女皇。这种比较不是泛泛之谈，而是带有反动性质的。如果将某人的母亲比作皇帝的母亲，那么很显然，这也影射了某人的身份：朝廷并不希望看到平民将自己誉

---

① 陈垣：《史讳举例》，552 页。
② WTYT，p. 307.
③ WTYT，pp. 349–351. 李巡抚记载了每一年（共 5 年）的控诉案件数量。看起来，他是湖南开办书局的原因，也是该省提交禁毁书数量上涨的原因。

为帝王的影射。然而，巡抚并没有提供任何证据，来证明黎氏写作此书的意图不是奉承。对该书的另一项指控是，其中一首诗没有避讳康熙皇帝的名号。在审理此案过程中，朝廷也有对王锡侯案的回应。王氏曾被指控提到了清朝历代皇帝名号，但不避讳，并将他的家谱追溯到黄帝。尽管有这些回应，但没有任何证据表明，黎大本书中含有对满族文化和政治领导权的质疑。皇帝发现，书中有夸大其词之处，但是，并没有发现明显的叛逆言论。这"更像王尔扬的而不是王锡侯的例子"。①

有几个因素可以说明巡抚们在这两个案例中的动机。也许，在没有先例和标准的情况下，巡抚们误解了审查的基本目标，并总体上来说错误地判断了他们所提交卷帙的重要性。也有可能是，在不耐烦的皇帝的压力下，巡抚们因忧虑而未能按照皇帝的基本目的行事，因此报告了大量意义不大的案件，以保持其充满活力和办事高效的官员形象。从案件的发生时间和所指控的内容来看，后一种的可能性更大。这两起案件均涉及滥用禁忌汉字，并紧随中国历史上最著名的"文字狱"之后发生。此外，汇报黎大本案的巡抚，尤其想要通过审理此案来展现他的个人活力和关切。无论这一现象的起因为何，黎大本和王尔扬并不是独一无二的案例。② 对于该案所涉其余图书，皇帝及其官员进行了仔细的筛选，并进行了禁止。同时，朝廷也剔除了许多被认为不应该采取官方干涉的图书。

士绅的指控

如果大量文人主动或被动地表示抵抗，采集违碍书籍的活动根本无法取得突破性进展。另外，朝廷也不会随意接受文人的参与，因为他们可能会基于各种目的提交违碍书籍。恐惧和尊重，都可能使个人交出自己的藏书；复仇及责任感，也可能导致一个人指控另一个藏有违碍书籍者。随着违碍案例的增加，人们都开始了解持有违碍图书的危害，士绅的指控也随之增加。如何区分真实与虚假的指控、有用的信息以及无关紧要的小纠纷，成为后来朝廷和地方官僚在此运动中的一项重要任务。当告发人怀有与该调查基本目的无关的动机时，相关事实会被仔细地记录在朝廷的奏折和诏书中。据这些记

---

① WTYT，pp. 363-364.
② 参考方国泰（WTYT，pp. 767-770）、楼绳（WTYT，pp. 789-792）、高治清（WTYT，pp. 761-765）案件。

录，我们可以重构士绅指控的意义和原因。

《清代文字狱档》记录的"文字狱"中大约有三分之一涉及清代士绅的相互指控。约百分之六十的指控导致了最终定罪；约百分之四十的指控，则被证明是微不足道的或错误的。这些指控是18世纪社会紧张局势的反映。土地是当时主要的财富形式，因此有关土地所有权和使用权的争议，往往是诱发这些指控的真正原因。这并不奇怪。当时，大多数纠纷往往发生在亲属之间，并围绕着共同持有或集体所有土地而展开。所有这种形式的案例，都来自福建和江西等东南部省份。在那里，这种土地是常见的。下文将详细讨论其中一个案例，因此在这里不会再讨论其他例子。① 然而，土地所有权争议并不是这些指控出现的唯一原因。最近中国学界之所以关注该群体，主要是因为土地所有权问题，但实际不止如此。② 只要查看章学诚或袁枚的传记，我们就可以发现，在18世纪文人生活中，非官方职位也是十分重要的；我们也会发现，人际交往对获得这些职位有重要的意义。因此，我们可以猜测，失业和学术嫉妒也是导致控诉的常见原因；婚姻纠纷，可能也是如此。③ 当然，18世纪的士绅冲突，是发生在一个非常重要的人口变化背景下的。18世纪初中国人口约一亿五千万，但是，在图书审查活动期间，中国人口增至约二亿七千五百万；到该世纪末，中国人口则达到了约三亿一千三百万。④ 毫无疑问，人口增长的压力，使该世纪所有的争端都变得复杂起来。但是，新的竞争气氛，可能加剧了控诉背后的冲突；中国帝国晚期冲突的根源也是相同的。最终，藏书家在审查活动中的行为，更是中国长期存在的冲突的体现，而不是新创造的冲突。

1778年，还出现了一个涉及多重冲突的有趣案例，其中牵涉生员陈希圣

---

① 参考余腾蛟（WTYT, pp. 817-829）、朱思藻（WTYT, pp. 803-804）、卓长龄（WTYT, pp. 567-580）、祝廷诤（WTYT, pp. 443-449）、叶廷推（WTYT, pp. 541-547）案件。

② 有关Freedman华南地主士绅模式之局限的相关争论，参考Patricia Ebrey, "Types of Lineages in Ch'ing China: A Reexamination of the Chang Lineage of T'ung-cheng"。

③ 参考程明諲（WTYT, pp. 549-566）、陈希圣（WTYT, pp. 387-393）、黎大本（WTYT, pp. 363-370）、梁三川（WTYT, pp. 751-755）案件。

④ Ho Ping-ti, Studies on the Population of China: 1386-1953, p. 270.

和一位普通人邓谌。他们都靠教学和算命谋生。1778年之前，他们似乎是好朋友——比邻而居，一起工作，一起阅读《易经》。陈希圣将还未成年的女儿与邓谌的儿子定下婚约，并且，这个女孩自此便开始由邓家抚养。但在1778年，他们之间发生了矛盾。陈希圣似乎吸引了邓谌的一些学生，并开始教他们。邓谌非常生气，两个人吵了起来。陈希圣写了一篇文章谴责邓谌，想要取消两个家族之间的联姻协议。但是，即使是未成年人的婚约，也不能轻易解除。新郎的家人声称，他们已经投入了大量的财力和情感，来培养这位未来的新娘。① 邓谌想在地方官府控诉陈希圣，但他的朋友和亲戚使他未能成行。这两个家庭之间的关系似乎变得十分复杂。中国当时已有的社会纠纷解决机制，并不足以调和他们之间的矛盾。这时，陈希圣意识到自己拥有朝廷明令禁止的一部图书，他因此上报称，这部书是邓氏给他的，而且邓氏也在从事禁书买卖的贸易。此时，邓氏确实拥有一些禁书。当知府调查此案时，熟悉情况的村民讲述了这个故事，最后他自己也进行了陈述。知府决定相信邓氏的声明，即他不知道这些书是禁书。另外，陈氏被指控犯有诬告罪，建议打一百大板，流放三千里外。②

不可避免地，朝廷对这些指控的态度是十分模糊的。告发者的信息可能是有价值的，但他们的动机常是有问题的。一些最大的告发案件，包括王锡侯、卓长龄、戴名世和祝氏案件，都是通过私人指控被揭露的。然而，约百分之四十的指控，后来被证实是虚假的或微不足道的。简而言之，朝廷并不鼓励人们相互控诉，每个指控都必须经过仔细调查。这引发了1778年关于指控的重要诏谕：

> 设此后复有首告逆案之人，该督抚即应悉心研鞫，辨其真伪，如虚仍当治以反坐之罪，据实具奏，使奸顽知警，不敢妄行。③

不管朝廷政策如何，控诉可能都是不可避免的。皇帝指出了问题的根本："怨家欲图倾陷者片纸一投，而被控之身家已破，拖累无辜。"18世纪中

---

① 有关中国人为什么倾向于早婚，以及其中涉及的经济利益，参考 Arthur p. Wolf, Huang Chieh-shan, *Marriage and Adoption in China*, 1845–1945, pp. 82–93, 261–271, 272–281。
② *WTYT*, pp. 387–393.
③ *WTYT*, p. 734.

国士绅的地位，取决于许多因素的微妙平衡，包括财富、家族地位、朋友圈、文学作品，以及官品等。通过图书审查案件，朝廷可能在无意中导致了某个人、某群体、某宗族或宗族分支社会地位临时性或永久性的改变。简而言之，在18世纪中国士绅社会的人际关系网络中，一个新的变量出现了。

处于"文字狱"中的知识分子，多处于明显的沉默状态；学者们对此一直困惑不解。其实，正如士绅指控的现象、地方官员的反应、候补官员的角色所预示的那样，知识分子在该活动中发挥了积极作用。朝野内外的官员都在寻找、谴责、调查和评估大部分被送往北京之前的禁书。然而，在此过程中，文人既未完全顺从皇帝的意志，也没有进行抵制；他们多只是在追求自己的利益。在18世纪这个复杂的、多中心的中国，不同阶层之间的利益也可能存在重叠之处。因为士绅的交流、官僚和朝廷利益的相互作用，这场运动发展了起来。在下面的章节中，我将通过一个个案，来讨论这种利益集团之间的相互作用。

三、个案研究：江西祝氏家族的诉讼案

在这里我选取了江西德兴祝氏家族的诉讼案作为研究对象，并非因为该案件改变了图书审查活动的性质，而是因为它是中国1770年代的一个典型审查案件。这起案件发生在1779年秋，当时正值江西图书审查高峰期。因此，该省所采集到且被运往首都的禁书数量较多。祝氏家族是当地一个较大的家族。该家族内曾经通过科举考试的纪录可追溯到17世纪。在当时的江西，官员们刚受到了王锡侯案件的冲击，海成及几位下属被免职了。这些官员当然清楚地知道"文字狱"的危险性和重要性。

1872年出版的祝氏家族所在县的地方志描述了该地区的相关历史，也包括家族情况。德兴被浅水溪流和群山环绕，是江西红土覆盖的饶州七县之一。该地区的东北边界是江西与浙江的边界。罪犯的名字并未出现在19世纪的地方志中，但仍有足够的证据表明，祝氏家族住在该地区的东南部，即现代的暖水附近。该县清代姓祝的进士有两名，举人有一名，生员有六名。通过审查文件可知，其中一位进士和一位生员来自犯罪的祝氏家族。根据地方志记载，在祝氏家族居住的环溪地区有一个碧涧祠。并且，据审查文件记载，祝氏族人聚居在该宗祠的周边地区。我们不能确定地证明，居住在暖水

地区的祝氏家族,就是该案子的当事人。但是,官方文件和当地地方志都表明,祝氏家族是一个大型的、完善的、拥有大量土地的士绅家族。①

祝廷诤的生平事迹鲜有人知。他是一个死于 1750 年的生员。我们只知道他写了一部题为《续三字经》的书。这是他曾经用来教他的孙子祝浃如何阅读的教材。② 这本书最后带来了他的家庭悲剧。《三字经》最初是宋代王伯厚撰写的,该书在中国被当作启蒙读物使用了一千多年。它由简短易记的三字句组成,分为"人之初""为人子""次见闻""口而诵""宜勉力"等部分。③ "次见闻"章勾勒了中国历史,包括从传说时代到宋代建国的简要历史。祝廷诤将这段历史拓展到清中期。随后的批评指称,祝廷诤不仅列举了宋朝以后各朝代和皇帝,而且还借用中国"褒贬"的史学传统,对他们进行了道德评论。不难猜出,祝廷诤到底在指责谁。其中一条显示:"发披左,衣冠更,难华夏,遍地僧。"这句话的前半部分暗示,在《论语》中,孔子认为中国逃离野蛮时代实属不易。后半部分,他又提到了满族剃头现象,这使人们看起来像僧侣。在满洲人掌权时,汉人对剃发以及将后面的头发辫成小辫的风俗,进行了强烈的抵抗。因此,祝廷诤评论中国历史的目标很可能是反对清朝统治。④

祝廷诤的原稿早已丢失了。在祝廷诤去世多年后,他的孙子祝浃在教自己的儿子读书时,不得不依靠记忆写出一份副本。在这份由当地官员扣留的副本中,作者并没有很好地对清朝皇帝名号进行避讳,如在记录一个特别的历史人物,即清朝著名的早期反叛者吴三桂(1612—1678)时,他提及了清政府,但没有按照官方规定,采用"抬头"形式。在接下来的审讯中,祝浃

---

① 杨重雅、孟庆云编:《德兴县志》,2:2b,7:21a-b,8:16b,9:9b,11a-b,12b。

② 祝氏的名字有时候写作有偏旁的,有时写作没有偏旁的。

③ 参考 Evelyn S. Rawski, *Education and Popular Literacy in Ch'ing China*, pp. 47-48。条目名称来自 Chiang Ker-chiu 翻译的《三字经》(*The Three Character Classic*)。

④ WTYT, pp. 443-447。从《论语》中翻译过来的一个文段见于 Arthur Waley 翻译的 *Analects of Confucius*, Book 14, Chapter 18。有关留辫,参考 Robert Entenmann, "De Tonsura Sino-Tartarica: The Queue in Early Ch'ing China"。有关反对留辫的案例,参考 Frederick Wakeman, "Localism and Loyalism During the Ching Conquest of Kiangnan"。

声称，他在撰写文本时，遵循了原《三字经》的模式，为了便于阅读和记忆才将各句并排列举，所以没有观察到相应的禁忌。祝涘文本还存在另一个缺点，那就是它混淆了元朝统治者的名称。由于元代统治者是蒙古人，并且是清朝以前最近的非汉族统治者，所以，清廷对任何侵犯其历史权利的行为，都非常敏感。很难说清楚这是无心之错，还是故意的反动行为；至少可以肯定的是，作者并不打算公开发表该手稿。

在1770年代中期，祝涘的兄弟祝泂和他们的一个远亲祝平章家族之间，似乎发生了争执。在该争论中，祝泂指责祝平章出售了公有土地。争议的真实情况现在无从得知，但是，祝平章的行为后来被正式定性为"破坏宗祠"。中国南方大家族经常使用公有土地收益，来建设公共祠堂，或支付教育费用。但来自这些土地资源的收益，也很容易导致冲突。① 起初，两名当事人不愿意将此案提交朝廷。他们邀请另一位刚刚获得进士头衔的祝家成员祝煋燔，来做仲裁人员。祝煋燔显然拒绝了。该案件最后才被提交到官府审理，且最后祝平章失败了。这致使他的生员身份被剥夺。

在此诉讼案中，祝平章有机会拜访他的亲属祝涘。当时，祝涘的桌上正放着《续三字经》。祝平章便将它拿回了家。1779年10月，祝平章失去生员身份后，他想方设法报复祝氏兄弟。他决定将他在祝涘家中获得的那部书上交朝廷，并指控祝涘有谋逆之心。祝平章也想对祝煋燔进行报复。祝煋燔写了一卷诗，并赠给了祝泂。祝平章也获得了该卷书稿副本，并提交给地方衙门。

1779年11月3日，德兴知县收到了《续三字经》和祝煋燔的未命名诗集。仔细审查之后，知县将它们上交给了该省巡抚，并附上了他如何获得，以及为什么上交这两份书稿的报告。

受理审查这些图书的巡抚是郝硕。他于1777年12月刚被任命，以接替刚因王锡侯案被免职的海成的职位。祝氏案是郝硕在江西巡抚任上受理的第一个案件。收到知县的报告后，郝硕命令德兴知县和饶州知府彻查此案，并搜查祝氏各家；然后，他把这些书转运至北京。几个星期后，知县和知府的报告便被呈了上来；在报告中，他们介绍了上述故事的梗概。但巡抚大人并不满意。他通过自己的渠道了解到，祝廷诤还撰写祠堂碑记。但知县和知府

---

① 参考 Denis Twitchett, "The Fan Clan's Charitable Estate, 1050–1760".

的报告中并未提及此。巡抚大人未披露他的信息来源，但是，他批评了知县和知府报告中的"疏忽"问题，并责令他们进行第二次调查。这一次的调查，则由江西饶九道额尔登布负责。

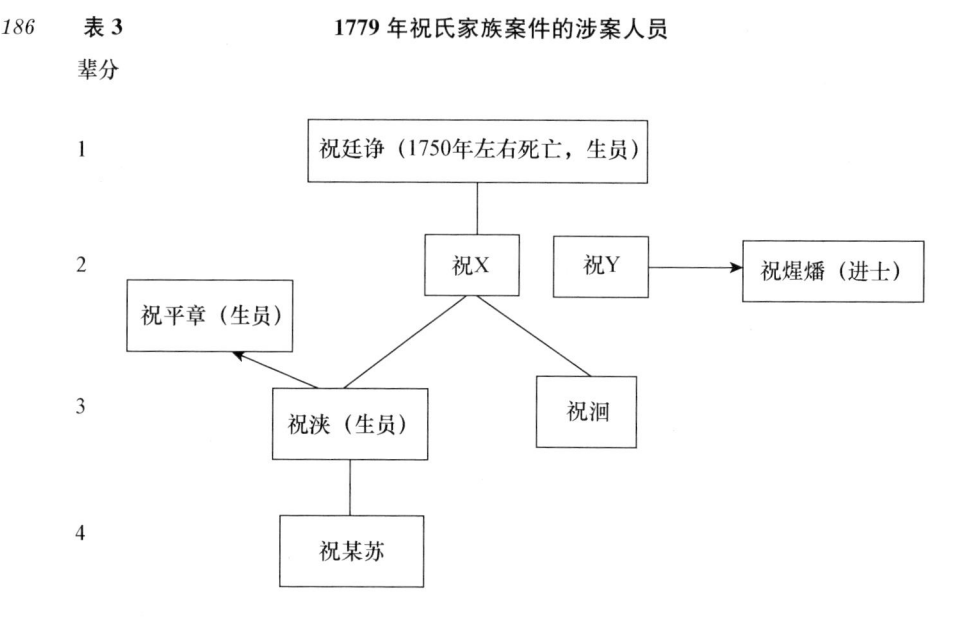

表 3　　　　　　　　1779 年祝氏家族涉案人员

辈分

1　祝廷诤（1750年左右死亡，生员）

2　祝平章（生员）　　祝X　　祝Y　　祝煋燔（进士）

3　祝浃（生员）　　祝洞

4　祝某苏

注：直线代表直系亲属，箭头代表不确定亲属关系。祝煋燔和祝洞之间的关系并不是很明确。我们只知道祝煋燔是祝洞父亲辈的亲属。祝平章是祝浃五服以内的亲属。他们之间的亲属关系所蕴含的意义将在后文讨论。

两个月后，额尔登布报告说，他发现时已经太晚了。当祝氏成员听说巡抚大人正在寻找时，他们开始删除碑上的某些名字和短语。不少于七位家庭成员进行了修改活动。官府巡查了每一家。3 月 19 日，巡抚向朝廷详细汇报了此案件的所有情况，并建议对他认定有罪的人进行惩罚。

他在奏折中讨论的第一位罪犯，是祝廷诤本人。祝廷诤很幸运，因为他在三十年前便过世了。祝廷诤因两项罪名被指控：怀有反满情绪，并将其记录在史书中。祝廷诤被认定为一个"乖妄"的人，他"隐居并嘲讽当世"。更糟糕的是，他被认为虽然接受了当朝恩惠，获得了生员的身份，但却仍然敢于反对朝廷。他们认为祝廷诤忘恩负义，在行为上和著作中都侮辱了他的恩人。因此，祝廷诤显然是一个具有强烈反社会倾向的人，也是一个不道德的人。或者他是被人为刻画成这样的。没有任何迹象表明，朝廷曾经调查过他自己的真实感受和意图，直到今天我们也不能确定以上描述的真实性。

祝廷净也因"按照自己的想法赞美和指责先王"和"敢于批评前代皇帝"而受到谴责。这里的关键是"赞美和指责"。狄百瑞（Wm. Theodore de Bary）指出，尽管所有人都可以自由地研究过去，"但只有圣人才能做出道德判断"。① 因此，祝廷净因篡夺了这个扎根于中国传统的圣人特权，并反对清廷，而受到谴责。巡抚建议朝廷杀一儆百，将祝廷净开棺戮尸，将其遗产全部没收②，并将其家族十六岁以上后代全部处决。

惩罚范围也不仅于此，还扩展到了那些通过私藏和修改祠堂碑记，来应对巡抚的人。对该书做出最大修改的人，被打一百大板，流放至三千里外。删除了书中一个人名的祝氏家族成员，则被剥夺了其获得的科举身份。其他只做了少许改动的人，被打八十大板。但是，在1780年元旦之际，他们请求宽恕，并得到了赦免。

在这起案件中，祝氏家族中只有一人受到了指控，但是却逃避了官方的谴责。当审查祝煋燔有关《金史》的诗歌时，朝廷并未发现煽动性的言论。祝煋燔并不是祝廷净的后裔，因此，并没有保存《续三字经》的责任。官员接受了他的解释，认为他从来没有见过这本书。祝煋燔地位的提高，可能也有助于他个人信誉的提高。无论如何，他的生活和职业生涯都没有受到伤害：他继续先后担任了三个县的知县，直到他为照顾年迈的母亲而退休；他还撰写了有关经书的评论。③

朝廷、官员和士绅告发者所表现出来的兴趣，共同促成了祝案的结果。虽然皇帝并未下诏处理此案件，但是很显然，此案满足了皇帝的几个目标。较为具有煽动性的已发表图书被禁毁了。《三字经》不仅仅是一部有趣的韵文，它也表达了中国文化的基本信念。阅读和记忆该书，是中国精英子女走向社会的第一步；无论如何，朝廷都不可能允许包含反满语言的图书进行流通。此外，在家族内肆意传播煽动性图书的做法，也受到了强烈的攻击。任何参与这种活动的人，不仅会因此丧命，还会失去他们的著作，以及可能留给后代的遗产。这一点也是十分明确的。

---

① William Theodore de Bary, *Sources of the Chinese Tradition*, p. 267.
② 超过50亩土地，包括价值166两白银的20亩农田被没收。
③ 《德兴县志》，5：22b。

祝氏案的调查过程不仅说明了图书审查对省级官僚的影响，也说明了官僚可以在审查过程中发挥关键作用。郝硕不仅派出三组官员调查祝氏家族，还通过其他私人线索寻找相关信息。在他最终的奏折中，郝硕建议将知府、知县全部免职，因为他们的报告没有达到他所预期的完整性和准确性。由于郝硕不遗余力的调查，祝廷诤的另一部著作被发现了。更多人因此受到了惩罚，这在祝氏家族中创造了一次新的恐慌。巡抚虽然认为彻查此案是必要的，但不知他搜查的结果，是否值得付出这么多努力，尤其是考虑到它可能带来的破坏。碑记只包含了描绘传统帝王和臣子们辛勤工作的典型形象的句子，而在被禁的那本书中则没有找到任何描述。这似乎很有讽刺性，因为在清朝任职也并不容易。在祝氏案结案四年之后，郝硕本人被召回京，并被革职。随后，他又因向属下索贿而被赐自裁了。①

案件原告祝平章的目的，预示了一个更加复杂的场景。虽然与祝平章有宿怨的是祝洄，但祝平章直接告发的人却是祝浃。他建议惩罚祝洄，因为祝洄没有很好地约束祝浃。但是，该指控却产生了其他许多不幸的后果。为什么祝平章要采用这种潜在巨大灾难的报复手段呢？他并不是祝廷诤的直系亲属，因此当那本书被发现后，他并不需要负责任。他也没有对他的行为给出任何道德或逻辑的解释。

有关中国东南沿海的人类学文献，为解释这个难题提供了一些线索。在莫里斯·弗里德曼（Maurice Freedman）所著有关该问题的早期作品中，他发现，某些家族分支似乎比其他分支更强大。他猜测，更强大的家族分支比弱者拥有更多的土地。② 另一名研究华南宗族的学者杰克·波特（Jack M. Potter）对该猜测进行了检验，并得出了以下结论："可以说，中国宗族内的政治权力分配是由祖先财产决定的……较富的分支因拥有大量以祖先遗产形式存在的财富，故能够教育儿子，并参加科考；这可能使这些分支有更大的社会威望和更高的政治地位。"③ 有证据显示，祝平章与祝洄之间的矛盾，并不只是私人之间的矛盾，而是祝系两个家族分支之间的矛盾的体现。这是一场对公共土地的争夺战，销售公共土地被视为"破坏宗祠"。其重要

---

① *ECCP*，p. 279.

② Maurice Freedman, *Lineage Organization in Southeastern China*，pp. 46-76.

③ Jack H. Potter, "Land and Lineage in Traditional China," p. 126.

程度足以使两家诉诸公堂。祝平章很可能与祝泂和祝浃分属于不同的家族分支。因为据记载，祝平章是祝浃服"缌麻"的亲属。这是中国按血缘形成的服制分类之一；两人之间的亲疏关系，是根据他们在对方的葬礼上必须穿的丧服类型来体现的。① 这个词汇并不能准确地说明祝平章和祝泂、祝浃兄弟二人之间的亲属关系。然而，与祝泂、祝浃兄弟不同，祝平章不可能是祝廷诤的后代；除非祝平章是祝廷诤的曾孙。鉴于双方的年龄，这是不太可能的。

如果祝平章和祝廷诤的后裔分属于两个长期不和的家族分支，那么案件的结果显然是有利于祝平章家族的。因为揭发叛乱的结果是，祝廷诤家族所有十六岁以上的子孙都被处决了。这样就可以完全消灭另一个长期与祝平章家族不和的分支。无论祝平章是否预料到了该控诉会产生这一结果，显然他存在与图书审查毫无关系的动机，并且他足够了解政府先例和程序，以确定他的指控会得到迅速和彻底的调查。审查人员的目标和审查程序的广泛传播，以及地方士绅对这些事务的操纵能力，显然是审查活动迅速发展的主要因素。

四、审查活动的系统化（1780—1782）

到1780年，禁书活动达到了顶峰。各省都制定了寻找和采集书籍的程序。送往首都图书较多的几个省份，平均每年运送两千卷；一些省份每年发送量甚至多达五千卷。然而，社会存在动乱因素的可能性，似乎变得越来越明显。朝廷需要越来越多的时间来处理和判决祝家那样的诉讼案件；无论有无依据，定期便会出现书籍持有人之间的互相揭发；巡抚们提交的书籍意义往往很小。越来越多的证据表明，这场运动的副作用极大，因此，乾隆朝廷似乎改变了政策。朝廷首次设立了中央审查机构，以推行一致的文献标准；禁书总目和确定违碍图书的标准被公布了，并下达到各省级官员手中；督抚们受到了朝廷谴责，不是因为他们的疏忽，而是因为他们过分热情。这是一个很微妙的转变。朝廷既没有撤销其既定的查找和禁毁所有反满文献的政策，也没有放弃早期提出的任何图书审查程序。其目标是将这

---

① Feng Han-chi, "The Chinese Kinship System," pp. 180-181.

种活动进一步系统化和规范化,并将之前不受控制的力量,纳入中央控制范围。

与此同时发生的是北京新统治团体的兴起。这个团体的为首官员是和珅,另外许多人是满人甚至是皇室成员。这些新人至少与1780年代早期发生的两个程序变化有直接联系:当和珅和他妻子的祖父英廉制定禁书单后,和珅及其下属充当了禁书审查人员。皇帝申饬地方督抚的诏谕,也是由和珅及其下属控制的军机处起草的。具有讽刺意味的是,满人率先退出了这场激烈的反满文献查禁活动。然而,仔细考虑一下,这并不矛盾。审查制度使汉族高级官员陷入了困境;他们在谴责这些行为的过激性的同时,不得不因为其初衷而表现出宽容的态度。只有满人可以自信地谴责这场运动的过激做法。此外,与在其他许多方面一样,新满族领导团体的早期举措,似乎促使对以往行政程序做出了真正的和必要的改革。新团体的继任者认为,早期领导者的活动太过激和腐败。但是,这种标签不应掩盖其早期行动的重要性。

审查专员的源头和发展

在早期审查过程中,即使某书引用了一些违碍图书,地方藏书家和官府也只能将其送往北京进行销毁。这意味着,可能有超出了朝廷预期目标的更多文献被销毁了。这种对知识的破坏活动给民众造成恐惧,形成了一种不稳定的氛围;这也使政府的基本目标变得含糊不清。如果强大的和确定的朝廷审查专员早些出现,这些后果本来是可以避免的。1780年12月,委派审查专员是为了专门审查戏曲。此后不久,朝廷以此为模板,还指派了其他类似的专员。任命专员的官方文件显示,朝廷希望尽量减少出现社会动乱的可能性。第一个审查专员的指派与戏曲审查有关,可能反映了这样的考虑:因为较其他书面文本而言,戏曲的语言和故事更容易为大众所熟知。大众对戏曲的误解较其他文本的危害更大。

1780年12月6日,皇帝发布了第一个有关戏曲的诏谕:

> 前令各省将违碍字句之书籍,实力查缴,解京销毁。现据各省督抚等陆续解到者甚多。因思演戏曲本内亦未必无违碍之处,如明季国初之事,有关涉本朝字句,自当一体饬查。至南宋与金朝,关涉词曲,外间剧本,往往有扮演过当,以致失实者。流传久远,无识之徒,或至转以

剧本为真,殊有关系,亦当一体饬查。①

皇帝并没有让省级官员接手审查违碍戏曲的任务,而是将其委托给了满洲正黄旗的全德。他在征讨缅甸和平定金川中表现出色。② 皇帝告诫全德说,应在不引起任何骚动或发动武力的情况下执行该任务,且这是至关重要的。皇帝可能认为,他可以依靠这位满洲军事将领安静、有效地执行该命令。但作为一个戏曲审查专员,全德有一个缺点,那就是他并不通晓汉文。因此,当时的两淮盐务官兼内务府总管大臣伊龄阿来协助他。1781年3月的某个时候,伊龄阿被撤去了戏曲审查官的职务,蒙古正黄旗的图明阿接替了他的工作。

全德和图明阿制定了以下工作方式。③ 巡抚采集来的戏曲剧本首先被送到全德处。这些图书被分为三类:应该完全销毁的图书被送到首都做进一步审查,只需要稍许修正的图书被转交给图明阿,没有违碍内容的图书则被送还给主人。在收到需要校订的剧本文本之后,图明阿对包含违碍内容的段落进行修订,然后再将其交给北京审查。全德和图明阿都会定期向皇帝报告他们所取得的成就;同时,他们也经常收到来自皇帝的诏谕,在诏谕中,皇帝敦促他们不要过分苛刻或不要制造矛盾。在1781年6月20日的一个奏折中,图明阿报道说,他采集了四百二十四种剧本,已经对其中二百七十三种做出了初步评价。很可惜,他没有明确说出他总共审查了多少本。但是,在最后一个奏折中,他提到,在他审查的四十二种作品中,有六种被完全禁止了,十八种被部分修改了,十八种被完整地归还给了主人。在1781年6月6日的一个奏折中,图明阿称已经修改了三十五种剧本,另外二十多种还有待修订。④

1780年12月,朝廷指派类似专员来审查其他违碍情况。显然,为了

---

① 《实录》,p.16375(1118:17b—18b)。

② 《国史馆本传·全德》,*KCCHSC* 300:10b—11a。

③ 没有任何一份文件完整地呈现了这个操作计划。我通过全德和图明阿的奏折档案将其拼凑了出来。引用的文件包括:CCCT:*CL* 029314(全德,1780年12月14日);CCCT:*CL* 030030(图明阿,1781年4月9日);CCCT:*CL* 031109(图明阿,1781年7月21日);KCT:*CL* 039197(图明阿,1781年10月17日)。

④ CCCT:*CL* 030717(全德,1781年6月20日);CCCT:*CL* 030718(图明阿,1781年6月6日)。

保存仅包含少数反满内容的文本，出版商开始通过删除违碍内容的方式，准备一些特殊的版本。但是，这些文本中可能会存在空格；空格的存在可能比出现反动词汇更具暗示性。沈炼编写的《青霞集》（青霞山的学者文集）就是以这样的方式印刷的一部图书。但是，该书却被收入了《四库全书》。在被任命为《四库全书》总裁的当天，和珅被要求调查此类文本。第二天，他上奏称，副总裁曹文埴和总校官仓圣脉，在报告空格文本方面，存在失职之处。① 五天后，皇帝就空格文本问题发布了一个诏谕：

> 此外各省坊行刻本，如《青霞集》之空格者，谅复不少，俱应酌量填补。但各督抚自行查填，恐未妥协，亦难画一。著传谕各省督抚，详查各种书籍，内有不应销毁，而印本留有空格者，概行签出解京，俟交馆臣查明，酌量填补……即著各督抚遵照所填字样，补行填刻，以归画一。②

12月15日，朝廷任命和珅、阿桂来指导填补空格文本的工作。朝廷委派专员来纠正那些已被汉族文人和商人选择性审查过的作品，促进了这样一个初级审查活动的发展，从而缓解了地方官员搜索和摧毁所有含反满内容的图书的压力。不幸的是，正如和珅从事的其他许多活动一样，有关这个负责填补空格文本的专员的职能的任何记录都未能保留。

标准的颁行

第二次程序改革在1782年春进行。改革内容便是编制和印刷禁书总目。这项改革倡议不是皇帝自己提出来的，而是来自皇帝身边的满族官员。这些官员于1770年代开始肩负起了监督朝廷各种项目和活动的责任。具体而言，此次改革是由满族官员英廉发起的。英廉是和珅妻子的祖父，并在《四库全书》馆担任了多项行政职务。1780年5月，英廉奉命监管和加快归还各省采集到《四库全书》馆的图书。为了完成这项任务，满族官员认为有必要准备一份禁书单，以确保没有任何含有违碍内容的书被错误地归还

---

① 有关此案件，参考 Pan-li I, pp. 69b–70a.《青霞集》的评论见 TMTY, p.3674 (172：6b). 也可参考上文第三章。

② 《实录》，p.16381 (1119：5b–6a). 译文见 Goodrich, *Literary Inquisition*, p.192.

给其所有者。① 1782 年 4 月，英廉向皇帝汇报，他已经完成了这项工作。几个月后，军机大臣上奏，批准了英廉和其下属的工作，并指出："于查办违碍各书，已可得十之八九……全毁、抽毁之本，实在共七百八十九种。"奏折总结称：

> 应请摘开书目，各注明撰人姓名，汇刊成册，通行各该省，令其遍加晓谕，庶乡曲愚民不致冒昧收藏，自干法禁，而按目查考，搜缴更当净尽，无复稍有遗留矣。

乾隆朝第一部，也是唯一一部已知的禁书书目就这样被制定出来了。②

显然，在他们准备禁书清单的同时，英廉和他的下属还准备了一套判断某书是否为违碍图书的标准。这份文件主要包括禁毁个人作品的皇帝诏谕摘要。但是，其中一些条款具有普遍意义。文件对违碍图书的定义是相对确定的，并且反复强调官员应该有一定的衡量和判断力，这令人叹为观止。③

除了含有明显违碍言论的作品外，审查专员们在序言中提到，为了确定是否叛逆之言，"必须制定一个标准，这将需要通过各种方式来实现"。在第一条中，建议将载有满洲军事基地和前哨名称的图书送往北京，以使书中的术语与正在北京编写的《满洲源流考》的相关术语相符合。第二、三、四、五条总结了钱谦益、吕留良、金堡、屈大均和吴伟业等明代学者的违碍作品。第六条则提示说，在审查百科全书和历史笔记时，没有必要因为书中

---

① TMTY（附录 1），p. 83。译文见 Goodrich, *Literary Inquisition*，pp. 211-212。

② 我没有见到过原始文件。其翻译稿见 Goodrich, *Literary Inquisition*，pp. 214-215。这个索引最早由姚觐元于 1883 年出版，并被收入 TMTY（附录 1），pp. 81-116。

③ Goodrich, *Literary Inquisition*, pp. 216-218. 其缩略文本，可在吴哲夫《清代禁毁书目研究》（87—88 页）中找到。我没有找到这些文件的原始出处。Goodrich 称它们没有标注日期，但他推测其时间当在英廉奏折之后，并提供了三个原因：

a. 它在文件序列中的编号位置，参考 Goodrich, *Literary Inquisition*, p. 218。

b. 因为提交奏折的《四库全书》馆臣是根据禁毁书单开展工作的，这似乎可以推测出同时也准备了一个界定禁书的原则。

c. 提及吴伟业的文件，即三宝在 1779 年 10 月 15 日提到的"小心翼翼地上呈"给皇帝审查的奏折（《文献丛编》第 8 辑，"违碍书籍单" 3b）。

引用了部分反满言论而销毁整部图书，并命令审查人员"仔细检查书中的违碍内容，并且进行删削"。第七条处理的是奏议文献。我们发现皇帝实际上希望保存与现状相关的奏议，例如《经世文编》中所收录的奏议。他敦促审查人员保持谨慎："任何违碍措辞都应该被审查，其他内容应得到保护。"在最后的总结条款中，则要求审查宋、明作者有关元朝、秦朝和辽代的作品，并做出必要的删改。①

对过分热情督抚的训斥

通过英廉制定的标准和提交的奏折可以发现，他显然对标准和制度化有了新的重视；这在皇帝对禁书的评论中，也有很明显的体现。虽然皇帝多次发现，提交上来的许多所谓禁书并不是违碍图书，但是他在1782年之前，从未谴责过提交这些图书的督抚。然而，在那年的春天，湖南巡抚李世杰使他注意到了一个涉及滥用禁忌词汇，以及夸张、愚昧的历史典故的案例。皇帝评论说："若俱如此吹毛求疵，谬加指摘，将使人何所措手足耶！此事总因李世杰文理不通。"两天后，皇帝发布了第二个诏谕，并进一步怒称："若办理地方事务皆似此草率，漫不经心，何以胜封疆重任耶？"②

同一年之后的一段时间，官员给皇帝上呈了一部充满痛楚言论的诗集。这是由一位苦读了一生却只获得了最低级科举身份的文人所写的。皇帝评论说："在草泽中私自啸咏者甚多，若必一一吹求，绳以律法，则诗以言志，反使人人自危，其将何所措手足耶？……将此通谕中外知之。"③

从法定的角度来看，审查直到1782年还未结束。各省书局继续存在，并每年向北京送交书籍，直到乾隆朝结束。1788年，皇帝甚至命令各省督抚，"宜实力查办，俾搜查净尽"。④ 但是，1782年以后，各省向朝廷提交的书籍数量、图书审查引起的诉讼官司，以及朝廷对此活动的兴趣，都有

---

① 有关谴责这些著作的诏谕，参考 Goodrich, *Literary Inquisition*：（钱谦益）Goodrich, pp. 100-107；（吕留良）Goodrich, p. 85, 注释 5；（屈大均）Goodrich, pp. 112-136；（金堡）Goodrich, pp. 144, 149；（有关年号名称）Goodrich, pp. 138-140。
② *WTYT*, pp. 764-765.
③ *WTYT*, p. 770.
④ Goodrich, *Literary Inquisition*, pp. 227-228.

明显的下降。1780年代早期的制度化和谴责可能代表着一个转折：该运动已经到了总结阶段，帝国文人在进一步的审查活动中几乎没有什么新收获。官僚、候补官员和文人都希望通过帝国的目标来获得自己的利益，因此他们对该活动热情洋溢。但是，当这种机会变少时，该活动也开始走向尾声。

各省官僚开始逐渐了解这些案件的背景和皇帝谴责的性质。四位督抚上奏，确认收到了谴责李世杰的诏谕。两广总督巴延三和安徽巡抚谭尚忠向皇帝承诺，他们会避免涉及像湖南诗案那样的小案件。① 巴延三说，他清楚地知道这种案件的危害性，因为他曾负责王尔扬的案件。江西巡抚指出，需要惩罚的情况包括嘲讽本朝的和其他反动的倾向；他同意皇帝的意见，认为没有必要向皇帝一一汇报用语不当的情况，也没有必要进一步调查所有士绅相互指控的案件。为了鼓励下属按照皇帝的意愿行动，巡抚说，他广泛宣传了所有案件的结果。巡抚李世杰本人上呈了两个奏折：一个奏折是为他的错误道歉；另一个奏折称，他已经下达了皇帝赦免被谴责者的诏谕。②

五、18世纪的史书审查和史学

这幅关于18世纪审查制度的发展和衰落的图景，与乾隆晚期的社会图景是一致的。18世纪最后二十五年的中国社会呈现出一种和谐、和平与繁荣的表象，但在其背后隐含着无数利益集团的竞争，这种竞争可能因人口增长的压力而不断加剧。审查活动中出现的现象是：候补官员竞相采集禁书，以竞争政府职位；绅士通过举报，来开展报复；巡抚通过耍花招，以避免皇帝的谴责。同样，朱筠试图将《四库全书》项目变成一个为自己服务的项目；政府和私人书籍持有者之间，则对最佳图书版本展开了争夺。审查活动是通过这些现象发展起来的；这可能是一个新发现，但它不应该是一个惊人的观点。

该运动主要是针对反满文献的，这一点也不足为奇。乾隆皇帝希望通过

---

① （安徽）KCT：CL 041209（谭尚忠，1782年5月15日）；（广东）KCT：CL 041330（巴延三，1782年5月31日）。

② KCT：CL 041191和KCT：CL 041364（李世杰，1783年6月3日）。

文学来控制其臣民的思想；虽然这种说法经常被提到，但从未被证实。另外，已有研究者证明，乾隆皇帝对自己或祖先的统治，存在一种"奇怪而又内疚的"微妙敏感性。① 反满历史文献不仅触动了这种敏感性，而且也破坏了满族的士气，并且很可能会破坏朝廷中满汉官员之间的平衡。皇帝借着大臣庆祝自己六十寿辰，以及《四库全书》的编纂，来发起一场消除反满文献的运动，这似乎是合理的。

人们对有关审查运动的新结论也许感到十分惊讶，但也可能只不过是因为该说法是新的。以前的学者都没有提出过这种解释。正如引言中所说，他们的困难之一是缺乏原始材料。但是，我们还可能从理论和方法两个方面来解释。

20 世纪的历史学家将"文字狱"视作满族统治笨拙而又低效的一个典型案例。在该政权与西方相遇的前夕，它已经丧失了学术生机和政治活力。孙中山曾经写道：

> 在满洲专制之下保存民族主义，是不拿文字来传，拿口头来传的。……就是当时有文字传下来，到了乾隆时候也被销毁了。……因为当时违禁的书，兴过了好几回文字狱之后，中国的民族思想保存在文字里头的，便完全消灭了。②

当然，这种声明是革命思想的一部分。但其背后的内涵却早已长久地深植人心。有一个中国书店，曾出版了一系列清朝禁书，并在 1977 年的书目中写道：

> 因为汉人有"将自己与其敌人区分开来的精神，以及将自己与蛮族人区分开来的精神"。这种精神长期延续并繁荣。满人入主中原后，他们十分清楚这个原则。并且他们意识到，为了保持自己的地位，超越汉人，他们首先必须摧毁汉人精神的这一精神因素。
>
> 我们知道，书籍是转化传统思想和精神的最重要的媒介。因此，清政府彻底调查我们国家曾长期保存的书……我们已经尽力寻找这些图书及其副本，研究其流传情况，以促进这个集体的目标，即"振兴中国文

---

① David S. Nivison, "Ho-shen and His Accusers," p. 236.
② 引自归静先：《清代文献纪略》，4—5 页。

化"的目标的实现。①

在1959年出版于台湾的一部作品中，张舜徽把"文字狱"归咎于18世纪的学者，因为他们愿意从事乏味的、无益的考证研究，并暗示，他们未能在其研究中发现革命性的寓意。②

傅路德在他的英语著作《乾隆朝的文字狱》中似乎已经接受了与他同时代的中国学者的看法，并且把文字审查作为皇权专制的一个实例，而没有将满族的民族主义观念纳入他的作品中，而这种观念与他文中的观点是相违背的。傅路德批判道："由于受到他同时期学者的影响，乾隆皇帝站在了社会公议的对立面。"③

某些历史学家试图从这个角度来考察"文字狱"，以评估其对中国思想遗产造成的损害，而不是探索该审查是通过何种程序和机制发展起来的。这种研究多集中于禁书中的只言片语，而这些资料是档案工作者从官方记录和该运动参与者的私人作品中发现的。自1883年以来，已有三篇长文和许多短文专门讨论这些文献。④ 虽然已编纂了大量禁书目录，但并未发现一个包含所有被地方审查专员完全或部分审查过的完整禁书清单，或者说这样的清单实际上从未存在过。此外，人们可能认为，现存清单上的每部书都曾被禁，但也有人认为，由于缺乏统一标准，以及督抚对规则的破坏，这些清单

---

① 1977年伟文图书出版社出版的目录，台北，1页。
② 张舜徽：《清代扬州学记》，1—2页。
③ Goodrich, *Literary Inquisition*, p.6.
④ 第一个禁书索引是由姚觐元于1883年完成的，并被收录在他的《咫进斋丛书》之中。之后，商务印书馆重印《四库全书总目》时，将它作为附录收录。姚氏的作品被补充了两次：第一次是邓实1907年出版的，保存在江宁书局的一个索引（《清代禁毁书目补遗》）；第二次是1925年出版在《北京大学国学门周刊》的奏折，其中包括军机处1783年的奏折，含7次上呈禁毁书的奏折。这两次补充，连同姚觐元的原作，最近被汇为一编，即《清代禁毁书目清代禁书知见录》（上海，1957）出版。1930年代，随着有关清朝档案的研究的继续推进，其他清单也被逐渐发现并出版，其中也多包含私人从省会转送到北京的禁书。1932年，陈乃乾发表了所有已知禁书的名单索引，题为《索引式的禁书总录》（上海，1932）。自1930年代以来，已有大量文章列表分析这些清单上的各种条目。1969年，台北"故宫博物院"工作人员吴哲夫发表了一份关于禁书总数的研究《清代禁毁书目研究》，该研究总结了以往所有的研究成果，以及他在"故宫"档案馆找到的其他材料，其中99—117页包含了对现存索引的简要总结。

并不能完全或至少不能准确地反映皇帝推行该活动的目的。如果我们只根据这些清单来总结乾隆皇帝的学术政策，这将是十分危险的；从方法论来看，这种推论也是不合理的。

1979 年末和 1980 年初的许多中国历史学家强调乾隆禁毁书籍的另外的一些方面。有些人认为，当最高统治者常被视为拥有至高无上的智慧和改造社会的责任的人时，这些人破坏思想和文化的可能性就很大；当政治权威不受法律限制时，统治者就只受到环境的制约。也有些人认为，审查过程中存在的控诉和嫉妒源于清朝政府的"文字陷阱"，将其视为 18 世纪中国"封建"社会的特征。他们提出的观点确实很具有说服力。乾隆时代审查的普遍模式——通过官方提出一个模糊的倡议，借助渴望取悦官员的民众的热情，当民众积极反馈时朝廷则开始抽身——在中国历史上曾多次重复。审查活动体现了中国历史的一些常见特征，但也与 18 世纪中国的社会特征有关，如汉人与满族统治者之间不断变化的关系，以及学者与国家关系模式的变化。试图将该运动与更普遍的历史模式联系起来是有一定道理的，但这未免过于简单化。①

本章不仅仅是将 18 世纪的审查制度视为帝国专制主义的一个例子来分析，而且还将其视作所有参与者的利益和态度所引发的历史事件来讨论。其目的并不是为乾隆皇帝寻找借口；文字审查总是令人厌恶的，当涉及生命和财产的破坏时，其情况尤其如此。如果考虑到发起活动时皇帝所扮演的角色，人们可能会发现，这场运动所导致的人身和学术悲剧并非全部出自皇帝一人之手。18 世纪的中国知识界太大、太复杂、太多元化，以至无法由一人主宰。这个时代的狂热和过激行为见证了这种复杂性。

因此，乾隆时期历史和史学作品方面的审查是非常具有讽刺意味的。这个确保王朝名声的运动事实上为清廷带来了专制和偏执的恶名。而且仔细审查那些经常被引用为清王朝专制统治例证的事件时，我们也会发现，在 18 世纪中国，帝国意志的执行也常常受到当时不同社会利益集团的制约。

---

① 1979 年秋到 1980 年冬，中国有几篇关于乾隆时期"文字狱"的文章。它们是孔立的《论清代的文字狱》、左步青的《乾隆焚书》、王思治的《明清文字狱简论》、韦庆远的《重读〈清代文字狱档〉》。我很感谢 Thomas Fisher 向我提供有关这几篇文章的见解。

第七章
结　　论

　　1770年代和1780年代乾隆朝的文化活动呈现出了多种多样的动机和意图，审查制度只是其中的一个活动。在《四库全书》编纂过程中，尽管其破坏性可能更小，但也呈现出了多种多样的动机和意图。该项目既是基于传统理想的考虑，又有现实考虑。学者回应帝国的意图的不同方式，反映了他们所处的复杂制度环境，也体现了他们对真理本身，以及对追求真理最佳手段的不同看法。也许官方意图对《四库全书》定稿的影响最大，而这些官方意图又受到思想、派系和个人理念的制约。从学术的角度来看，《四库全书总目》反映了考证学的基本观点，但其中某些表述也无疑受到了满族民族敏感和帝国自豪感的影响。《四库全书》反映了多种多样的不同关注点，所以该项目并不是一个被任何个人支配的项目。本研究的观点是，乾隆晚年赞助的文化活动是学者和国家之间相互作用的产物。本章将简要总结本研究拟揭示的18世纪中国政治和思想史内涵。

　　本研究以及其他有关18世纪中国的研究表明，与许多国家一样，中国政府有自己的统治术。但是，如果我们说乾隆皇帝不是一个暴君，但这并不一定意味着他是一位无能或软弱的君主。乾隆政府的实力是惊人的，帝国统治的固有局限性也是十分惊人的；同时，在这个长期不受外国或国内灾难影响的帝国中，也形成了固化的社会兴趣和思想习惯，而这种兴趣和习惯的重要性同样是十分惊人的。乾隆皇帝扮演着官方道德领袖的角色。相比于"支持或镇压某一势力"的角色来说，乾隆皇帝的这种道德领袖身份可能更重要。

　　乾隆朝在《四库全书》项目中取得的成绩确实令人惊叹。乾隆朝不仅编纂了中国历史上最大的一部丛书，同时还编制了一部尽管有其局限性却至今仍未被废弃的目录著作。《四库全书》馆所取得的成就不仅是政府成就的标志,也是 18 世纪学术实力和活力的代表。此外,此项目至少将部分学者纳入了政府之中,因此,乾隆政府实现了清代早期和明末统治者所未能实现的许多目标。这些成就不容低估。乾隆朝较以往中国任何时期的人口都要多,地域范围都要大,社会复杂程度都要高。此外,与此前任何一个时代相比,也许中国 17 世纪和 18 世纪的知识分子与政府最为疏远。表面上的统一并不意味着成功。虽然王朝衰落的迹象在《四库全书》项目中表现得十分突出,但这并没有影响其彰显王朝表面的和谐与成就。

相比之下,从之后回顾性的批判中,我们可以很容易发现,《四库全书》项目的许多目标都未能实现。很少有人关注到那些并未被罗列和记载的"有损《四库全书》质量的文本错误,以及《四库全书总目》中的不当评价"。乾隆朝在文化领域中最大的失败,即政府对违碍图书的审查实际上是无力的和低效的。当然,这是一项甚至对现代政府来说都很难完成的任务,而清朝早期皇帝甚至从未尝试去完成这样一项任务。

乾隆朝无疑是清代的一个转折点,但是试图为该时代做一个终极的功过判断则是枉然的。然而,对"该时代成败模式及其形成过程"的讨论则可能是更为重要的。必须指出的是,该模式和过程可能并不是由某个人或某个派系创造的。相反,中国历史学家认为,官员道德的退化、文人矛盾的增加,以及政府用人不当等趋势,并不是一朝一夕形成的。某些趋势的出现,可能确实与某些堕落的共识的出现有关,这种共识也随着复杂或者说多元社会的发展而日益增长。

18 世纪满族统治者和他们的汉族臣民之间是一种不断演变的社会关系,而这种关系也是十分有趣且重要的。不幸的是,大部分关于清史的研究,都将 17 世纪满族统治者的关注点视作整个清朝的政策。然而,很明显,随着满人社会经济地位、文化素养和政治稳定程度的变化,其态度和目标也发生了改变。虽然没有完整记载乾隆皇帝发起审查活动的意图的文献,也无法确认和珅、阿桂与其汉族同僚之间的关系,但我们可以做一些初步的研究,来理解清朝中期的满汉关系状况。从《四库全书》馆的人员名单可知,没有满人曾承担实质性编修工作。但是,他们确实担任了提调官、校阅和总裁等职务。满人统治者肯定也意识到这一事实。在将满人与汉族臣民分开的问题上,满人也表现出了一种十分明显的基于民族差异的敏感性。其表现之一便是要求编纂者修改部分有关"汉族和其他少数民族关系"的文献内容,另一个表现便是他们在"1770年代和1780年代发起的一系列涉及满文传统和历史的出版物的审查活动"。尽管18世纪的满人已经熟练掌握了汉人的文化艺术，但是，他们也很清楚地理解"自己仍然是少数民族"。相比之下，虽然18世纪的许多汉人似乎没有完全忘记满族统治者的少数民族身份，但是他们至少接受了满人的领导。汉族学者愿意顺从满族统治者。事实上，在审查活动中，很多汉人曾十分熟练地利用了满人的敏感性，来解决旧的社会和经济矛盾。满人的民族意识和汉人的容忍度之间存在着明显的不协调性。这可能并不奇怪，因为这两个群体的人口规模相差很大：在整个清朝统治期间，满族统治者可能一直都意识到，满族人口相对较少，但他们的社会和政治地位却相对较高。满人和汉人对民族问题的认识，可能导致了这样一种局面：满汉之间的差异对朝廷制定政策有很重要的意义，但是对于那些远离首都北京的人来说，则变得越来越不重要。这样的假设，可以解释北京政府对反满情绪的极度敏感性（这种敏感性导致朝廷委派专员来删除满人名字中所有的"兔"字），但地方却很少出现基于民族因素的反清活动。

清统治者的民族意识可能影响了清朝政策及其历史发展，但这样的意识是否影响了近代中国其他方面的发展呢？如果有的话，《四库全书》是由满人编纂的这一事实，对中国制度和学术发展的影响如何？这个问题隐含着另一个似乎很难回答的问题，即"汉人怎么做才会产生不同的结果"。然而，我们还是可以提出某些猜想。帝国图书采集活动的先例古已有之，并已存在了许多个世纪。相比于其他活动而言，乾隆皇帝更急于证明自己对中国传统经典的熟悉程度；他似乎唤醒了一个沉睡已久的传统，并依稀地意识到，"汉族学者与统治者的制度和需求"已经发生了改变。结果，朝廷诏谕与社会的和学术的需要很难完全匹配。在清代历史上，这样一种模式曾反复出现；后人往往认为它对中国社会的发展产生了不利的影响。然而在《四库全书》这个案例中，汉族和满族精英创造性地利用了传统模式，来满足新需求。《四库全书》为汉族学者提供了收集和评论自己思想遗产，并巩固其观念的机会。这与刘向《别录》要实现的目标不同。随着学界对清朝制度史研究的推进，这种有关制度创新的案例，有可能会被证明并非是对"汉人社会特征发生了改变"的一种罕见的回应；这种案例也可能会被证明与"清廷对中国社会的长久和稳定的控制"是不同步的。

如果上述论证被证实，那么《四库全书》之所以能够具有如此的丰富性、复杂性和创造性,其原因则在于该项目并非出自一人之手。直到近年来,关注"确立传统中国精英地位的社会和经济基础"的历史学家,多忽视了"中国精英阶层是如何有意识地将自己区分开来的"。然而,本研究揭示了这一点:中国的精英阶层有许多不同的生活方式,以及不同的社会和政治责任观念。本研究考察的精英是爱德华·希尔斯(Edward Shils)所讨论的一群知识分子。比起那些抽象意义上的人群来说,这些知识分子曾频繁地在他们的演讲和写作中表达自己的观点。然而,他们中一部分人很显然已经受到了朝廷任命,而另一部分人则总是憧憬着当官或被招募。还有一些人,比如说戴震和邵晋涵,则更加倾向于纯粹的学术研究。不同层次的精英参加《四库全书》项目的意图也有所不同,但是,《四库全书》项目最终成果优劣并存的现象,也反映了参编人员的多样性。

《四库全书》项目可能没有反映18世纪官僚机构的任何新发展。从理论上来说,那些接受过古典教育的官员完全可以胜任采集和评估书籍的任务。因此,此项目可能比其他当代研究,更清楚地揭示了18世纪后期统治机构的优势和局限性。从某种意义上来说,这些优势和局限性也体现了该官僚体制的特征。如果把清政府比作一个游戏场域,那么皇帝拥有所有的牌,而官僚一般都是在帮皇帝打牌。从理论上来说,中国政府的所有合法权威都来自皇帝,而皇帝的权威又来自天命,因此,官僚应该完全依赖皇帝。面对皇帝的命令,无论是采集和编纂最好的书籍,还是销毁违碍图书,清朝皇帝的奴仆们都只能服从。可以肯定的是,皇帝之所以满怀愤怒和沮丧地谴责某些官员,其部分原因在于,官僚的所有行为都是以皇帝的名义展开的。当海成允许《字贯》这样的书流传时,或当抄写员在誊录《四库全书》文本过程中犯错时,他们都在某种意义上滥用了皇帝授予他们的权力。滥用权力不仅仅是行政错误,而且是道德错误。

虽然皇帝最终终止了他的命令,但理智的官员应该很早便阻止他发起这些命令。或者,在命令下达之后,明智的官员应该尽可能地模糊执行;这样的话,管理人员才会有最大的回旋余地。正如上文提供的证据所示,除了行政障碍外,在那个依靠朝廷恩宠的时代,官僚间的竞争也影响了朝廷政策的实际执行方式。在外部挑战和内部动荡都不能决定哪件事情当优先办理的情况下,以及当先例和个人限制了国家意志的时候,官僚只能以间接方式影响朝廷的决策。官方史学传统下的历史书写,常常隐藏着官僚对朝廷制定政策的影响。在《四库全书》项目中,官僚的影响也是显而易见的;许多不同类型的官员都对该项目表示了兴趣,尽管这只能通过模糊的史料来证明。显然,地方教官(如朱筠这种首都派来的教官),于敏中、刘统勋这种高级官员,以及姚鼐、邵晋涵这种学者化的官员,都对《四库全书》产生了影响。讽刺之处在于,虽然所有官员都不得不服从朝廷的命令,但是,如果该项目没有以某种方式满足这些官僚各自的利益,那么,该项目也不可能取得成功。

可能最有趣和最有意义的部分则是研究学者的动机。常有人认为,18世纪学者之所以参加《四库全书》项目,意味着他们正在向一个残酷野蛮政权投降;人们常认为,这是不明智的而且是自私的做法。但是,本研究发现,学者之所以热心地参与这项工作,是因为他们认为,此项目给他们提供了个人能力范围之外的资源,可以帮助他们实现自己的目标。这一发现对于研究清代学术和《四库全书》本身都有重要意义。考证学家关注语言和文本传播,这常常被视作他们的焦虑的产物:如果强调更大的社会或思想问题,那么,他们很可能会招致朝廷的镇压。然而,正如本研究所发现的那样,满族的敏感区域实际上是相当有限的,并且也是可预测的。乾隆时期编纂过的绝大多数文本和禁止过的书籍,都是涉及"汉族和其他少数民族关系的历史",或与"16世纪和17世纪满人崛起的历史"有关的作品。本研究发现,没有任何证据表明,清政府曾经试图用审查制度来改变中国其他思想领域的基本方向。鉴于这一发现,人们必须考虑到这样一种可能性:清朝知识分子之所以审查语言学和认识论的问题,要么是因为他们认为这样做会带来经济利益,要么是因为他们认为这些问题真的很重要。在找到更多资料来支撑"清代学者可能获得的经济利益和资源"之前,我们很难评价第一条猜想。然而,我们可以明确地指出,获得经济利益的希望并不是参与编纂《四库全书》的主要动机。而且,从18世纪知识分子的作品和《四库全书总目》文本中,我们可以发现足够的证据来证实第二条猜想。朱筠和他的同事之所以研究古代文本,是因为他们相信,他们可以重新发现古老的真理。邵晋涵之所以纠正历史记载,是因为他想为那些追随他的人提供行为和政治智慧的典范。

《四库全书》的编纂成果塑造和体现了这种信仰。《四库全书》项目不仅为学者提供了一个比他们的私人资源范围更大的文本基础,来审查《永乐大典》,也提供了一个引发所有文人尊重和关注的评价平台。确实,朱筠及其圈子推荐的某些项目,并没有得到军机处的批准。但是,军机处的否定意见多是基于这些建议的实践性不强,并不是因为它们本身不合理。也许,为了衡量图书采集项目在多大程度上引起了18世纪学者的关注,我们最好去考察该项目所引起的社会反响。姚鼐和他的追随者并不反对图书采集的理念,也没有反对学术合作。他们的反应多是针对"考证运动"的目标及其关注的问题,而其目标和关注的问题是受到朝廷认可并由《四库全书》项目引发的。

18世纪知识分子愿意参与《四库全书》项目,从这一点我们可以发现皇权对中国学术的重要性。显然,如果真理是通过朝廷认可的形式存在的,那么,各种持有不同观点的人都会试图获取朝廷的恩宠。另外,对于一位认为帝国的安全依赖于精英的忠诚性的皇帝来说,他的宣传也不可能会反复无常。的确,这可能就是为什么将皇权应用于学术领域的往往是朝廷某机构,而非皇帝本人。归根结底,18世纪学者们的竞争,都是为了赢得这位"关注社会公论"的皇帝的恩宠。这是否与现代学术话语中常提到的"竞相获取公共声誉"的现代知识分子有着明显的不同呢?当然,皇帝也曾越过这些知识分子和帝国官僚,并试图将有关个人或家庭的相关考虑强加于学术界。事实上,乾隆皇帝曾努力消除历史记载中对满人祖先不利的描述,这可能就是一个很好的例子。然而,皇帝诏谕所引发的骚乱很好地说明了"如果皇帝越过知识分子行事,可能会带来危险";这也说明了"为什么明智的统治者会将这些任务交给官僚来执行"。可以确定的是,中国皇帝既是圣人,又是统治者;这给中国学术界带来了压力——按照惯例,知识分子必须遵照统治者行事,并且遵守一定禁忌。但对于持"皇权是自然产物"这种观点的学者来说,这种惯例似乎并不是一种约束,而是文明生活的必然产物。到底有没有证据表明,相比于西方学术话语模式对现代思想家的自由所产生的限制来说,这种惯例对中国知识分子的创造力产生过更大的限制呢?正如本研究所提供的案例所示,如果该问题的答案是否定的,那么我们没有理由怀疑,比其同时期的西方同行来说,这些中国学者在表达社会和政治观点时,受到了更多的约束。这给中国思想史学家提出了另一个挑战,那就是如何评估中国学者的成就,以及如何理解他们所受到的"约束",而不是谴责中国统治者的专制。

注释中使用的缩略语

CCCT: CL "故宫博物院"（台北）档案馆，军机处档，乾隆朝。第一次引用时将包括奏折编号、日期和上奏者名称。

CSCWC 《章实斋先生文集》，台北文海出版社重印，1968年。

ECCP 《清代名人传略》(*Eminent Chinese of the Ch'ing Period*)，Arthur W. Hummel 编，台北文学馆重印，1964年。

HCCS 《学政全书》，台北文海出版社重印，1968年。

HPHSL 姚鼐：《惜抱轩书录》，见《惜抱轩遗书三种》，毛岳生编，桐城，1879年。

KCCHLC 《国朝耆献类征初编》，李桓编，湘阴，1884—1890。

KCT: CL "故宫博物院"（台北）档案馆，宫中档，乾隆朝。引用形式与 CCCT: CL 相同。

Pan-li 《办理四库全书档案》，王重民编，北京，1935年。该书分为两册，我将使用罗马数字Ⅰ和Ⅱ来区分。我在引用收入此档案的官方文件时都将采用 Pan-li 来标注。

SCHNP 黄云眉：《邵晋涵先生年谱》，1933年。

SYT: FP "故宫博物院"（台北）档案馆，上谕档（方本），乾隆朝。

《实录》 《大清高宗纯皇帝实录》，东京，1937—1938年。

TMTY 《钦定四库全书总目提要》，纪晓岚编，台北商务印书馆重印，1971年。商务印书馆重印时不同分册的页码连续，本书将引用这种连续页码。其传统意义上的卷数和页码则放在注释最后的括号内。

TYFTK 邵晋涵：《四库全书提要分纂稿》，见《绍兴先正遗书》，马用锡编，1883年。

WTYT 《清代文字狱档》，台北文海出版社再版，1975年。

YMCSC　于敏中：《于敏中手札》，陈垣编，台北文海出版社再版，1968年。

所有朝代正史都采用中华书局版（1959—1972），并标注页码、文章标题以及卷数。

在首次提及某《四库全书》馆臣或者清代"文字狱"其他涉案人员时，尽量标注其出生和死亡日期。

参考文献

Araki Toshikazu 荒木敏一. "Choku-sho Kyogaku no sei o tsujite mitaru Yosei chika no bunkyo seisaku" 直省教學の制を通じて觀たる雍正治下の文教政策 (The provincial school inspectors as an example of Yung-cheng period educational policy). *Toyoshi kenkyu* 東洋史研究, 16.4: 70–94 (March 1958).

——. "Yosei jidai ni okeru gakushinsei no kaikaku —shu toshite sono nin yoho chushin toshite" 雍正時代に於學政の改革——主として其人任田を中心として. *Toyoshi kenkyu* 東洋史研究, 18.3: 27–41 (December 1959).

Atwell, William S. "From Education to Politics: The Fu-she," in *The Unfolding of Neo-Confucianism*, ed. Wm. Theodore de Bary. New York, Columbia University Press, 1975.

Bartlett, Beatrice S. *The Vermillion Brush: Grand Council Communications System and Central Government Decision Making in Mid-Ch'ing China*. Yale University Press, forthcoming.

Beattie, Hilary J. "The Alternative to Resistance: The Case of Tung-ch'eng in Anhwei," in *From Ming to Ch'ing*, ed. Jonathan D. Spence and John E. Wills. New Haven, Yale University Press, 1979.

Bodde, Derk. *China's First Unifier: A Study of the Ch'in Dynasty as seen in the Life of Li Ssu…* (280?–208 B.C.). Leiden, E. J. Brill, 1938.

Brunnert, H. S. and V. V. Hagelstrom. *Present Day Political Organization in China*, tr. A. Beltchenko and E. E. Moran. Shanghai, Kelly and Walsh, 1912.

Carter. *Thomas Francis, The Invention of Printing in China and Its*

Spread Westward. New York, Columbia University Press, revised edition, 1931.

Chan, Hok-lam. *Control of Publishing in China, Past and Present*. Canberra, The Australian National University, 1983.

Chan, Wing-tsit. *A Source Book in Chinese Philosophy*. Princeton, Princeton University Press, 1963.

——. "The Hsing-li ching-i and the Ch'eng-Chu School of the Sixteenth Century," in *The Unfolding of Neo-Confucianism*, ed. Wm. Theodore de Bary. New York, Columbia University Press, 1975.

——. "Chu Hsi and Yuan Neo-Confucianism," in *Chinese Thought and Religion Under the Mongols*, ed. Wm. Theodore de Bary and Hok-lam Chan. New York, Columbia University Press, 1982.

《掌故丛编》，卷 1—10，北平：故宫博物院，1928 年 1 月—1929 年 10 月。

张之洞著，范希曾补：《书目答问补正》，张氏《序言》，1875；范氏《序言》，1931，北京：中华书局重印，1975 年。

Chang Chun-shu. "Emperorship in Eighteenth Century China," *Journal of the Institute of Chinese Studies of the Chinese University of Hong Kong* 7. 2：551-569（1974）.

章学诚：《文史通义》，1771 年，香港：太平书局重印，1973 年。

——.《校雠通义》，1779 年，北京：古籍出版社重印，1956 年。

——.《章氏遗书》，刘承幹编，吴兴：嘉业堂，1922 年。

章贻选：《章实斋先生文集》，台北：文华出版公司重印，1968 年。

章炳麟：《检论》，台北：广文书局重印，1970 年。

昌彼得：《中国目录学讲义》，台北：文史哲出版社，1973 年。

陈捷先：《论八旗通志》，见《八旗通志》，台北：台湾学生书局重印，1968 年。

陈垣：《史讳举例》，《燕京学报》，4：537-651（1924 年 12 月）。

——.《旧五代史辑本发覆》（三卷），北平：辅仁大学，1937 年。

——.《清代文集篇目分类索引》，1935 年，台北：国风出版社重印，1965 年。

纪昀（晓岚）：《阅微草堂笔记》，1800年，台北：大中国图书公司重印，1974年。

纪文达（晓岚，昀）著，纪树声编：《纪文达公遗集》，台北：1812年。

贾逸君：《清代文字狱考略》，载《中法大学学刊》10.5：65-94（1937年3月）。

江藩：《汉学师承记》，1818年，上海：商务印书馆重印，1934年。

江永：《古韵标准》，台北：广文书局重印，1966年。

焦竑：《国史经籍志》，1590年，长沙：商务印书馆重印，1939年。

钱穆：《中国近三百年学术史》，1938年，台北：商务印书馆重印，1972年。

钱大昕：《金石文跋尾》，1787年，长沙：龙氏家塾刻本，1888年。

——.《潜研堂文集》，1806年，上海：商务印书馆重印，1935年。

——.《补元史艺文志序》，见《二十五史补编》，4：8393-8394，上海：开明书局重印，1937年。

钱曾：《述古堂藏书目》，见：伍崇曜编：《粤雅堂丛书》，台北：华文书局重印，1965年。

支伟成：《清代朴学大师列传》，1925年，台北：艺文印书馆，1970年。

金简：《钦定武英殿聚珍版程式》，见《聚珍丛书》，北京：1777年。

于敏中编：《钦定学政全书》，修订版于1782年上呈，台北：文海出版社重印，1968年。

永瑢等编：《钦定四库全书简明目录》，1782年，上海：古典文学出版社重印，1957年。

纪晓岚等编：《钦定四库全书总目提要》，1782年，台北：商务印书馆重印，1971年。

《清史》，台北：1961年。

《清史列传》，上海：中华书局，1928年。

《清代禁毁书目（补遗）》，见《清代禁书知见录》，上海：商务印书馆，1957年。

《清代文字狱档》，1931年，台北：文海出版社，1975年。

周予同：《经今古文学》，上海：商务印书馆，1936年。

周永年：《儒藏说》，见吴昌绶编：《松邻丛书》，1917年。

朱熹：《楚辞辨证》，见《楚辞集注》，北京：中华书局重印，1963 年。

——.《古史论语》，见徐树铭编：《朱子集》，1810 年。

朱汝珍：《词林辑略》，北京：1929 年。

朱筠：《笥河文集》，李威编，1815 年，上海：商务印书馆重印，1936 年。

全祖望：《鲒埼亭集外编》，董秉纯编，1804 年，上海：商务印书馆重印，1969 年。

——.《鲒埼亭集》，史梦蛟编，1804 年，上海：商务印书馆重印，1929 年。

庄吉发：《王锡侯"字贯"案初探》，载《史原》10.4：137–156（1973 年 10 月）。

Chuzo Ichiko. "The Role of the Gentry: An Hypothesis," in *China in Revolution: The First Phase*, ed. Mary C. Wright. New Haven, Yale University Press, 1968.

Demieville, Paul. "Chang Hsueh-ch'eng and his Historiography," in *Historians of China and Japan*, ed. by Edwin Pulleyblank and Wm. G. Beasley. London, Oxford University Press, 1961.

Dubs, Homer H. "The Reliability of the Chinese Histories," *Far Eastern Quarterly* 6: 23–43 (1946—47).

Dull, Jack L. "An Historical Introduction to the Apocrypha (Ch'an-wei) Texts of the Han Dynasty." Ph D. dissertation, University of Washington, 1966.

Ebrey, Patricia. "Types of Lineages in Ch'ing China: A Re-examination of the Chang Lineage of T'ung-ch'eng," *Ch'ing-shih wen-t'i* 4.9: 1–20 (June 1983).

Elman, Benjamin A. "Japanese Scholarship and the Ming-Ch'ing Intellectual Transition," *Ch'ing-shih wen-t'i* 4.1: 1–22 (June 1979).

——. "The Hsueh-hai-tang and the Rise of New Text Scholarship at Canton," *Ch'ing-shih wen-t'i* 4.2: 51–81 (December 1979).

——. "From Value to Fact: The Emergence of Phonology as a Precise Discipline in Late Imperial China," *Journal of the American Oriental Socie-*

ty 102.3：493-500 (July October 1982).

——. "Philosophy (I-li) Versus Philology (K'ao-cheng)：The Jen-hsin Tao-hsin Debate," *Toung Pao* 69.4 & 5：175-222 (1983).

——. *From Philosophy to Philology：Intellectual and Social Aspects of Change in Late Imperial China*. Cambridge，Mass.，Council on East Asian Studies，Harvard University，1984.

Entenmann，Robert E. "De Ton sura Sino-Tartarica：A Study of the Queue in Early Ch'ing China," Seminar Paper，Harvard University，1974-1975.

方东树：《汉学商兑》，台北：商务印书馆重印，1974年。

Feng Han-chi. "The Chinese Kinship System," *Harvard Journal of Asiatic Studies* 2.2：141-269 (July 1937).

Fisher，Thomas S. "Lü Liu-liang (1628-1683) and the Tseng Ching Case (1728-1733)," Ph D. dissertation，Princeton University，1974.

Fishman，Olga. *T'szi Yun Zametki iz Khizhni Velikoe v Malom*. Moscow，Izdatelstvo Nauka，1974.

Freedman，Maurice. *Chinese Lineage and Society：Fukien and Kwangtung*. London，Athlone Press，1966.

——. *Lineage Organization in Southeast China*. London，Athlone Press，1958.

Frost，Robert. *The Poetry of Robert Frost*. New York，Holt，Rinehart and Winston，1968.

傅宗懋：《清代军机处组织及职掌之研究》，台北：嘉新水泥公司文化基金会。

Galt，Howard S. *A History of Chinese Educational Institutions*. London，A. Probsthain，1951.

Giles，Lionel. *An Alphabetical Index to the Chinese Encyclopedia*. 1911. Taipei，Ch'eng-wen shu-chü reprint，1970.

——. "A note on the Yung-lo ta-tien," *New China Review* 2：137-153 (1920).

Goodrich，L. Carrington. *The Literary Inquisition of Ch'ien-lung*.

Baltimore, American Council of Learned Societies Studies of China and Related Societies, 1935. Reprinted by Paragon Book Co., New York, 1966.

———and Fang Chao-ying, eds. *Dictionary of Ming Biography*. New York, Columbia University Press, 1976.

Grimm, Tillman. "Ming Educational Intendents," in *Chinese Government in Ming Times: Seven Studies*, ed. Charles O. Hucker. New York, Columbia University Press, 1969.

Guy, R. Kent. "Decadence Revisited: National Essence Views of the Eighteenth Century," Unpublished paper, presented at the annual meetings of the Association for Asian Studies, March 1983.

———. "The Development of the Evidential Research Movement: Ku Yen-wu and the Ssu-k'u Ch'uan-shu," *Tsing-hua Journal of Chinese Studies*, New series, 16.1 and 2: 97–118 (Dec. 1984).

———. "Zhang Ting-yu and Reconciliation: Scholars and the State in the Early Qianlong Period," *Journal of Late Imperial China* 7.1 (June, 1986).

Hamaguchi Fujio 濱口富士雄. "Ho Toju no Kangaku shoda o megutte" 方東樹の漢學商兌を繞つて. *Taito bunka daigaku kangaku kaishi* 大東文化大學漢學會誌, 15: 73–79 (1976).

———. "Ho Toju no Kangaku hihan ni tsuite" 方東樹の漢學批評について. (Fang Tung-Shu's criticisms of Han learning). *Nihon Chugoku gakkaiho*, 日本中國學會報 30. 17: 165–178 (1978).

Henderson, John B. *The Development and Decline of Chinese Cosmology*. New York, Columbia University Press, 1984.

Ho Ping-ti. "The Salt Merchants of Yangchow: A Study of Commercial Capitalism in Eighteenth Century China," *Harvard Journal of Asiatic Studies* 17: 130–168 (1954).

———. *Studies on the Population of China, 1368–1953*. Cambridge, Mass., Harvard University Press, 1959.

———. *The Ladder of Success in Imperial China*. New York, Columbia University Press, 1962.

侯外庐：《近代中国思想学说史》，上海：生活书店，1947年。

萧一山：《清代通史》，修订版，台北：商务印书馆，1976年。

Hsiao Kung-chuan. *Rural China*: *Imperial Control in the Nineteenth Century*. Seattle, University of Washington Press, 1960.

谢启昆：《小学考》，1802，杭州：浙江书局，1888年。

谢国桢：《晚明史籍考》，北平：国立北平图书馆，1933年。

许霁英：《清乾隆朝文字狱简表》，载《人文月刊》，8.4：1-13（1937年6月）。

《续修四库全书提要》，台北：商务印书馆，1972年。

许世瑛：《中国目录学史》，台北：中华文化出版事业委员会，1954年。

薛居正：《旧五代史》，北京：中华书局，1976年。

Hu Shih. "The Establishment of Confucianism as a State Religion during the Han Dynasty," *Journal of the North China Branch of the Royal Asiatic Society* 60：20-41 (1929).

胡适：《胡适文存》，上海：亚东图书馆，1929—1930年。

——. *The Chinese Renaissance*. Chicago, University of Chicago Press, 1934.

胡思静：《退庐全集》，1924年，台北：文海出版社，1973年。

阿桂等编：《皇清开国方略》，北京：1789年。

黄宗羲：《南雷文定》，1688年，上海：中华书局重印，1936年。

黄云眉：《邵二云（晋涵）先生年谱》，1933年，香港：崇文书店重印，1972年。

Hucker, Charles O. *A Dictionary of Official Titles in Imperial China*. Stanford, Stanford University Press, 1985.

Hummel, Arthur W. *Eminent Chinese of the Ch'ing Period*. 1943-1944, Taipei, Literature House reprint, 1964.

Hung, William, "Preface to an Index to Ssu-k'u ch'üan-shu tsung-mu and Wei-shou shu-mu," *Harvard Journal of Asiatic Studies* 4.1：47-58 (1939).

——. ed. *Ssi-k'u Ch'üan-shu chi wei-shou shu-mu yin-te*. Harvard-Yenching Institute Sinological Index Series, no.7, 1932. Taipei, Chinese

Materials and Research Aids Service Center reprint, 1966.

——.《尔雅引得》,《哈佛燕京汉学引得丛书》, 18 号, 1941 年, 台北: Chinese Materials and Research Aids Service Center 重印, 1966 年。

——.《增校清朝进士题名碑录附引得》, 9 号, 1944 年, 台北: Chinese Materials and Research Aids Service Center 重印, 1966 年。

Jones, Susan L. M. "Scholasticism and Politics in Late Eighteenth-Century China," *Ch'ing-shih wen-t'i* 3. 4: 28–49 (December 1975).

——. "Hung Liang-chi (1746–1809): and the Perception and Articulation of Political Problems in Late Eighteenth-Century China," Ph. D. dissertation, Stanford University, 1971.

阮孝绪:《七录序目》, 见姚慰祖编:《晋石厂丛书》, 归安: 1881 年。

阮元:《四库未收书目提要》, 1876 年, 见商务印书馆重印版《钦定四库全书总目提要》, 卷 5, 台北: 1971 年。

Jung, Richard Lu-kuen. "The Ch'ien-lung Emperor's Suppression of Rebellion," Ph. D. dissertation, Harvard University, 1979.

Kahn, Harold L. *Monarchy in the Emperors Eyes: Image and Reality in the Ch'ien-lung Reign*. Cambridge, Mass., Harvard University Press, 1971.

Kawata Teiichi 和田悌一. "Shindai gakujutsu no ichi sokumen-Shu In, So Shinkan, Ko Ryokitsu to shite Sho Gakusei" 清代學術の側面朱筠、洪亮吉として章學誠. *Toho gakuho* 東方學報 57: 84–105 (January 1979).

Kessler, Lawrence D. "Chinese Scholars and the Early Manchu State," *Harvard Journal of Asiatic Studies* 31: 179–200 (1971).

——. *K'ang-hsi and the Consolidation of Ch'ing Rule*. Chicago, University of Chicago Press, 1976.

Kramers, R. P. "Conservatism and the Transmission of the Confucian Canon," *Journal of Oriental Studies* 11: 119–132 (1955).

Ku Chieh-kang. "A Study of Literary Persecutions During the Ming," tr. L. Carrington Goodrich, *Harvard Journal of Asiatic Studies* 3: 3–4: 254–311 (1938).

顾炎武:《原抄本日知录》, 徐文册编, 台北: 明伦出版社重印, 1958 年。

归静先：《清代文献纪略》，1944 年，台北：文海出版社重印，1971 年。

Kuhn, Philip A. *Rebellion and Its Enemies in Late Imperial China: Militarization and Social Structure, 1796–1864*. Cambridge, Mass., Harvard University Press, 1970.

——. and Susan Mann Jones. "Dynastic Decline and the Roots of Rebellion," *Cambridge History of China*, Vol. 10, Pt. 1. New York, Cambridge University Press, 1978.

孔立：《论清代的文字狱》，载《中国史研究》3：129—140（1979 年）。

《国朝宫史》，1769 年上呈给皇帝，台北：文海出版社重印，1970 年。

郭伯恭：《永乐大典考》，上海：商务印书馆，1937 年。

——.《四库全书纂修考》，上海：商务印书馆，1937 年。

《国粹学报》，上海，1905—1911 年，台北：文海出版社重印。

Lasswell, Harold D. "Censorship," in *International Encyclopedia of the Social Sciences*, ed. R. A. Seligman. New York, Macmillan, 1930.

Liang Ch'i-ch'ao, *Intellectual Trends During the Ching Period*, tr. Immanual C. Y. Hsu. Cambridge, Mass., Harvard University Press, 1959.

李晋华：《明史纂修考》，哈佛燕京学社：1933 年。

李富孙：《鹤征后录》，嘉兴：1807 年。

Li, Gertraude Roth. "The Rise of the Early Manchu State," Ph.D. dissertation, Harvard University, 1975.

李鹏年等编：《清代中央国家机关概述》，哈尔滨：黑龙江人民出版社，1984 年。

李文藻：《都门书肆之今昔》，见叶德辉：《书林清话》。

李延寿：《南史》，北京：中华书局，1975 年。

李桓：《国朝耆献类征初编》，湘阴，李氏家刻，1884—1890 年。

李元度：《国朝先正事略》，1866 年，台北：文海出版社重印，1976 年。

刘兆祐：《民国以来的四库学》，载《汉学研究通讯》，2.3：146-151（1983 年 7 月）。

刘汉屏：《略论〈四库提要〉与四库分纂稿的异同和清代汉宋学之争》，载《历史教学》，1979.7：40-44。

刘益安：《论乾嘉考据学派的历史作用及批判继承问题》，见《中国近三百年学术思想论集》,香港:崇文书局,1974 年。

刘声木:《桐城文学渊源考》,台北:世界书局,1962 年。

刘师培:《论中国宜建藏书楼》,载《国粹学报》,19(1906),台北:文海出版社重印,2287—2292 页。

——.《近代汉学变迁论》,载《国粹学报》,31(1907),台北:文海出版社重印,3819—3822 页。

Liu Tsun-yan. "The Compilation and Historical Value of the Tao-tsang," in *Essays on the Sources for Chinese History*, ed. by Donald D. Leslie, et al. Columbia, S.C., South Carolina University Press, 1979.

罗继祖:《朱笥河先生年谱》,上海:商务印书馆,1931 年,台北:文海出版社重印,1969 年。

《乐善堂集》,第二版,北京:1750 年。

卢文弨:《抱经堂文集》,1797 年,上海:商务印书馆,1937 年。

Liu, Adam Yuen-chung. "The Practical Training of Government Officials under the Early Ch'ing, 1644 – 1795," *Asia Major* 16. 1 – 2:82 – 95 (1971).

——. *The Hardin Academy: Training Ground for the Ambitious, 1644 – 1850*. Hamden, CT., Archon Books, 1981.

马端临:《经籍考》,见《文献通考》,1513—1967 页,上海:商务印书馆重印,1936 年。

Mannheim, Karl. *Ideology and Utopia: An Introduction to the Sociology of Knowledge*. New York, Harcourt Brace & Co. 1946.

孟森:《明清史论著集刊》,杨家骆编,台北:世界书局,1961 年。

Meskill, John. *Academies in Ming China: A Historical Essay*. Tucson, University of Arizona Press, 1982.

Metzger, Thomas A. *The Internal Organization of the Ch'ing Bureaucracy: Legal, Normative and Communicative Aspects*. Cambridge, Mass., Harvard University Press, 1973.

——. *Escape From Predicament: Neo-Confucianism and China's Evolving Political Culture*. New York, Columbia University Press, 1977.

缪荃孙:《艺风堂文集》,台北:文海出版社重印,1942 年。

Michael, Franz. *The Origins of Manchu Rule in China*. Baltimore, The Johns Hopkins, 1942.

Miller, H. Lyman. "Factional Conflict and the Integration of Ch'ing Politics." Ph. D. dissertation, Georgetown University, 1974.

Miyazaki, Ichisada. *China's Examination Hell*, tr. Conrad Shirokauer. New York, Weatherhill, 1976.

Morohashi, Tetsuji 諸橋轍次. *Dai kanwa jiten* 大漢和辞典. Tokyo, Taishukan shoten, 1955–1960.

Naito Konan 内藤湖南. "Shina mokurokugaku" 支那目錄學, 1926, in *Naito Konan zenshu* 内藤湖南全書, vol. 12. Tokyo, Chikuma shobo, 1969.

——. Shim shigakushi 支那史學, in *Naito Konan zenshu*, vol. 11. Tokyo, Chikuma shobo, 1969.

Naquin, Susan. *Shantung Rebellion: The Wang Lun Uprising of 1774*. New Haven, Yale University Press, 1981.

"故宫博物院"（台北）档案馆，宫中档，乾隆朝。

——. 军机处奏折，乾隆朝。

——. 军机处，宫中档和上谕档（方本）。

Nishino Teijin 西野直一. "Kenryu-katei no soshu soshoka o noberu" 乾隆嘉の蘇州の藏書家をのじる. *Chugo-ku kankei ronso jiro* 中國關係論說資料 5.2: 182-189 (January-June 1966).

Nivison, David S. "Ho Shen and his Accusers: Ideology and Political Behavior in the Eighteenth Century, in *Confucianism in Action* ed., David S. Nivison and Arthur F. Wright. Stanford, Stanford University Press, 1959.

——. *The Life and Thought of Chang Hsueh-ch'eng*. Stanford, Standford University Press, 1966.

Ofuchi, Ninji. "The Formation of the Taoist Canon," in *Facets of Taoism*, ed. by Holmes Welch and Anna Seidel. New Haven, Yale University Press, 1979.

Okubo Eiko 大久保英子. *Min-Shin jidai shorn no kenkyu* 明清時代書院の研究. Tokyo, Kokusho kankokai, 1976.

Ono Kazuko 小野和子. "Shinsho no shiso tosei o megutte" 清初の思想統制をめぐつて. *Toyoshi kenkyu* 18. 3: 99-123 (December 1959).

Oxnam, Robert. *Ruling from Horseback: The Politics of the Oboi Regency*. Chicago, University of Chicago Press, 1976.

Peterson, Willard J. "The Life of Ku Yen-wu," *Harvard Journal of Asiatic Studies* 28: 114-156 (1968) (Part One), and 29: 201-247 (1969) (Part Two).

——. *Bitter Gourd: Fang I-chih and the Impetus for Intellectual Change*. New Haven, Yale University Press, 1979.

《八朝圣训》，最新序言，北京：1856 年。

班固：《汉书》，北京：中华书局，1962 年。

《办理》，参考《办理四库全书档案》。

王重民编：《办理四库全书档案》，北平：国立北平图书馆，1934 年。

Polachek, James. *The Inner Opium War*. Forthcoming.

Potter, Jack H. "Land and Lineage in Traditional China," in Maurice Freedman, ed. *Family and Kinship in Traditional Chinese Society*. Stanford, Stanford University Press, 1970.

Quarterly Journal of Bibliography. Peiping, National Library of Peip'ing, 1934-1944.

Rawski, Evelyn. *Education and Popular Literacy in Ch'ing China*. Ann Arbor, University of Michigan Press, 1979.

Ropp. Paul S. *Dissent in Early Modern China – Ju-lin wai-shih and Ch'ing Social Criticism*. Ann Arbor, University of Michigan Press, 1981.

des Rotours, Robert. *Traite des fonctionaires et traite de Uarmee*. Leiden, E. J. Brill, 1947-48.

Sands, Lee M. "The Liu. li-ch'ang Quarter: Potters and Booksellers in late Ch'ien-lung." Seminar paper, Yale University, 1977.

Sargent, Clyde B. "Subsidized History: Pan Ku and the Historical Records of the Former Han Dynasty," *Far Eastern Quarterly* 3: 119-143 (1943-1944).

Schierlitz, Ernst. "Zur Technik der Holztypendruck aus dem Wu-ying-tien in Peking," *Monumenta Serica* 1：17-38（1937）.

Schwartz, Benjamin I. "Some Polarities in Confucian Thought," in *Confucianism and Chinese Civilization*, ed. Arthur F. Wright. New York, Atheneum, 1964.

邵晋涵：《尔雅正义》，余姚：1788年。

盛朗西：《中国书院制度》，1934年，台北：华世出版社，1977年。

《实录》，参考大清历朝实录。

Shils, Edward F. "Intellectuals," in *International Encyclopedia of the Social Sciences* ed. David A. Sills. New York, Macmillan, 1968.

Shimada Kenji 島田虔次. "Sho Gakusei no ichi" 章學誠の位置. *Toho gakuho* 41：519-530（1968）.

Sivin, Nathan. "Why the Scientific Revolution Did Not Take Place in China, or Didn't It?," *Chinese Science* 5：45-66（1982）.

Spence, Jonathan D. *Ts'ao Yin and the Kang-hsi Emperor, Bondservant and Master*. New Haven, Yale University Press, 1966.

司马迁：《史记》，北京：中华书局，1962年。

Stone, Lawrence D. "Prosopography," *Daedalus* 100.1：46-79（Winter 1971）.

Struve, Lynn A. "Uses of History in Traditional Chinese Society：The Southern Ming in Ch'ing Historiography," Ph. D. dissertation, University of Michigan, 1974.

——. "Ambivalence and Action：Some Frustrated Scholars of the K'ang-hsi Period," in *From Ming to Ch'ing*, ed. Jonathan D. Spence and John E. Wills, Jr. New Haven, Yale University Press, 1979.

——. "The Hsu Brothers and Semiofficial Patronage of Scholars in the K'ang-hsi Period," *Harvard Journal of Asiatic Studies* 42：231 - 266（1982）.

Sugimura Yuzo 杉村勇造. *Kenryu kotei* 乾隆皇帝. Tokyo, Sangen Sha, 1961.

孙星衍：《孙氏祠堂书目》，1810年，上海：商务印书馆重印，1935年。

——.《寰宇访碑录》，1820年，上海：商务印书馆重印，1935年。

——.《孙渊如外集》,王重民编,上海:商务印书馆,1931年。

Swann, Nancy Lee. "Seven Intimate Library Owners," *Harvard Journal of Asiatic Studies* 1.3: 363-390 (1936).

Taam, Cheuk-woon. *The Development of Libraries under the Ch'ing Dynasty*. Shanghai, Commercial Press, 1934.

Ta-Ch'ing li-ch'ao shih-lu. Tokyo, Okura shuppan kabushiki kaisha, 1937-1938.

戴震:《戴震文集·原善孟子字义疏证》,台北:河洛图书出版社重印,1975年。

戴君仁:《阎毛古文尚书公案》,台北:中华丛书编审委员会,1963年。

戴逸:《汉学探析》,载《清史研究集》,2:1-45 (1982)。

Takigawa, Kametaro 瀧川龜太郎. *Shiki kaichu kosho* 史記會注考證. Tokyo, Toho bunka gakuin, 1932-1934.

汤志钧:《清代经今文学的复兴》,载《中国史研究》,1980.2:145-156 (1980年6月)。

杨重雅,孟庆云编:《德兴通志》,德兴:1872年,台北:成文出版社,1975年。

邓实:《国学今论》,载《国粹学报》,4,5 (1904),台北:华文出版社重印,392—496、518—526页。

Teng Ssu-yü and Knight Biggerstaff. *An Annotated Bibliography of Selected Chinese Reference Works*. Third revised edition. Cambridge, Mass., Harvard-Yenching Institute, 1971.

Tjan Tjoe-som. *Po Hu-t'ung: The Comprehensive Discussions in the White Tiger Hall*. Leiden, E. J. Brill, 1949.

Torbert, Preston M. *The Ch'ing Imperial Household Department: A Study of its Organization and Principal Functions, 1662-1796*. Cambridge, Mass., Council of East Asian Studies, Harvard University, 1977.

Tseu, Augustinius A. *The Moral Philosophy of Mo-tzu*. Taipei, China Printing Ltd., 1965.

Tsien, T. H. "A History of Bibliographic Classification in China," *The Library Quarterly* 22.4: 307-324.

——. *Written on Bamboo and Silk*. Chicago, University of Chicago Press, 1962.

左步青:《乾隆焚书》,载《故宫博物院院刊》,1: 28-37(1980年2月)。

Twitchett, Dennis. "The Fan Clan's Charitable Estate, 1050-1760," in *Confucianism in Action*, ed. David S. Nivison and Arthur F. Wright. Stanford, Stanford University Press, 1959.

Tu Wei-ming. *Centrality and Commonality: An Essay on the Chung-yung*. Honolulu, University of Hawaii Press, 1976.

段玉裁:《戴东原先生年谱》,见《戴震文集》,香港:中华书局,1974年。

Wakeman, Frederic, Jr. "Localism and Loyalism during the Ch'ing Conquest of Kiangnan," in *Conflict and Control in Late Imperial China*, ed. Frederic Wakeman, Jr., and Carolyn Grant. Berkeley, Univ. of California Press, 1975.

Waley, Arthur. *Yuan Mei: An Eighteenth Century Chinese Poet*. London, Allen and Unwin, 1956.

万斯通:《群书疑辨》,1816年,台北:广文书局重印。

——.《明史艺文志序》,见《明史艺文志补编续编》,上海:商务印书馆,1959年。

王昶:《金石萃编》,1805年,台北:译文出版社重印,1966年。

汪中:《述学》,1792年,台北:广文书局重印,1970年。

王锺翰:《清史杂考》,北京:人民出版社,1957年。

王兰阴:《纪晓岚先生年谱》,载《师大月刊》1.6: 77-106(1932年9月)。

Wang Po-hou. *The Three Character Classic*, tr. Chiang Ker-chiu. Singapore, Chung-hua Mandarin Institute, 1941.

王思治:《明清文字狱简论》,载《人民日报》,1979年8月24日。

王太岳:《四库全书考证》,1895年,上海:商务印书馆重印,1936年。

王增:《新蔡县志》,新蔡:1796年。

Watson, Burton. *Basic Writings of Mo-tzu, Hsun-tzu and Han Fei-tzu*. New York, Columbia University Press, 1967.

Watson, James L. "Chinese Kinship Reconsidered: Anthropological Perspectives on Historical Research," *China Quarterly* 92: 589-622 (December 1982).

Watt, John R. *The District Magistrate in Late Imperial China*. New York, Columbia University Press, 1972.

Weber, Max. *The Religion of China*. New York, Free Press paperback, 1968.

魏徵:《隋书》,北京:中华书局,1973年。

韦庆远:《重读〈清代文字狱档〉》,《读书》,3: 90-100 (1979年6月)。

Wei, Peh-t'i, "Juan Yuan: A Biographical Study with Special Reference to Mid-Ch'ing Security and Control in Southern China, 1799-1835." Ph. D. dissertation, University of Hong Kong, 1981.

Welch, Holmes, and Anna Seidel, eds. *Facets of Taoism*. New Haven, Yale University Press, 1979.

《文献丛编》,北平:故宫博物院,1930—1936年。

翁方纲:《两汉金史集》,1789,台北:译文出版社重印,1966年。

——.《翁氏家事略记》,北京:1818年。

——.《复初斋文集》,李彦章编,1836年,台北:文海出版社重印,1969年。

Whitbeck, Judith. "The Historical Vision of Kung Tzu-chen (1792-1841)." Ph. D. dissertation, University of California, Berkeley, 1980.

Wiens, Mi-chu. "Anti-Manchu Thought During the Early Ch'ing," *Harvard University Papers on China* 22A: 1-24 (May 1969).

Wilhelm, Hellmut. "The Po-hsueh hung-ju Examination of 1679," *Journal of the American Oriental Society* 71. 1: 60-66 (March 1951).

Wilkinson, Endymion. *The History of Imperial China: A Research Guide*. Cambridge, Mass., East Asian Research Center, Harvard University, 1974.

Winkelman, John H. "The Imperial Library of Southern Sung China, 1127-1279," *Transactions of the American Philosophical Society* 64. 8 (1974).

Wolf, Arthur P. and Huang Chieh-shan. *Marriage and Adoption in China*, 1845-1945. Stanford, Stanford University Press, 1980.

Woodside, Alexander B. "The Ch'ien-lung Reign," Draft Chapter for *The Cambridge History of China*, Volume 9. Forthcoming.

吴哲夫：《清代禁毁书目研究》，台北：嘉新水泥公司文化基金会，1969年。

——.《现存续修四库全书提要目录整理后记》，载《故宫文献》，1.3：29-43（1970年6月）。

——.《四库全书荟要纂修考》，载台北《"故宫"丛刊》，1976年。

Wu Ching-tzu. *The Scholars*, tr. Gladys Yang and Yang Hsien-yi. New York, Grosset and Dunlap, 1972.

《武英殿聚珍版丛书》，1794年，广东：广雅书局重印，1972年。

吴秀良：《南书房之建置及其前期之发展》，载《思与言》，5.6：6-12（1968）。

——. *Communications and Control in Imperial China*. Cambridge, Mass., Harvard University, 1979.

——. *Passage to Power: The Kang-hsi Emperor and his Heir Apparent*. Cambridge, Mass., Harvard University Press, 1979.

Yamanoi Yu 山井湧. "Minmatsu Shinsho shiso ni tsuite no ichi kosatsu" 明末清初思想についての一考察. *Tokyo Shinagaku ho* 東京支那學報. 11：37-54 (1965).

杨家骆：《四库全书概述》，1930年，台北：中国学典馆，1970年。

Yang, L. S. "The Organization of Chinese Official Historiography," in *Historians of China and Japan*, Edwin Pulleyblank and Wm. G. Beasley, editors.

杨立诚：《四库目略》，杭州：浙江印刷公司，1929年。

杨慎：《升菴全集》，1795年，上海：商务印书馆重印，1936年。

杨士奇：《文渊阁书目》，1441年，上海：商务印书馆重印，1937年。

姚察，姚思廉：《梁书》，北京：中华书局重印，1933年。

——.《中国目录学史》，长沙：商务印书馆，1938年，台北：商务印书馆重印，1974年。

姚鼐：《惜抱轩书录》，见《惜抱轩遗书三种》，毛岳生编，桐城：1879 年。

——.《抱轩先生尺牍》，陈用光编，吴兴：小万柳堂，1909 年。

叶龙：《桐城派文学史》，台北：文津出版社，1975 年。

叶德辉：《书林清话》，1920 年，北京：中华书局重印，1957 年。

余嘉锡：《目录学发微》，北京：中华书局，1963 年。

——.《四库提要辨证》，1937 年，未出版。

于敏中：《于文襄公（敏中）手札》，陈垣编，台北：文海出版社重印，1968 年。

余英时：《近代思想史的一个新解释》，见《历史与思想》，台北：联经出版社，1976 年。

——.《从宋明儒学的发展论清代思想史》，见《论戴震与章学诚》，香港：龙门书店，1976 年。

智旭编：《阅藏知津》，初版序言，1654 年，台北：新文丰出版社重印，1973 年。

Znaniecki, Florian. *The Social Role of the Man of Knowledge*. New York, Columbia University Press, 1940.

词汇表

A-kuei 阿桂

Ch'a Pi-ch'ang 蔡必昌

Ch'a Shih-kuei 查世桂

ch'an 谄

Chang Hsi-nien 张熙年

Chang Hsueh-ch'eng 章学诚

Chang Jo-kuei 张若㴖

Chang Ping-lin 章炳麟

Chang Shou-chieh 张守节

Chang Shun-hui 张舜徽

Chang T'ing-yü 张廷玉

Chang Yü-shu 张玉书

Ch'ang-shu 常熟

Chao Ch'i 赵岐

Chao Ming-ch'eng 赵明诚

Chao ming t'ai-tzu 昭明太子

Ch'ao Kung-wu 晁公武

Ch'en An-p'ing 陈安平

Ch'en Ch'ang-ch'i 陈昌齐

Ch'en Chi-ju 陈继儒

Ch'en Ching-li 陈经礼

Ch'en Hsi-sheng 陈希圣

Ch'en Hui-tsu　陈辉祖

Ch'en Meng-lei　陈梦雷

Ch'en Nai-ch'ien　陈乃乾

Ch'en Ti　陈第

Ch'en Yuan　陈垣

Ch'en Yueh-wen　陈耀文

Ch'en Yung-kuang　陈用光

cheng　政

Cheng Chiao　郑樵

Cheng Hsuan　郑玄

Cheng K'ang-ch'eng　郑康成

Cheng-teng hui-yuan　《五灯会元》

Ch'eng Chin-fang　程晋芳

Ch'eng-kung-ts'e　成工册

Ch'eng Ming-yin　程明谭

Chi Hsiao-lan　纪晓岚

Chi-hsien shu-mu　《集贤书目》

Chi-ku-lu　《集古录》

Chi-kuo-chi　计过记

Chi-shu-yuan shu-mu　《籍书园书目》

Ch'i-lu hsu-mu　《七录序目》

Ch'i-lueh　《七略》

Ch'i-tan　契丹

Chiang-che　江浙

Chiang Fan　江藩

Chiang Kuang-ta　江广达

Chiang Sung-ju　蒋松如

Chiang Yü-ts'un　蒋渔村

Chiang Yung　江永

chiao　教

chiao-hua chin-fang hsiao-chi　《椒花吟舫小集》

词汇表 | 219

Chiao Hsun　焦循

Chiao Hsung　焦竑

Chiao-ch'ou t'ung-i　《校雠通义》

chieh　羯

chien-sheng　监生

ch'ien Ch'ien-i　钱谦益

Ch'ien Mu　钱穆

Ch'ien Ta-chao　钱大昭

Ch'ien Ta-hsin　钱大昕

Ch'ien Tien　钱坫

Ch'ien Tung-yuan　钱东垣

Chih-chin-chai ts'ung-shu　《咫进斋丛书》

chih-chung ch'eng-hsien　《执中成宪》

Chin Chien　金简

Chin-ch'uan　金川

Chin Pao　金堡

chin-shih　进士

Chin-shih　《金史》

Chin-shih-lu　《金石录》

Ch'in Hui-t'ien　秦蕙田

Ch'in Shih-huang-ti　秦始皇帝

Ch'in Ssu-fu　秦恩复

Ch'in-ting ssu-shu-wen　《钦定四书文》

Ching-shih wen-pien　《经世文编》

Ch'ing　清

Ch'ing-shih　《清史》

Ch'inpg Han-wen hsiao-hsueh　《清汉文小学》

Ch'ing-hsia-chi　《青霞集》

Ch'ing-tai chin-hui shu-mu pu-i　《清代禁毁书目补遗》

Ch'ing-wen-chien　《清文鉴》

Chiu-chang hsuan-shu　《九章算术》

Chiu-kuo-chih 《九国志》

Chiu Man-wen tang 《旧满文档》

Chiu Wu-tai-shih 《旧五代史》

Ch'iu Yueh-hsiu 裘曰修

cho 浊

Cho Ch'ang-ling 卓长龄

Chou-i pen-i 《周易本义》

Chou-i shu-i 《周易述义》

Chou-kuan i-shu 《周官义疏》

Chou Ping-t'ai 邹炳泰

Chou Yung-nien 周永年

Chu Chieh 祝浹

Chu Hsi 朱熹

Chu Huang-fan 祝煌燔

Chu Hui 祝洄

Chu Kuei 朱珪

Chu-shu t'ung-chien 《竹书统笺》

Chu Ssu-tsao 朱思藻

Chu P'ing-chang 祝平章

Chu Ti 朱棣

Chu T'ing-cheng 祝廷诤

Chu-tzu chu-i 《朱子储议》

Chu Wen-tsao 朱文藻

Chu Yun 朱筠

Chu Yun-wen 朱允炆

ch'u-ch'i-men 出其门

Ch'u-tz'u 《楚辞》

Ch'u-tz'u pien-cheng 《楚辞辨证》

chü-jen 举人

Ch'ü Ta-chun 屈大均

chuan-tzu fen-jao 转滋纷扰

ch'uan-kuan chih-nan 穿贯之难
chüan 卷
Ch'üan-hsueh-pien 《劝学篇》
Ch'üan-te 全德
Ch'üan Tsu-wang 全祖望
Chuang T'ing-lung 庄廷钺
Chuang Ts'un-yü 庄存与
Chuang-tzu 《庄子》
Chuang Yun-ch'eng 庄允诚
chui-mao ch'iu-tz'u 吹毛求疵
chün-tzu 君子
Ch'ün-chai-chai tu-shu-chih 《郡斋读书志》
Ch'un-ch'iu 《春秋》
Chun-ch'iu chih-chieh 《春秋直解》
Ch'ün-shu ssu-lu 《群书四录》
Chung-hsing kuan-ko shu-mu 《中兴馆阁书目》
Chung-shan shu-yuan 钟山书院
Chung-yin 钟音
Chung-yung 《中庸》
Chung-yung chi-chieh 《中庸集解》
Chung-yung chi-lueh 《中庸辑略》
Ch'ung-wen tsung-mu 《崇文总目》

Erh-ya 《尔雅》
Erh-ya i-shu 《尔雅义疏》

Fa-yuan chu-lin 《法苑珠林》
fan-lieh 凡例
Fan Mou-chu 范懋柱
Fang Chao-ying 房兆楹
Fang Chung-lü 方中履

Fang Chung-te 方中德

Fang I-chih 方以智

Fang Kuo-t'ai 方国泰

Fang-lueh-kuan 方略馆

Fang Pao 方苞

Fang Tung-shu 方东树

Feng T'ing-cheng 冯廷正

fu-chiao-kuan 副校官

Fu Ch'ien 服虔

Fu-heng 傅恒

Fu-lung-an 福隆安

Hai-ch'eng 海成

Han Ch'eng-ti 汉成帝

Han Ching-ti 汉景帝

Han Fei-tzu 《韩非子》

Han-hsueh 汉学

Han-hsueh shang-tui 《汉学商兑》

Han-shu 《汉书》

Han Wu-ti 汉武帝

Hang Shih-chün 杭世骏

Hao I-hsing 郝懿行

Hao-shuo 郝硕

Ho Wei 何焴

Ho Hsiu 何休

Ho-shen 和珅

Hou-han-shu 《后汉书》

Hsi-hsia 西夏

Hsi-yü tung-wen-chih 《西域同文志》

Hsiao-ching chi-chu 《孝经集注》

Hsiao-hsueh-k'ao 《小学考》

Hsieh-chi pan-fang-shu 《协纪辨方书》
Hsieh Chi-shih 谢济世
Hsieh Ch'i-k'un 谢启昆
Hsieh Chin 解缙
Hsieh-chang lu 《宪章录》
Hsin-ch'ang 新昌
Hsin-hsueh wei-ching k'ao 《新学伪经考》
Hsin Wu-tai-shih 《新五代史》
Hsing-li ta-chüan 《性理大全》
Hsiu-ning 休宁
hsiu-ts'ai 秀才
Hsiung Tz'u-li 熊赐履
hsu 序
Hsu Ch'ien-hsueh 徐乾学
Hsu k'ao-ku-t'u 《续考古图》
Hsu Kuang 徐广
Hsu Kuang-ch'i 徐光启
Hsu Pen 徐本
Hsu san-tzu-ching 《续三字经》
Hsu Shen 许慎
Hsu Ta-ch'un 徐大椿
Hsu Wen-ching 徐文靖
Hsuan-hsueh chuan-shu 《算学全书》
hsueh-cheng 学政
hsueh-cheng 学正
Hsueh Chü-cheng 薛居正
Hsueh-hai-t'ang 学海堂
Hsueh Ying-ch'i 薛应旂
hsun-ku 训诂
hu 胡
Hu Chung-tsao 胡中藻

Hu Wei　胡渭

Huan-yü fang-pei lu　《寰宇访碑录》

Huang Ching-jen　黄景仁

Huang-Ch'ing ching-chieh　《皇清经解》

Huang Fang　黄芳

Huang-lao　黄老

Huang P'ei-lieh　黄丕烈

Huang Shou-ling　黄寿龄

Huang-ti　黄帝

Huang Tsung-hsi　黄宗羲

Huang yü hsi-yü t'u-chih　《皇舆西域图志》

Huang Yun-mei　黄云眉

Hui-chou　徽州

Hui Tung　惠栋

Hung Liang-chi　洪亮吉

i　夷

i　义

I-ching　《易经》

i-hsu　议叙

I-hsueh hsiang-shu lun　《易学象数论》

I-li　《仪礼》

I-li i-shu　《仪礼义疏》

I-lin　《意林》

I-ling-a　伊龄阿

I-lun　义论

I-t'u ming-pien　《易图明辨》

Jao-chou　饶州

jen-hsin　人心

Jen Ta-ch'un　任大椿

Jih-chiang ssu-shu chieh-i 《日讲四书解义》

Jih-chih-lu 《日知录》

Jih-hsia chiu-wen-k'ao 《日下旧闻考》

Ju-ts'ang-shuo 《儒藏说》

Juan Hsiao-hsu 阮孝绪

Juan Yuan 阮元

Kai-kuo fang-lueh 《开国方略》

Kan Pao 干宝

Kanda Nobuo 神田信夫

kang-mu 纲目

K'ang-hsi tzu-tien 《康熙字典》

Kao Chih-ch'ing 高治清

Kao-chin 高晋

Kao-hsing 高辛

Kao-seng chuan 《高僧传》

Kao-yang 高阳

Kao Yun-ts'ung 高云从

k'ao-cheng 考证

K'ao ku-t'u 《考古图》

K'ao-kung chi-t'u 《考工记图》

k'ao Li 考礼

ko-wu 格物

K'o Wei-ch'i 柯维骐

Ku-chin shih-i 《古今释疑》

Ku K'ai-chih 顾恺之

Ku Kuang-chi 顾广圻

Ku-liang chuan 《榖梁传》

Ku-shih 《古史》

Ku-shih-pi 古事比

ku-wang t'ing-chih 姑妄听之

ku-wen 古文
Ku-wen shang-shu k'ao 《古文尚书考》
Ku-wen shang-shu yuan-tz'u 《古文尚书冤词》
Ku Yen-wu 顾炎武
Ku-yun piao-chun 《古韵标准》
Kuei Fu 桂馥
Kuei-t'ien so-chi 《归田琐记》
Kung-chen chuan 《功臣传》
Kung-fei 《公非》
Kuo Po-kung 郭伯恭
kung-shih 《公是》
Kuo-t'ai 国泰
Kung-yang chuan 《公羊传》

lei-yao 类要
li 理
li 礼
li 里
Li-chi 《礼记》
Li-chi i-shu 《礼记义疏》
Li Chih-ying 李质颖
Li Fu 李绂
Li Hu 李湖
Li Kuang-ti 李光地
Li Lun-yuan 李榆元
Li Po 李白
Li-sao 《离骚》
Li Shih-chieh 李世杰
Li Shih-yao 李侍尧
Li Shou-ch'ien 励守谦
Li Ta-pen 黎大本

Li-tai ming-ch'en tsou-i 《历代名臣奏议》

Li Tz'u-ming　李慈铭

Li Wei　李威

Li Yen-shou　李延寿

Li Yung　李颙

Liang-ch'ao kang-mu pei-yao　《两朝纲目备要》

Liang chang-chü　梁章钜

Liang ch'i-ch'ao　梁启超

Liang-Han chin-shih chi　《两汉金石记》

Liang-huai　两淮

Liang San-ch'uan　梁三川

Liang Chien-p'ing　梁阶平

Liang-shu　《梁书》

Liang Wu-ti　梁武帝

Liao-Chin-Yuan shih　《辽史》《金史》《元史》

Liao-Chin-Yuan shih kuo-yü chieh　《辽金元三史国语解》

Liao-shih　《辽史》

Lieh-tzu　《列子》

Ling T'ing-kan　凌廷堪

Liu Chen-yü　刘震宇

Liu Chih-chi　刘知幾

Liu Chih-lin　刘之遴

Liu Ch'üan-chih　刘权之

Liu Feng-lu　刘逢禄

Liu Han-p'ing　刘汉屏

Liu Hsiang　刘向

Liu Hsin　刘歆

Liu Jo-yü　刘若愚

Liu-li-ch'ang　琉璃厂

Liu Shih-p'ei　刘师培

Liu-shu yin-yun piao　《六书音韵表》

Liu Tsung-chou　刘宗周

Liu T'ung-hsun　刘统勋

Lo-erh-chin　勒尔谨

Lou Sheng　楼绳

Lu　鲁

Lu Ch'ang　卢昶

Lu-fei chih　陆费墀

Lu Hsi-hsiung　陆锡熊

Lu Shen　陆深

Lu Wen-ch'ao　卢文弨

Lü-li yuan-yuan　《律历渊源》

Lü Liu-liang　吕留良

Lü-lü cheng-i　《律吕正义》

Lü Ta-lin　吕大临

Lun-yü hou-lu　《论语后录》

Lung-kang chien-piao　《泷冈阡表》

Ma Tuan-lin　马端临

Ma Yü　马裕

Ma Yung-hsi　马用锡

Mambun Roto　《满文老档》

Man-chou ch'a-shen ch'a-t'ien tien-li　《满洲祭神祭天典礼》

Man-chou chiu-tang　《满洲旧档》

Man-chou yuan-liu kao　《满洲源流考》

Mao Ch'ang　毛亨

Mao Ch'i-ling　毛奇龄

Mao Chin　毛晋

Mao-shih ku-yin-k'ao　《毛诗古音考》

Mao Yü-sheng　毛岳生

Mei Ting-tso　梅鼎祚

men-jen　门人

meng 蒙

Meng-ku wang-kung kung-chi piao-chuan 《蒙古王公功绩表传》

Meng-ku yuan-liu 《蒙古源流》

Miao 苗

Min Ao-yuan 闵鹗元

ming 命

Ming-ch'en tsou-i 《名臣奏议》

Ming-shih 《明史》

Ming-shu 《明书》

Ming T'ai-tsu 明太祖

Mo Chan-lu 莫瞻菉

Mo-tzu 《墨子》

Mu-lan 木兰

mu-yu 幕友

Nan-hu-chi 《南湖集》

Nan-shih 《南史》

Nan-shu-fang 南书房

Nieh Ch'ung-i 聂崇义

Ning-kuo 宁国

O-erh-t'ai 额尔泰

O-erh-teng-pu 额尔登布

Ou-yang Hsiu 欧阳修

Pa-ch'i t'ung-chih 《八旗通志》

pa-ku 八股

Pa-san-t'ing 巴延三

Pai-Sung i-ch'an 百宋一廛

Pan Ku 班固

Pan Piao 班彪

P'an Lei　潘耒

pao-chia　保甲

Pao Shih-kung　鲍士恭

P'ei Tsung-hsi　裴宗锡

P'ei-wen yun-fu　《佩文韵府》

P'ei Yin　裴骃

P'eng Yuan-tuan　彭元瑞

pi　比

pi-shu-chien　秘书监

Pi-yuan　毕沅

pi-yung　辟雍

Pieh-lu　《别录》

p'ien　篇

P'ing-ting liang Chin-ch'uan fang-lueh　《平定两金川方略》

P'ing-ting Tsun-ko-erh fang-lueh　《平定准噶尔方略》

po　博

Po-hsueh hung-ju　博学鸿儒

Po-i　伯夷

Po Lü Liu-liang ssu-shu chiang-i　《驳吕留良四书讲义》

pu-t'ung-hsiao Han-wen　不通晓汉文

Pu Yuan-shih i-wen-chih　《补元史艺文志》

p'u-hsueh　朴学

San-ch'ao pei-meng hui-pien　《三朝北盟会编》

San-kuo-chih　《三国志》

San-li i-shu　《三礼义疏》

San li-t'u chi-chieh　《三礼图集解》

San-pao　三宝

Shan-hai-ching　《山海经》

Shan-hai-ching pu-chu　《山海经补注》

Shan-ho liang-chieh k'ao　《山河两戒考》

Shang-shu　《尚书》

Shang-shu kuang-t'ing lu 《尚书广听录》

Shang-shu ku-wen shu-cheng 《尚书古文疏证》

Shang-shu pien-wei 《尚书辨伪》

Shao Chin-han 邵晋涵

Shao Hsiang-jung 邵向荣

Shao T'ing-ts'ai 邵廷采

Shen-hsien chuan 《神仙传》

Shen Lien 沈炼

Shen-nung 神农

Shen Shih-po 沈世伯

Shen-tzu 《申子》

Sheng-ching-chih 《盛京志》

sheng-yuan 生员

shih 时

Shih-ch'eng k'ao-wu 《史乘考误》

Shih-chi chi-chieh 《史记集解》

Shih-chia-chai yang-hsin-lu 《十驾斋养新录》

Shih-ching 《诗经》

Shih-i che-chung 《诗义折中》

Shih Jun-chang 施闰章

shih-shih ch'iu-shih 实事求是

Shih Tun 石謷

shih-wen 时文

Shih-yen-chai shu-mu 《石研斋书目》

shu-chü 书局

Shu-ching 《书经》

Shu-ho-te 舒赫德

Shu-nan-chi 《术南集》

Shun-t'ien 顺天

Shuo-wen 《说文》

Shuo-wen chieh-tzu 《说文解字》

So-yin-shih-ti chin-shu tsung-lu 《索引式的禁书总录》

Ssu-k'u ch'üan-shu 《四库全书》

Ssu-k'u ch'üan-shu chien-ming mu-lu 《四库全书简明目录》

Ssu-k'u ch'üan-shu hui-yao 《四库全书荟要》

Ssu-k'u shu-mu 《四库书目》

Ssu-ma Chen 司马贞

Ssu-pu pei-yao 《四部备要》

Ssu-shu huo-wen 《四书或问》

Su Ch'e 苏辙

Su Tung-p'o 苏东坡

Sun Ch'en-tung 孙辰东

Sun Chieh-ti 孙楷第

Sun-tzu 《孙子》

Sung-chih 《宋志》

Sung-shih 《宋史》

Sung-shih hsin-pien 《宋史新编》

Ta-Ch'ing i-t'ung-chih 《大清一统志》

Ta-Hsia ta-Ming hsin-shu 《大夏大明新书》

Ta-hsueh 《大学》

Ta-hsueh yen-i 《大学衍义》

Ta-i chueh-mi-lu 《大义觉迷录》

Ta-t'ung 大同

Ta-yeh cheng-yü shu-mu 《大业正御书目》

Tai Chen 戴震

Tai Ming-shih 戴名世

T'ai-p'ing 太平

T'an Shang-chung 谭尚忠

t'an-to wu-te 贪多无得

T'ang Hsuan-tsung 唐玄宗

T'ang T'ai-tsung 唐太宗

词汇表 | 233

tao 道

Tao-hsin 道心

Tao-te ching 《道德经》

Tao-te ching-chieh 《道德经解》

Tao-te ching-chu 《道德经注》

Tao-tsang 《道藏》

t'ao 韬

Te-hsing 德兴

Teh-pao 德保

Teng Hsi-yuan 邓锡元

Teng Hui 邓谥

Teng Shih 邓实

Teng Yuan-hsi 邓元锡

t'i-hsueh-kuan 提学官

t'i-tiao-kuan 提调官

T'i-yao 《提要》

T'ien Wen-ching 田文镜

Ting-tzu 丁子

Ting Wen-pin 丁文彬

T'o-pa 拓跋

T'o-t'o 脱脱

Tsa-hsueh-pien 《杂学辨》

tsai kuan-chung 在馆中

Ts'ai Hsin 蔡新

Tsang Sheng-mo 仓圣脉

Ts'ao Wen-chih 曹文埴

ts'e 册

Tseng Ching 曾静

Tseng Kung 曾巩

tso 左

Tso-li wan-shih chih-p'ing-shu 《佐理万世治平新策》

tsuan-hsiu 纂修

tsung-ts'ai 总裁

tsung yueh-kuan 总阅官

Tu Fu 杜甫

Tu-shu-chih 《读书志》

Tu Yü 杜预

Tuan Yü-ts'ai 段玉裁

Tung Ch'un 董椿

Tung-fang wen-hua shih-yeh wei-yuan-hui 东方文化事业委员会

Tung kuan 冬官

t'u 图

t'u 兔

T'u-ming-a 图明阿

T'u-shu chi-ch'eng 《图书集成》

T'ung-ch'eng 桐城

T'ung-chien kang-mu hsu-pien 《通鉴纲目续编》

T'ung-chih 《通志》

T'ung-chih-t'ang ching-chieh 《通志堂经解》

t'ung-lun 通论

T'ung-ya 《通雅》

Tzu-chih t'ung-chien 《资治通鉴》

Tzu-chih t'ung-chien kang-mu 《资治通鉴纲目》

Tzu-hsiao-chi 《资孝集》

Tzu-kuan 《字贯》

Tzu-ssu 子思

Tzu-yang 紫阳

Tz'u-t'ang pi-chi 祠堂碑记

wan 万

Wan Ssu-t'ung 万斯同

Wang Ch'ang 王昶

Wang Chi-hua 王际华

Wang Ch'i-shu 王启淑

Wang Chung 汪中

Wang Erh-yang 王尔扬

Wang Hsi-chih 王羲之

Wang Hsi-hou 王锡侯

Wang Hui-tsu 汪辉祖

Wang Hung-hsu 王鸿绪

Wang Lun 王伦

Wang Lung-nan 王泷南

Wang Ming-sheng 王鸣盛

Wang Nien-sun 王念孙

Wang Po-hou 王伯厚

Wang Shih-chen 王士贞

Wang Tsung-yen 王宗炎

Wang Yang-ming 王阳明

Wang Yao-ch'en 王尧臣

Wei Chao 韦昭

Wei Cheng 魏徵

Wei I-chieh 魏裔介

Wei-shih hsien-shu 《伪时宪书》

Wei Yuan 魏源

Wen-chang cheng-tsung 《文章正宗》

wen-chi 文集

Wen-hsien ta-ch'eng 《文献大成》

Wen-hsien t'ung-kao 《文献通考》

Wen-hsuan 《文选》

Wen-chin-ke 文津阁

Wen-she 文社

Wen-te 文德

Weng Fang-kang 翁方纲

Wu Hsiao-kung　吴萧公

Wu-hsueh-pien　《吾学编》

Wu-hu　芜湖

Wu Lan-t'ing　吴兰廷

Wu-li t'ung-k'ao　《五礼通考》

Wu San-kuei　吴三桂

Wu Sheng-lan　吴省兰

Wu Wei-yeh　吴伟业

Wu-ying-tien　武英殿

Yang Ch'ang-lin　杨昌霖

Yang Chu　杨朱

Yang Shen　杨慎

Yao Chin-yuan　姚觐元

Yao Jung　姚莹

Yao Ming-ta　姚名达

Yao Nai　姚鼐

Yao Tuan-ko　姚端恪

yeh-shih　野史

Yeh T'ing-t'ui　叶廷推

Yen Hsi-shen　颜希深

Yen Jo-chü　阎若璩

Yen Shih-ku　颜师古

Yin Chiang-i　尹讲义

Yin-chih　胤祉

Yin Cho　寅著

Yin-fu-ching　《阴符经》

Yin-hsueh wu-shu　《音学五书》

Ying-lien　英廉

yu　友

Yü　禹

Yü Chi 余集

Yü Chia-hsi 余嘉锡

Yü Min-chung 于敏中

Yü Shan-chi 《愚山集》

Yü T'eng-chiao 余腾蛟

Yü Wen-i 余文仪

Yü-yao 余姚

Yü Yueh 俞樾

Yuan Mei 袁枚

Yuan-shou-t'ung 袁守侗

yueh 约

Yueh-hsin-chi 《悦心集》

Yueh-man-t'ang pi-chi 《越缦堂笔记》

Yun-ch'i ch'i-chien 《云笈七签》

Yung-jung 永瑢

Yung-lo 永乐

Yung-lo ta-tien 《永乐大典》

索 引*

Academies 书院：private 私人，46，47；public 官方，24；Chung-shan shu-yuan 钟山书院，Yao Nai teaches at 姚鼐曾经执教过的，143

A-kuei 阿桂：appointment as grand councillor 被任命为军机大臣，101；reporting of errors in *Ssu-k'u ch'üan-shu* 汇报《四库全书》馆存在的讹误，102；editing of Manchu publications by 监修的满文文献，166；role in collection of censored works 在审查图书活动中所扮演的角色，193

Annotated Catalog《四库全书总目》：publication of list of members of Ssu-k'u Commission《四库全书》馆臣名单的公布，81；production of 成果，104；account of collation and selection process 有关校勘和甄选过程的描述，107 及后文；number of titles in 收录图书的种类，108；principles of 收书原则，108；eclectic character 总体特征，121，122，123；descriptive notes 提要，preparation of 准备，122；Chi Hsiao-lan as editor 纪晓岚成为编纂人员，123；Han learning as influence on 汉学的影响，123，139，140；review of *Shih-chi chi-chieh* 对《史记集解》的评价，129-131；review of *Sung-shih* 对《宋史》的评价，131-134；review of *Han-shu* 对《汉书》的评价，134-136；review of *Hou-han-shu* 对《后汉书》的评价，135；review of *Ming-shih* 对《明史》的评价，136-138；Yao Nai's drafts as basis for reviews 姚鼐给校阅官的稿子，123，145，146；review of *Shan-hai-ching* 对《山海经》的评价，148-149；review of *Chung-yung chi-lueh* 对《中庸辑略》的评价，152-153；review of *Ku-shih* 对《古史》的评价，146-148；review of *Mo-tzu* 对《墨子》的评价，150-152

Anti-Manchu Thought 反满思想：control of 控制，see censorship 参考"审查"条，by Chinese 汉人的，16，17；political implications in censorship cases 审查案件的政治意图，31，33，34；related to *k'ao-cheng* scholarship 与考证学的关系，40；elimination of references to in *Ch'ing-hsia chi* 对《青霞集》中涉及内容的删除，101；among later critics

---

* 页码为原书页码，即本书边码。——译者

索 引

后世评论, 106; in Ku Yen-wu 顾炎武的, 116; in history of transition from Ming dynasty 明清易代之际史书中的, 160; censorship controlling 审查控制, 101, 116, 165, 193, 197; twentieth century views of 20 世纪的评价, 198

Astronomy 天文, 137-138

Book Bureaus 书局: establishment for Ssu-k'u project 为《四库全书》项目而设, 88, 169; role in censorship campaign 在图书审查活动中扮演的角色, 170

Book burning 图书禁毁: *see also* censorship 也可参考"审查"条, imperial order for 朝廷诏谕, 170

Book catalogs 图书目录: publication by Chinese governments 汉族政权出版的目录, 12; *Yung-lo ta-tien* compilation《永乐大典》的编纂, 13; in T'ang and Sung dynasties 唐宋时期的, 13; *Ch'ün-shu ssu-lu* compilation 编纂《群书四录》, 13; *Chung-hsing kuan-ko shu-mu*《中兴馆阁书目》, 13; *Ta-yeh cheng-yü shu-mu*《大业正御书目》, 13; *Wen-hsien t'ung-k'ao*《文献通考》, 14, 74; *Wen-hsien ta-ch'eng*《文献大成》, 15; *Ch'ung-wen ts'ung-mu*《崇文总目》, 13, 63, 75; annotations proposed by Chu Yun 朱筠提交的提要, 63; *Chi-hsien shu-mu*《集贤书目》, 63; *Ch'i-lueh*《七略》, 63; inclusion of stone inscriptions in 对石刻文献的收录, 64, 73; *Ch'un-chai tu-shu-chih*《郡斋读书志》, cited 引用, 75. *See also* Annotated Catalog 也可参考"《四库全书总目》"条

Book collectors 藏书家: in Han dynasty 汉代, 11; *pi-shu-chien* 秘书监, as government office for collection and collation 朝廷图书采集和校勘机构, 12; in Sui dynasty 隋代, 13; and K'ang-hsi Emperor 和康熙皇帝, 21; procedures ordered by emperor for Ssu-k'u project 皇帝钦定的《四库全书》项目流程, 35, 36, 37, 87; Chu Yun and associates 朱筠和他的助手们, 56 及后文; of Sung editions 宋版书, 58; contact with Ssu-k'u project 与《四库全书》项目的接触, 88, 90, 91; edict on compliance with collection order 有关搜书的诏谕, 159; order to submit censorable books to authorities 提交待审查图书的诏令, 167; local educational officials as 作为"地方教官", 87, 168; rural 乡下的, singled out in censorship campaign 在审查活动中发现的, 172

Book suppression 禁书: See Censorship 参考"审查"条

Buddhism 佛教, in Ssu-k'u collection《四库全书》的收录情况, 111-113

Bureaucracy 官僚机构: examination system 科举考试, 4; relationship with social elite 与社会精英的关系, 4; role in *Ssu-k'u ch'üan-shu* project 在《四库全书》项目中扮演的角色, 67, 69; scholarly qualifications 学术资格, 68; Chinese and Manchu leaders 汉族和满族负责人, 101; factions in 派系, 165

Catalogs 书目：See Book catalogs 参考 "图书目录" 条

Censorship 审查：in Ch'in period 秦朝，10；Manchu "control of scholarship" 满族的 "学术控制"，18，20；political implication 政治意图，31，33，34；elimination of anti-Manchu references in *Ch'ing-hsia-chi* 对《青霞集》中反满内容的删除，101；conditions giving rise to 推动发展的条件，120，199；as motive for Ssu-k'u project 发起《四库全书》项目的动机，157；development in Ssu-k'u project 在《四库全书》项目中的发展，158，159，166；in rewriting of Manchu history 有关重新书写满族历史，165；growth and procedures of 发展和程序，166 及后文；accusations of possession of seditious books 对违碍图书持有者的告发，179；case study of Chu T'ing-cheng 祝廷诤的个案研究，183 及后文；disruptive effects of 破坏性，190；systematization of 系统化，190；of drama 戏曲的，191，192；correction of censored works 对被审查图书的修改，193；listing of banned books 列举被禁图书，193；indices of banned books 禁书索引，194；twentieth century views of 20 世纪的评论，198，199

Censorship cases 审查案件：Ch'a Shih-kuei 查世桂，160；Chang T'ing-yü 张廷玉，followers involved in 及被卷入其中的追随者，25，28，32；Ch'en An-p'ing 陈安平，33；Chu T'ing-cheng 祝廷诤，182 及后文；Ch'ü Ta-chun 屈大均，195；Chuang T'ing-lung 庄廷鑨，19，25；Hsieh Chi-shih 谢济世，32，33；Hu Chung-tsao 胡中藻，28，32，33；Li Ta-pen 黎大本，178；Liu Chen-yü 刘震宇，32；Lü Liu-liang 吕留良，25，28；O-erh-t'ai 鄂尔泰，followers involved 及被卷入其中的追随者，25，28，32；Tai Ming-shih 戴名世，23，25，142；Teng Hui 邓谦，180；Ting Wen-pin 丁文彬，32；Tseng Ching 曾静，24，27；Wang Hsi-hou 王锡侯，174；Wang Erh-yang 王尔扬，177，196；Yü Teng-chiao 余腾蛟，33

Chang Hsueh-ch'eng 章学诚：as student of Chu Yun 作为朱筠的学生，51，52；views on book collection 有关图书收藏的看法，59；comment on work on Ssu-k'u project 对《四库全书》收书的看法，97；association with Shao Chin-han 与邵晋涵的关系，126，128；views on *Sung-shih* 对《宋史》的评价，131；view of separate traditions of learning 对不同学术思想的看法，145

Chang Ping-lin 章炳麟：criticism of *Ssu-k'u ch'üan-shu* 对《四库全书》的批判，106；comment on editorial deletions from *Ssu-k'u ch'üan-shuy* 对《四库全书》编纂人员删书的评价，116，117；comment on Yao Nai's rejection of Han learning 对姚鼐批判汉学的评价，142

Chang T'ing-yü 张廷玉：role in government of Ch'ien-lung emperor 在乾隆朝中扮演的角色，27，70；implication of followers in literary cases 追随者被卷入 "文字狱"，28，

索引

31；indictment on corruption charge 被告发腐败，70；as chief grand councillor 作为军机大臣，101；compilation of *Ming-shih*《明史》的编纂，137

Chao Ch'i 赵岐，works of 作品：Chu Yun's recommendation of to students 朱筠推荐给自己的学生，56

Chao Ming-ch'eng 赵明诚：lists of stone inscriptions by 所编金石文献目录，64，65

Ch'en Ch'ang-ch'i 陈昌齐：as member of Ssu-k'u Commission 作为《四库全书》馆臣，84；memorial concerning corruption at court 有关朝中官员贪腐的奏折，103

Ch'en Meng-lei 陈梦雷：banishment 被放逐，23

Cheng Chiao 郑樵：views on book preservation 有关保存文献，59，60；survey of stone rubbings 有关石刻金石文献的调查，64

Cheng Hsuan 郑玄：influence on eighteenth-century intellectuals 对18世纪知识分子的影响，5；Chu Yun's recommendation of works to students 朱筠向自己的学生推荐他的作品，56

Ch'eng Chin-fang 程晋芳：association with Chu Yun 与朱筠的关系，53；work on Ssu-k'u project 在《四库全书》项目中的工作，93

Chi Hsiao-lan 纪晓岚：position at Ch'ing court 在清廷中的地位，48，50；rejection for Grand Council membership 其被拒绝授予军机处职位，72；as chief editor of Ssu-k'u project 作为《四库全书》项目的总纂官，87；criticism of by Chang Ping-lin 章炳麟对他的批判，106；editing of *Annotated Catalog* 对《四库全书总目》的编纂工作，123；view of separate traditions of learning 对不同学术派别的看法，144；role in censorship 在审查活动中的扮演的角色，170

Chi-hsien shu-mu catalog《集贤书目》，63

Chi-ku lu《集古录》：stone inscriptions listed in 罗列的石刻文献，64

Ch'i-lueh《七略》：reference to in edict 诏谕中提到，37；catalog 著录，63

Chiang Kuang-ta 江广达：agent of Ssu-k'u project to salt merchant book collectors《四库全书》项目的盐商藏书家代理人，90

Chiang Yung 江永：index to mourning rites 丧礼索引，43；work on phonology 音韵学作品，43；study of *Chou-li*《周礼》研究，44；collection of books by 藏书，57

Chiao Hsun 焦循：ethical concepts in work of 作品中的伦理观念，48

Ch'ien Ch'ien-i 钱谦益：library of 藏书楼，disposition 命运，47；censorship of writings 作品被审查，195

Ch'ien-lung Emperor 乾隆皇帝：initiation of Ssu-k'u project 发起《四库全书》项目，1，9，34；impact on society 对社会的影响，4；principles of government 政府的原

则, 26; view of scholars as officials 对学者官僚的看法, 26; patronage system 支持体系, 27; edicts on factions 有关党派的诏谕, 28; encouragement of intellectuals 对知识分子的鼓励, 28, 29; travels 巡游, 29; edict establishing Ssu-k'u project 确立《四库全书》项目的诏谕, 34; decision of Chu Yun's proposals on book collection 对朱筠采集遗书倡议的决定, 76; view of value of *Yung-lo ta-tien* 对《永乐大典》价值的看法, 77; motives in Ssu-k'u project 发起《四库全书》项目的动机, 34, 78, 79, 157, 204; naming of book collection 对丛书的命名, 78; continuing interest in Ssu-k'u project 对《四库全书》项目的持续兴趣, 87, 92; reaction to errors in Ssu-k'u project 对《四库全书》项目讹误的反应, 99; question of scope of previous collections 对以往遗书采集活动范畴的质疑, 107; anti-Ming editorial suggestions 反明的编纂意图, 115; edict on Ming pretenders 有关明朝反叛者的诏谕, 138; censorship practices 审查活动, 31–34, 158 及后文; edict noting non-compliance with book collection order 通过遗书采集来指证叛乱的诏谕, 159; scholarly works commissioned by 敕修的学术作品, 29–31, 163; rewriting of Manchu and late Ming history ordered by 重新书写满族史和晚明史的诏令, 164, 165; edict on drama 有关戏曲的诏谕, 191; characterized 个性特征, 202

 Ch'ien Ta-chao 钱大昭: as *k'ao-cheng* scholar 作为考证学家, 47

 Ch'ien Ta-hsin 钱大昕: comment on development of printing 对印刷术发展的评价, 14; as *k'ao-cheng* scholar 作为考证学家, 47; position at Ch'ing court 在清廷的地位, 48, 50; view of Shao Chin-han 对邵晋涵的看法, 125, 128; approach to history 治史方法, 127; opinion of *Sung-shih* 对《宋史》的评价, 131

 Ch'ien T'ung-yuan 钱东垣: as *k'ao-cheng* scholar 作为考证学家, 47

 Chin Chien 金简: duties relating to Ssu-k'u project 在《四库全书》项目中的职责, 99

 Chin-ch'üan 金川: second campaign against 第二次金川之役, 165

 Chin-shih 《金史》: compilation 编纂, 132

 Chin-shih-lu 《金石录》: stone inscriptions listed in 著录的金石文献, 64

 Ch'in dynasty 秦朝: censorship in 审查, 10

 Ch'in Hui-t'ien 秦蕙田: study of text on mourning rites 有关丧礼的研究, 43

 Ch'in-ting ssu-shu-wen 《钦定四书文》: publication 出版, 30

 Ching-shih wen-pien 《经世文编》: emperor's order for preservation 乾隆皇帝的保存诏令, 195

 Ch'ing-hsia chi 《青霞集》: 101, 193

 Ch'ing-wen-chien 《清文鉴》: 163, 165

索引

Chiu-chang hsuan-shu《九章算术》: 62

Chiu man-wen-tang《旧满文档》: 165

Chiu Wu-tai-shih《旧五代史》: editing process 编纂过程, 117, 118

Chou Yung-nien 周永年: essay on preservation of books 有关保存文献的文章, 59; age on appointment to Ssu-k'u Commission 被任命为《四库全书》馆臣时的年龄, 81; copies of Ssu-k'u texts made by 编纂过的《四库全书》文本, 93, 94; work on Ssu-k'u project 有关《四库全书》项目的作品, 95, 96, 97; association with Shao Chin-han 与邵晋涵的关系, 126; comment on writers from T'ung-ch'eng 有关桐城学派著作的评价, 142

Chu family 祝氏家族: involvement in litigation 被卷入诉讼案件, 182–189

Chu Hsi 朱熹: influence of 影响, 5; influence at K'ang-hsi court 对康熙朝的影响, 21; views on interpretation of classical texts 对经注的看法, 41, 42, 115; commentary on *I-li* 对《仪礼》的评论, 43; essay by 所著文章, deletion from *Ssu-k'u ch'üan-shu* 被《四库全书》纂修者删除的, 116; Yao Nai's support of views 姚鼐对其观点的支持, 123; philosophy of 思想, Fang Pao's belief in 方苞的认可, 142; on *Ku-shih* 有关《古史》, 146, 147; interpretation of *Shan-hai-ching* 对《山海经》的注解, 148, 149; work on *Chung-yung* 有关《中庸》的作品, 152, 153

Chu T'ing-cheng 祝廷诤: censorship case 审查案件, 182

Chu-tzu chu-i《朱子储议》: deletion from *Ssu-k'u ch'üan-shu* 从《四库全书》中删除, 116

Chu Yun 朱筠: role in imperial library compilation 在该朝廷编纂项目中扮演的角色, 6, 56, 68; response to book collecting edict 对采集遗书诏谕的反应, 35 及后文, 56; family of 家人, residence in Peking 住在北京的, 47, 50; influence of 影响, 49; appointment to Hanlin Academy 被任命为翰林官员, 50; living quarters 住所, 50; "Pepper Blossom Humming Boat" study "椒花吟舫" 书斋, 50; students of 学生, 50-54; appointment as provincial education commissioner 被任命为学政, 51; advice to students on examinations 给参加科举考试学生的建议, 52; apolitical views 非政治化的观点, 54; examination requirements 考试要求, 55; interest in Han history 对汉代历史的兴趣, 55; on book collection project memorial submitted by 提交的有关采集遗书的奏折, 57, 68, 69, 71, 73; opposition of Liu Tung-hsun to proposals 刘统勋对其建议的反对, 70, 71, 103; post at Ssu-k'u Commission 在《四库全书》馆中的职位, 71; emperor's decision on proposals 乾隆皇帝对其倡议的决定, 76; age on appointment to Ssu-k'u Commission 被任命为《四库全书》馆臣的年龄, 81; social life during Ssu-k'u project《四库

《全书》纂修期间的社会活动，93；influence on Shao Chin-han 对邵晋涵的影响，125，128；recommendation of Yao Nai for Ssu-k'u Commission 推荐姚鼐入《四库全书》馆，143

 Ch'u-tz'u《楚辞》：relation to *Shan-hai-ching* 与《山海经》的关系，148，179

 Ch'ü Ta-chun 屈大均：censorship of 对他的审查，195

 Ch'üan Tsu-wang 全祖望：use of *Yung-lo ta-tien* 使用《永乐大典》，62；opinions of *Sung-shih* 对《宋史》的观点，131

 Chuang T'ing-lung 庄廷钺：censorship of works of 对其作品的审查，19，25

 Chuang Ts'un-yu 庄存与：study of *Ch'un-ch'iu* 对《春秋》的研究，44

 Ch'un-ch'iu《春秋》：publication 出版，30；*k'ao-cheng* studies of 对该书的"考证"，41

 Chung-hsing kuan-ko shu-mu《中兴馆阁书目》：issuance 发行，13

 Chung-yung《中庸》，152-153

 Chung-yung chi-lueh《中庸辑略》：review in *Annotated Catalog*《四库全书总目》的提要，153

 Ch'ung-wen tsung-mu《崇文总目》：compilation 编纂，13；catalog 目录，63；cited by Grand Council 被军机大臣引用，75

 Circles 圈, scholarly 学术：of Chu Yun 朱筠的，51-55；activities and economic aspects 活动及其经济因素，52；of Juan Yuan 阮元的，52；of Pi Yuan 毕沅的，52

 Collectanea 丛书：production 成果，104；number of works in 收录的图书数量，107；selection of books for 收录图书的甄选，108，109，111；*Chiu Wu-tai-shih* included in 对《旧五代史》的收录，118

 Corruption 腐败：Chang T'ing-yü indicted for 对张廷玉的告发，70；accusations of Ho-shen 对和珅的告发，103

 Drama 戏曲：censorship of 对该类作品的审查，191，192

 Economic and social development in Ch'ien-lung era 乾隆时期经济和社会发展，45，46，48

 Educational officials 教官, local 地方：character and role in book collecting 特征及其在图书采集过程中扮演的角色，168，171，173

 Erh-ya《尔雅》：Shao Chin-han's commentary on 邵晋涵的评价，126，128

 Examinations 考试：process of 程序，4；*Po-hsueh hung-ju* "博学鸿儒"，purpose of

目的，20，27；administration by Chu Yun 朱筠的行政管理，51，55

Factionalism 党争：among scholars in K'ang-hsi period 康熙朝学者之间，22，23，25；edict of Yung-cheng emperor on 雍正皇帝的相关诏谕，24；edicts of Ch'ien-lung Emperor on 乾隆皇帝的相关诏谕，28；among Buddhists and Confucians 佛教和儒家之间的，113；at court 在朝廷中，effect on emperor's interest in Manchu works 使皇帝对满族文献产生兴趣，165

Fan Mou-chu 范懋柱：contribution to Ssu-k'u project 对《四库全书》项目的贡献，90

Fang I-chih 方以智：collection of books 图书收藏，57

Fang-lueh-kuan 方略馆：establishment 设立，31

Fang Pao 方苞：publication of *Ch'in-ting ssu-shu wen* 《钦定四书文》的出版，30；use of *Yung-lo ta-tien* 使用《永乐大典》，62；influence on Yao Nai 对姚鼐的影响，142，154

Fang Tung-shu 方东树：views on interpretation of classical texts 对于经注的看法，42；opposition to Han learning 对汉学的反对，140；association with Yao Nai 与姚鼐的关系，143

Fu-heng 傅恒：influence in Ch'ien-lung regime 在乾隆朝的影响，69；as chief grand councillor 作为首席军机大臣，101

Government 政府，imperial 帝国：role of scholars in 学者扮演的角色，1–5，12，15，28，29，121；Western view of 西方的看法，2，3；examinations for service in 为了选择官员设置的考试，4；relationship of literary elite to 与知识精英的关系，4，12，14，19，25；control of scholarship by early Manchus 早期满族对学术的控制，18，19；responsibility for book preservation 保存图书的责任，59，73；Chinese and Manchu leaders 汉族和满族领导人，101；conflict implicit in Ssu-k'u project 《四库全书》项目隐含的冲突，119；Han learning related to 与汉学的关系，123，124，129；Han learning movement's influence 汉学运动的影响，156；achievements of Ch'ien-lung government 乾隆政府的成就，202. *See also* Bureaucracy 也可参考"官僚机构"条

Grand Council 军机处，73，79

Han dynasty 汉代：book collection during 遗书采集，11；Chu Yun's interest in 朱筠的兴趣，55；stone inscriptions of 对石刻文献的，study 研究，55，64；divergence of learning traditions during 学术传统的分歧, 14

　　Han-hsueh shang-tui《汉学商兑》: publication 出版, 141

　　Han learning 汉学: differences from Sung learning 与宋学的区别, 5, 6, 145, 155; dominance of *Ssu-k'u ch'üan-shu* 对《四库全书》的控制, 122, 140, 145, 156; relations with government 与政府的关系, 123, 129; as movement of opposition to Manchu repression 对满族压制的反抗, 124; differences within movement 运动中的内部差异, 126; Yao Nai's views of 姚鼐的看法, 140, 142, 144; influence on government 对政府的影响, 156. See also *K'ao-cheng* scholarship 也可参考"考证学"条

　　Hang Shih-chun 杭世骏: position at Ch'ing court 在朝廷中的职位, 48

　　Hangchow libraries 杭州藏书楼: contribution to Ssu-k'u project 对《四库全书》项目的贡献, 47

　　Hanlin Academy 翰林院: role in government 在政府中的角色, 2; administration of examinations for government service 对科举考试的管理, 4; role in criticism in Yuan period 元朝时在评论中所扮演的角色, 14; membership reduction in Yung-cheng period 雍正朝成员数量的减少, 24; nominations to in Ch'ien-lung period 乾隆朝的任命, 28; appointments to from class of 1754 对1754年参加科考人员的任命, 50; accommodation of politically inclined 政治化倾向, 68; members as collators for *Yung-lo ta-tien* 成员作为《永乐大典》校勘人员, 77; appointment of members to Ssu-k'u Commission 成员被任命为《四库全书》馆臣, 80, 81; Shao Chin-han as compiler at 邵晋涵担任编修, 126; Yao Nai's appointment to 姚鼐被任命, 142

　　Han-shu《汉书》: cited as to value of summaries of collated works 为评价校勘工作的价值而引用该书, 75; ancient and modern versions 新旧版本, comparisons of 对比, 134

　　Ho Hsiu 何休, works of 作品: Chu Yun's recommendation to students 朱筠向其学生推荐, 56

　　Ho-shen 和珅: patronage by 支持的, 84, 85; rise in government 在朝廷的晋升, 100, 101; appointment as director general Ssu-k'u project 被任命为《四库全书》总裁, 101; indictment of Ts'ao Wen-chih 告发曹文埴, 101; reports to emperor of errors in *Ssu-k'u ch'üan-shu* 向皇帝汇报《四库全书》中的讹误, 101–104; succession to posts held by Yü Min-chung 继任于敏中的职位, 101; opposition to 对他的反对, 103; fall of 失势, 104; editing of Manchu publications by 所主持的满文文献出版项目, 166; as leader of faction at court 作为朝廷党派首领, 166, 190; role in censorship procedure 在审查过程中扮演的角色, 190, 193

索引

Hou-Han-shu《后汉书》,125,136

Hsiao-ching chi-chu《孝经集注》: publication 出版,27

Hsieh Chi-shih 谢济世: censorship of works 对其作品的审查,32,33

Hsing-li ta ch'üan《性理大全》: reprinting by K'ang-hsi Emperor 康熙皇帝的重刊,20

Hsiung Tz'u-li 熊赐履: patronage during K'ang-hsi period 康熙时期的支持,21

Hsu Ch'ien-hsueh 徐乾学: compilation of *T'ung-chih-t'ang ching-chieh* 纂修《通志堂经解》,28; index to mourning rites 有关丧礼的索引,43; use of *Yung-lo ta-tien* denied to 被拒绝使用《永乐大典》,61

Hsu Kuang-ch'i 徐光启: inclusion of charts in works of 其作品中包含的图表,137

Hsu san-tzu-ching《续三字经》: censorship of 对该书的审查,183,185,187

Hu Chung-tsao 胡中藻: censorship case involving 涉及的审查案件,28,32,33

Hu Wei 胡渭,42

Huang Tsung-hsi 黄宗羲: views on interpretation of classical texts 对经注的看法,41,42; listing of works in Ssu-k'u catalog 被列入《四库全书总目》的作品,111; influence on Shao Chin-han 对邵晋涵的影响,124,126; beliefs 信仰,127; service of Ming pretender 服务于南明王朝,138

Huang Yun-mei 黄云眉,125,128,129

Hui Tung 惠栋: interpretation of *Shan-hai-ching* 对《山海经》的理解,148

Hung Liang-chi 洪亮吉: service with Anhwei examination commission 被任命为科举考试官员,52; accusation of Ho-shen 对和珅的告发,103

I-ching《易经》: publication 出版,30; *k'ao-cheng* studies of 对该书的考证,41; order of hexagrams recorded in *Yung-lo ta-tien*《永乐大典》中所记的卦序,77; books on divination based on 基于本书的卜筮之书, classification as Taoist 被归入道家,115

I-li《仪礼》: commentary on by Chu Hsi 朱熹有关该书的评论,43

Imperial publications 帝国出版物: *Ch'in-ting ssu-shu-wen*《钦定四书文》,30; *Ch'ing-wen chien*《清文鉴》,163; historical 历史的, in Ch'ien-lung era 乾隆朝,30; *Hsiao-ching chi-chu*《孝经集注》,27; *Jih-hsia chiu-wen k'ao*《日下旧闻考》,101; *K'ai-kuo fang-lueh*《开国方略》,30,164; *K'ang-hsi tzu-tien*《康熙字典》,22; *Li-tai ming-ch'en tsou-i*《历代名臣奏议》,18; *Liao-Chin-Yuan shih*《辽史》《金史》《元史》,101; *Liao Chin Yuan shih kuo-yü chieh*《辽金元三史国语解》,163; *Lü-lü cheng-i*《律吕正义》,22; *Man-chou yuan-liu k'ao*《满洲源流考》,101; Manchu dictionary and history 满文词典和历史,30; *Ming shih*《明史》,101; *Pa-ch'i t'ung-chih*《八旗通志》,

62；*P'ei-wen yun-fu*《佩文韵府》, 22, 91；*P'ing-ting Chin-ch'uan fang-lueh*《平定金川方略》, 31；*P'ing-ting Tsun-ko-erh fang-lueh*《平定准噶尔方略》, 50；rhyming dictionaries 音韵词典, 22；*Shih-ching*《诗经》, 30；*Ta-Ch'ing i-t'ung-chih*《大清一统志》, 61；*Ta-hsueh yen-i*《大学衍义》, 18；*T'u-shu chi-ch'eng*《古今图书集成》, 22；*T'ung-chien kang-mu*《通鉴纲目》, continuation of 续修, 126；*T'ung-chien kang-mu hsu-pien*《通鉴纲目续编》, emendations ordered by emperor 皇帝下令纂修, 116；*Tung-chih-t'ang ching-chieh*《通志堂经解》, 28；*Tzu-chih t'ung-chien*《资治通鉴》, 18；*Wen-chang cheng-tsung*《文章正宗》, 18；work of shifted to Grand Council 转到军机处的工作, 31

Indices of banned books 禁书索引, 193, 199

Inquisition 审查, literary 文字：See Censorship 也可以参考"审查"条

Intellectual 知识分子：role of in imperial state 在帝国中扮演的角色, 1—5, 12, 25, 29, 121；factions inside and out of government 在朝廷内外结成的党派, 5, 6, 22, 23, 25；organizations of 组织, influence on Ming government 对明朝政府的影响, 17；anti-Manchuism among 持有的反满思想, 17；patronage of 支持, under the K'ang-hsi Emperor 康熙皇帝的, 19—22；patronage of 支持, under the Yung-cheng Emperor 雍正皇帝的, 23, 24；encouragement and patronage of by Ch'ien-lung Emperor before Ssu-k'u project 乾隆皇帝在修《四库全书》之前的鼓励和支持, 28, 29, 31；attitude to *Ssu-k'u ch'üan-shu* project 对《四库全书》项目的态度, 7, 38, 69, 78, 201, 206, 207；collaboration with Manchus 与满人的合作, 31；eighteenth century goals 18世纪的目标, 39；development of awareness of political implications of works 在其作品中发展起来的政治意识, 45；relationship of wealthy and scholars in 18th century 18世纪知识分子与财富的关系, 46；residence in Peking 居住在北京, 47, 48；differing views among 不同的看法, 122；role in censorship associated with Ssu-k'u project 在与《四库全书》项目有关的审查中扮演的角色, 158；role in censorship 在审查中扮演的角色, 179, 182；varying life styles and concepts among 不同的生活方式和观念, 205

Jih-chih-lu《日知录》：use of stone inscriptions in 对石刻文献的使用, 65；revisions in text of 对其文本的修改, 116, 117

Jen Ta-ch'un 任大椿, 53, 93

Jesuit astronomers 耶稣会天文学家：contribution of 贡献, 137, 138

Jih-hsia chiu-wen k'ao《日下旧闻考》：Yü Min-chung as editor of 于敏中作为其编纂者, 101

Ju-ts'ang-shuo《儒藏说》: plea for preservation of books 请求保存遗书, 59

Juan Yuan 阮元: group formed by 组织的圈子, activities 活动, 52; evaluation of *Ssu-k'u ch'üan-shu* 对《四库全书》的评价, 105

K'ai-kuo fang-lueh《开国方略》: publication 出版, 30; emperor's preface to 皇帝作的序, 164; sources of 文献来源, 165

K'ang-hsi Emperor 康熙皇帝: regents for 摄政王的, anti-Chinese policies 排汉政策, 19; interest in scholarship 对学术的兴趣, 20, 21; book collection by 图书收藏, 21; patronage of scholars 对学者的支持, 21, 22; factionalism among scholars at court of 朝廷中的学术党派, 22, 23

K'ang-hsi tzu-tien《康熙字典》: favoritism of editor of 编纂者的得宠, 22; criticism of by Wang Hsi-hou 被王锡侯批判, 175

Kao-seng-chuan《高僧传》: inclusion in Ssu-k'u collection 被《四库全书》收录, 11

K'ao-cheng scholarship 考证学: origin and later analysis 起源及后世的分析, 39, 40; relationship of scholars and wealthy 考证学家和财富的关系, 46; Ch'ien family's contribution to 钱氏家族的贡献, 47; apolitical bias 非政治化的偏见, 48, 49; basic beliefs 基本观点, 66; *Annotated Catalog* reflecting views of 对《四库全书总目》的评价, 201; areas of concern 关注的领域, 206, 207. See also Han learning 也可参考"汉学"条

Ku-shih《古史》, 146–148

Ku-wen Shang-shu k'ao《古文尚书考》: copying of by Shao Chin-han 邵晋涵的抄写, 125

Ku Yen-wu 顾炎武: comment on court scholarship 对官方学术的评价, 22; views on interpretation of classical texts 对经注的看法, 42; work on phonology 音韵学研究, 43; study of stone rubbings 石刻拓片的研究, 65; revisions in works of by Ssu-k'u editors《四库全书》对他作品的修改, 116, 117; motto 座右铭, 127; association of philology with followers 其追随者与语言学的关系, 128

Kung-yang《春秋公羊传》: commentary on *Ch'un-ch'iu* 对《春秋》的注释, 45; Shao Chin-han's views on commentary 邵晋涵的评价, 127

Land ownership dispute related to accusations of sedition 叛逆告发案中涉及的土地所有权争议, 179

Li-chi《礼记》: *k'ao-cheng* studies of 对该书的考证, 41

Li Fu 李绂：use of *Yung-lo ta-tieh* 使用《永乐大典》，61

Li Kuang-ti 李光地：patronage during K'ang-hsi period 在康熙朝的资助，21

Li Po 李白：comment on poetry of 对其诗作的评价，147

Li Ta-pen 黎大本：censorship case 审查案件，178，179

Liang-han chin-shih chi《两汉金石记》：publication 出版，64

Liang-huai salt merchants 两淮盐商：contribution of books to Ssu-k'u 向《四库全书》项目贡献的图书，117

Liao-chin yuan shih《辽史》《金史》《元史》，101

Liao-chin yuan-shih kuo-yü chieh《辽金元三史国语解》，163，164

Li-tai ming-ch'en tsou-i《历代名臣奏议》：Manchu edict directing study of 要求学习该书的诏谕，18

Literary inquisition 文字狱：See Censorship 参考"审查"条

Liu Chih-chi 刘知幾，63，138

Liu Hsiang 刘向：book collection by 图书收藏，11，62；method of collation of books 校勘图书的方法，60；annotations by 注释工作，63，64；summaries of collated works 校勘工作的总结，value of cited 对征引的评价，75，77；purpose of *Pieh-lu*《别录》的目的，204

Liu Hsin 刘歆：book collection by 图书收藏，11

Liu-li-ch'ang 琉璃厂：growth and custom 发展和传统，47；stone inscriptions found in 发现的石刻文献，64；as source of books for Ssu-k'u collection 作为《四库全书》图书来源地，93

Liu T'ung-hsun 刘统勋：career as chief grand councillor 作为首席军机大臣的职业生涯，70，101；opposition to Chu Yun's proposal 反对朱筠的提议，70，71，73，103；recommendation of Yao Nai for Ssu-k'u commission 推荐姚鼐入《四库全书》馆，85，143；influence on Ssu-k'u project 对《四库全书》项目的影响，206

Lu-fei Chih 陆费墀，87

Lu Hsi-hsiung 陆锡熊：as chief editor of Ssu-k'u project 作为《四库全书》项目的总纂官，87；recipient of letters from Yü Min-chung 收到于敏中的来信，87，96，100，108；editing of *Annotated Catalog* 编纂《四库全书总目》，123

Lü Liu-liang 吕留良，25，28，195

Lü-lü cheng-i《律吕正义》，22

Ma Tuan-lin 马端临：book catalog of 书目，14，74

Man-chou yuan-liu-k'ao《满洲源流考》: Yü Min-chung as editor of 于敏中作为编纂者, 101; editing of books for consistency with 与该书术语保持一致的其他图书编纂活动, 194, 195

Manchus 满人: censorship policies 审查政策, *see* censorship 参考"审查"条; decline of dynasty 有关其王朝衰落, question of 相关问题, 3; relationship of Chinese elite to 与汉族精英的关系, 4, 16, 203; ethnic hostility to 反满, 17, 203, 204; control of scholarship 对学术的控制, 18, 19; dictionary of language 语言词典, 30, 163; history of 其自身历史, new works ordered 下令新编纂的, 30, 164, 165; collaboration with Chinese scholars 与汉族学者的合作, 31; eighteenth century society 18世纪社会状况, conditions affecting response to Ssu-k'u edict 影响其对《四库全书》纂修诏谕回应的因素, 38; economic and social development in Ch'ien-lung era 乾隆朝的经济和社会发展, 45, 46; patronage of booksellers 对书商的支持, 47; favoritism in government 政府的倾向, 48; representation on Grand Council 把持军机处, 69; appointment as proctors for Ssu-k'u project 被任命为《四库全书》项目的提调官, 87, 203; as office holders 作为政府官员, 101; works concerning commissioned by emperor 可被视作皇帝敕修的图书, 163–166, 203; twentieth century criticism of 20世纪的评论, 198, 199

Mao Ch'i-ling 毛奇龄: activity during K'ang-hsi era 在康熙朝的活动, 21; views on interpretation of classical texts 对经注的看法, 42

Merchants 商人, support of scholarship 对学术的支持, 46, 47

Ming dynasty 明代: publication of *Yung-lo ta-tien*《永乐大典》的出版, 15

Ming-shih《明史》: *Po-hsueh hung-ju* examination 博学鸿儒考试, and origins 及其来源, 20, 27; Yü Min-chung 于敏中, as editor of Ch'ien-lung revision 作为乾隆朝的编纂者, 101; Shao Chin-han's review of 邵晋涵的评价, 136, 137, 138; Ch'ien-lung Emperor's corrections in 乾隆皇帝的修改, 164

Mo-tzu《墨子》, 150–154

Neo-Confucianism 新儒家: revival by K'ang-hsi emperor 康熙皇帝的恢复, 20

Nieh Ch'ung-i 聂崇义: compilation of stone rubbings 石刻拓片的编纂, 64

O-erh-t'ai 鄂尔泰: investigation of Tseng Ching 调查曾静案件, 25; implication of followers in literary suppression cases 其追随者在文字狱中的意图, 28, 32; as chief grand councillor 作为首席军机大臣, 101

Ou-yang Hsiu 欧阳修: views on factionalism 对党争的看法, 24; lists of stone inscriptions by 著录的石刻文献, 64; history 史书, compilation by 编纂的, 118; criticism of by Shao Chin-han 邵晋涵对他的评价, 136

Pa-ch'i t'ung-chih《八旗通志》: Li Fu as editor 李绂作为编纂者, 62

Pai-Sung i-ch'an 百宋一廛: Sung editions in 宋版书, 58

Pan Ku 班固: authorship of *Han-shu*《汉书》的作者, 134, 135, 136

Patronage in government 政府支持: by Ch'ien-lung Emperor 乾隆皇帝的, 27; of Manchus at Ch'ing court 清政府中满人的, 48; by Ho-shen 和珅的, 84

Patronage of scholars 对学者的赞助: by K'ang-hsi Emperor 康熙皇帝的, 21, 22; by Ch'ien-lung Emperor 乾隆皇帝的, 36, 27, 31; by wealthy 富人的, 46, 47; in appointment to Ssu-k'u Commission 给予《四库全书》馆臣的, 83, 84, 85

P'ei-wen yun-fu《佩文韵府》: favoritism of editor of 编纂者的倾向, 22; presented to book owners contributing to Ssu-k'u project 赏赐给《四库全书》项目支持者, 91

Peking 北京: growth as intellectual center 发展成为学术中心, 47, 48

Pi-shu-chien 秘书监: duties as to book collecting 采集遗书的职责, 12

Pi Yuan 毕沅: group formed by 其朋友圈的, activities 活动, 52; Shao Chin-han's advice to on *T'ung-chien kang-mu* 邵晋涵给他提供的有关《通鉴纲目》的建议, 126, 127

Pieh-lu《别录》: contrast in purpose to Ssu-k'u 与《四库全书》的对照, 204

P'ing-ting Chin-ch'üan fang-lueh《平定金川方略》, 31

P'ing-ting Tsun-ko-erh fang-lueh《平定准噶尔方略》: compilation 编纂, 50

Po-hsueh hung-ju examinations 博学鸿儒考试: purpose of 目的, 20, 27

Printing 印刷: effect of development of use 推广该技术的影响, 14, 63

Salt merchants 盐商: Chiang Kuang-ta 江广达, as agent to book collectors, 作为藏书家的代表, 70; contributions to Ssu-k'u project 对《四库全书》项目的贡献, 90, 117

Scholars 学者: *See* Intellectuals 也可参考"知识分子"条

Sedition 反叛: Ssu-k'u project alleged to be part of campaign against《四库全书》项目被认为是镇压其活动的一种, 157; emperor's references to in book collecting process 皇帝在采集遗书过程中提及, 161; expansion of campaign against 镇压活动的扩大, 166; criteria for judging books seditious 鉴定违碍图书的原则, 194

Shan-hai-ching《山海经》, 148, 149

Shang-shu《尚书》: *k'ao-cheng* studies of 对该书的考证, 41, 42

索 引

Shao Chin-han 邵晋涵: service with Chu Yun in Anhwei 在安徽协助朱筠, 52; work on *Yung-lo ta-tien* texts 有关《永乐大典》文本的工作, 93; reconstruction of *Chiu wu-tai shih* 辑佚《旧五代史》, 118; work on Ssu-ku project 有关《四库全书》项目的工作, 95, 126, 129, 156; book reviews by 撰写的书籍提要, 122, 123, 124; ancestry and career 先祖及职业, 124–125; historical work 史书, 126, 127; Han learning influence on 汉学对他的影响, 126, 128; commentary on *Erh-ya* 对《尔雅》的评论, 128; views on private and public scholarship 对私学与官学的看法, 139; approach and influence of Ssu-k'u project 对《四库全书》的影响, 206, 207

Shih-chi chi-chieh《史记集解》, 129–131, 146

Shih-ching《诗经》: publication of official version 官方版本的出版, 30; k'ao-cheng studies of 对该书的考证, 41, 42; phonological studies of 对该书的音韵学研究, 42, 43; order of sections recorded in *Yung-lo ta-tien* 被收录入《永乐大典》的文本的顺序, 77

Shuo-wen《说文》: Chu Yun's recommendation to students 朱筠向其学生推荐, 55, 56

Soochow as center of scholarship 苏州作为学术中心, 47

Ssu-k'u ch'üan-shu《四库全书》: commission 馆, see Ssu-k'u Commission 可参考"《四库全书》馆"条; compilation 编纂, 1, 2, 67 及后文; censorship relating to 与其相关的审查, 1, 7, 158 及后文; initiation of project 该项目的发起, 1, 9, 34; catalog 目录, 1, 104; see also Annotated Catalog 参考"《四库全书总目》"条; role of intellectuals in compilation 知识分子在编纂过程中扮演的角色, 2, 7, 67, 122 及后文; collaboration of elite and monarchy in 精英和皇帝在其中的合作, 7, 119; scholarly atmosphere prevailing 主流学术风气, 16; response to edict establishing《四库全书》馆成立的反响, 38, 56, 201, 206; libraries as source for 作为其图书来源的藏书楼, 47; contributions of Chu Yun and associates 朱筠及其助手们的贡献, 57 及后文; proposed reconstruction of texts from the *Yung-lo ta-tien* as part of 从《永乐大典》中辑佚文本的倡议成为该项目的一部分, 61, 62; selection of projects for inclusion in 选择该书包含的内容, 68; four treasuries system 四部分类, 77, 78; administration of work of project 项目的行政工作, 86 及后文; physical locations 地理位置, 86, 91; book collection process 图书采集过程, 88–91; book collation process 图书校勘过程, 92, 93; errors and omissions 讹误和遗漏, 95–105; correction of errors 修改讹误, procedure for 流程, 98, 102; Ho-shen appointed director-general 和珅被任命为总裁, 101; products 成果, 104; evaluation 评价, 104, 105, 106; later criticism of 后世的批判, 106; selection of books for and division into categories 甄选图书以及归类, 107; emphasis on pre-Ming texts 对明代以前文本的重视,

109，111；Buddhist and Taoist texts in 收录的佛教和道教文本，111，112；editorial deletions 编纂者的删改，115，116；reviews 提要，122 及后文；identification with Han learning 汉学特征，140，145，155；influences and evaluation of final form 其最终形式的影响及评价，201，202，206

 Ssu-k'u ch'üan-shu chien-ming mu-lu《四库全书简明目录》：production of 成果，104

 Ssu-k'u ch'üan-shu hui-yao《四库全书荟要》：production of 成果，104，105

 Ssu-k'u ch'üan-shu tsung-mu t'i-yao《四库全书总目提要》：See Annotated Catalog 参考"《四库全书总目》"条

 Ssu-k'u Commission《四库全书》馆：establishment 设立，69；Chu Yun's position with 朱筠在其中的职位，71；appointments to 职位设置，79，80；membership 成员，81，82，83，86；compensation of members 对成员的回报，85；directors 总裁，punishment for negligence 对疏忽的惩罚，99；Ho-shen as director-general 和珅作为总裁，103；evaluation of work 对馆中工作的评价，105；Shao Chin-han's work at 邵晋涵在其中的工作，126，129；appointment and resignation of Yao Nai 姚鼐的入馆和辞职，143

 Ssu-k'u shu-mu《四库书目》：reference to in edict 在诏谕中提及，37

 Stone inscriptions 石刻文献：interest in of Peking scholars 北京学者的兴趣，55；catalogs of 目录，64，65；listing of considered by Grand Council 军机处关注的清单，73

 Su Ch'e 苏辙：claim of common source of Taoism and Buddhism 道教、佛教思想同出一源的说法，115；Ku-shih by 撰写的《古史》，146，147

 Sui dynasty 隋代：book collection during 隋代图书采集，13

 Sung dynasty 宋代：intellectuals of 知识分子，impact of views in Ch'ing period 观点对清朝知识分子的影响，5，6；book catalogs compiled during 编纂的书目，13；collection of books produced during 所刊书籍被采集，58

 Sung learning 宋学：divergence from Han learning 与汉学的分歧，140，145；adverse comment on 对该学说的不同评价，154；as reaction to Han learning movement 对汉学运动的反应，155；hypothesis as to Yao Nai's role in origins 有关其学说源于姚鼐的假设，156

 Sung-shih《宋史》：record of book borrowing 有关借书的记载，13；view of eighteenth century scholars on 18 世纪学者的评价，131；criticism of by Shao Chin-han 邵晋涵的批判，131，132，133

 Ta-ch'ing i-t'ung-chih《大清一统志》：compilation 编纂，61

索 引

Ta-hsueh yen-i《大学衍义》：Manchu edict directing study 要求学习该书的诏谕，18

Ta-yeh cheng-yü shu-mu《大业正御书目》：compilation 编纂；13

Tai Chen 戴震：interpretation of classical texts 对经书的理解，43，44，45；association with class of 1754 group 与 1754 年参加科举考试之人的关系，50；inclusion of works in *Ssu-k'u ch'üan-sku* 被收入《四库全书》的作品，57；use of *Yung-lo ta-tien* 使用《永乐大典》，62；appointment to Ssu-k'u Commission 被任命为《四库全书》馆臣，80；association with Shao Chin-han 与邵晋涵的关系，126，128；Yao Nai's request to be a student of 姚鼐请求成为其学生，142

Tai Ming-shih 戴名世：prosecution of 对他的审判，23，24，142

T'ang dynasty book catalogs 唐代书目，13

Tao-te-ching《道德经》，114，115

Taoism 道教：books included in Ssu-k'u catalog 被收入《四库全书总目》的道家图书，111-115；works on magic and divination classified as Taoist 卜筮之书被归在道家类之下，115，149

Teng Hui 邓谯：censorship case 审查案件，180

Ting Wen-pin 丁文彬：censorship and condemnation 审查和定罪，32

T'ien Wen-ching 田文镜：report of expectant educational officials 有关候补教官的报告，173

Ts'ai Hsin 蔡新：punishment for negligence 惩治疏忽，99

Tseng Ching 曾静：sedition trial 反叛案，24；execution 判决，27

T'u-shu chi-ch'eng《古今图书集成》：publication 出版，22；reference to by Ch'ien-lung Emperor 乾隆皇帝提及，35；comparison to *Yung-lo ta-tien* 与《永乐大典》的比较，77；presentation to book owners contributing to Ssu-k'u project 赏赐给为《四库全书》项目做出贡献的藏书家，91

Tuan Yü-ts'ai 段玉裁：phonology of 音韵学研究，43

T'ung-chien kang-mu hsu-pien《通鉴纲目续编》：emendations ordered by emperor 皇帝下令校订，116

T'ung-chih-t'ang ching-chieh《通志堂经解》：praise of in edict by Ch'ien-lung Emperor 乾隆皇帝诏谕中的赞誉，28

Tzu-chih t'ung-chien《资治通鉴》：Manchu edict directing study 要求学习该书的诏谕，18

Wan Ssu-t'ung 万斯同：report of intellectual life under Yuan rulers 有关元朝知识分子的报告, 13；opinions of *Sung-shih* 对《宋史》的看法, 131

Wang Ch'ang 王昶：in class of 1754 于1754年参加科举考试, 50；use of stone inscriptions 使用石刻文献, 65

Wang Chung 汪中：as member of Chu Yun's circle 作为朱筠学术圈的成员, 52；prefaces to *Mo-tzu* 为《墨子》作序, 151

Wang Erh-yang 王尔扬：censorship case 审查案件, 177, 196

Wang Hsi-hou 王锡侯：censorship case 审查案件, 174–179, 181

Wang Hung-hsu 王鸿绪：role in *Ming-shih* 在《明史》纂修中扮演的角色, 137

Wang Ming-sheng 王鸣盛：as *k'ao-cheng* scholar 作为考证学家, 47；appointment to Han-lin Academy 被任命为翰林官, 50

Wang Nien-sun 王念孙：historical notes of 史学笔记, 127

Wang Shih-chen 王士贞：and *Ming-shih* 与《明史》的关系, 137

Wang Yang-ming 王阳明：listing of works in Ssu-k'u catalog 列举其被收入《四库全书》的作品, 111；influence of Shao Chin-han 对邵晋涵的影响, 124, 126

Wei Yuan 魏源：view of commentaries on *Ch'un-ch'iu* 对《春秋》各注疏的看法, 45

Wen-hsien ta-ch'eng《文献大成》：compilation 编纂, 15

Wen-hsien t'ung-k'ao《文献通考》, 14, 74

Weng Fang-kang 翁方纲：family of 家族, residence in Peking 在北京居住, 47；association with class of 1754 与1754年参加科考者的关系, 50；study of stone inscriptions 对石刻文献的研究, 64, 65；work as Ssu-k'u collator 对《四库全书》的校勘工作, 93, 94；reviews by 撰写的提要, 123；comment on Ssu-k'u editors 对《四库全书》编纂者的评价, 143；comment on Wang Chung's prefaces to *Mo-tzu* 对汪中《墨子》序言的评价, 151

Wu San-kuei 吴三桂：reference to in censored work 在被审查图书中提及, 184

Wu-ying-tien chen-chu pan ts'ung-shu《武英殿聚珍版丛书》, *see* collectanea 参考"丛书"条

Yang Shen 杨慎：refutation of by Ch'en Yueh-wen 被陈耀文反驳, 106；interpretation of *Shan-hai-ching* 对《山海经》的解释, 148

Yangchow school 扬州学派, 46, 48

Yao Nai 姚鼐：Tai Chen's letter to on verification of texts 给戴震写信讨论考证文

本，45；association with class of 1754 与 1754 年参加科考者的关系，50；report by of Liu T'ung-hsun's opposition to Chu Yun's proposals 对刘统勋反对朱筠的倡议的记载，70；appointment to Ssu-k'u Commission 被任命为《四库全书》馆臣，85，143；work on Ssu-k'u collation《四库全书》校勘工作 93；comment on Ssu-k'u work 对《四库全书》的评价，97；reviews 撰写提要，122，123，124，146 及后文；position in regard to Sung learning 在宋学派中的地位，140，142，156；background and career 背景和职业，141–143；view of Han learning 对汉学的看法，140，142，144，207；rejection of reviews by Ssu-k'u editors《四库全书》编纂者对其提要的否决，146

Yen Jo-chü 阎若璩：position during K'ang-hsi era 在康熙朝的地位，21；study of *Shang-shu* 对《尚书》的研究，42

Yin-fu-ching《阴符经》：listing in Ssu-k'u catalog 被《四库全书总目》收录，114

Ying-lien 英廉：duties in Ssu-k'u compilation 在《四库全书》项目中的责任，99；role in censorship process 在审查过程中扮演的角色，190，194，195

Yü Chia-hsi 余嘉锡：evaluation of Ssu-k'u products 对《四库全书》的评价，104

Yü Min-chung 于敏中：career in government 政治生涯，70；support of Chu Yun's proposal 对朱筠倡议的支持，70，72；recommendations to for appointment to Ssu-k'u Commission 被推荐入《四库全书》馆，80；role in evolution of Grand Council 在军机处中角色的变化，84；as emperor's link to Ssu-k'u Commission 作为皇帝与《四库全书》之间的纽带，87；letters to Lu Hsi-hsing 给陆锡熊的信，87，96，101，108；patronage of Yao Nai 对姚鼐的支持，142；as leader of faction at court 作为朝廷中的党派首领，166；overall influence on project 对《四库全书》项目的总体影响，206

Yü Teng-chiao 余腾蛟：censorship inquiry 文字狱，33

Yü Yueh 俞樾：evaluation of *Ssu-k'u ch'üan-shu* 对《四库全书》的评价，106

Yuan dynasty 元代：intellectual life during 元代学术情况，14；compilation of *Sung-shih*, *Liao-shih* and *Chin-shih* during《宋史》、《辽史》和《金史》的编纂，132；Yuan Mei 袁枚的，biography of 传记中的，cited 引用，180

Yun-chi ch'i-chien《云笈七签》：listing in Ssu-k'u catalog 收入《四库全书总目》，114

Yung-cheng emperor 雍正皇帝：policy change on succession 继位后的政策变化，23；edict on factions 有关党争的诏谕，24；establishment of provincial education commissioner's post 设立学政的职位，purpose in 目标，168；report to of expectant officials 提交给他的有关候补官员的汇报，173

Yung-lo ta-tien《永乐大典》：compilation of 编纂，13，15；proposed use of in book collection 要求利用该书来采集遗书的建议，58，60，61，62，74；storage of copies 副本收藏，61；order of topics in 书中各主题的顺序，61，77；imperial view of 朝廷的看法，76，77，101；Shao Chin-han's work on 邵晋涵对该书的工作，93；removal and loss of volume 卷帙的移动和遗失，94

Zen Buddhism 禅宗：works on included in Ssu-k'u collection《四库全书》中收录的相关图书，112

译后记

　　译者早在求学过程中便对《四库全书》产生了浓厚的兴趣。译者曾师从《四库全书》研究专家陈晓华教授，后于中国人民大学文献学和史学史专业攻读硕士和博士，师从李晓菊和牛润珍教授，并上过黄爱平等诸位文献学专家的相关课程。读博期间又有幸去美国普林斯顿大学进行学术交流，师从艾尔曼教授，而盖博坚教授此书被他列入研究生阅读讨论课的书单中。因此，译者在美国访学期间，便格外留心地阅读了这部英文世界迄今为止唯一一部专门以《四库全书》纂修问题作为研究对象的专著，并开始了对该书的初步翻译工作。回国后，译者继续翻译该书，并与作者盖博坚教授取得了联系。在此过程中，译者得知多年前中国人民大学阚红柳老师曾有意翻译该书，但因各种原因译稿未成。承蒙诸君鼓励，译者终于坚持完成了译稿。

　　译者2018年10月交稿，又承蒙盖博坚教授为中文版撰写了序，十分感谢。在翻译过程中，曾多次向原作者及其他学者求教，这里不再一一致谢。译稿多遵循直译原则，力求"信、达"，而"雅"尚不足；原书中由中文译成英文的文本，尽量恢复为中文文本，尤其是独立成段的长引文。正文中出现的外文书名译成中文；注释及参考文献中出现的外文资料信息（包括作者、译者、书名、文章名、发表刊物、出版信息等）保留外文。书中人名、地名、书名、职名等专有名词主要借鉴文末所列的中英对照词汇表；未能列出者，也尽量经过多方考证，译为中文。为方便读者阅读书中相关内容，译者保留了原书索引，并译成中文。同时，也以边码形式保留了英文原书页码，以便读者查阅英文原文。此外，《四库全书》的海外译名有很多种，比如 Complete Library in Four Sections, Imperial Collection of Four, Emperor's Four Treasuries, Complete Library in Four Branches of Literature, Complete Library of the Four Treasuries。盖博坚的"Emperor's Four Treasuries"只是其中的一种。作者采用这种译法，是为了强调皇帝在《四库全书》编纂中发挥的作用，这也是书中一个很重要的主旨，因此中译本书名为《皇帝的四库》。

盖博坚教授在三十年前完成这部著作时，译者还未出生。当时中国第一历史档案馆（北京）的档案还未开放，经整理出版的《四库全书》纂修档案也十分有限，书中所用相关一手材料多来自台北"故宫博物院"。当时尚无便捷的计算机信息检索和输入技术，档案文献都由作者逐条查询，手写抄录，再用老式打字机打印，令我辈佩服不已。译稿即将付梓，黄爱平教授的《四库全书纂修研究》和陈晓华教授的《〈四库全书〉与十八世纪的中国知识分子》等中国学者有关《四库全书》的研究著作为本书翻译提供了重要参考，在此谨对各位作者表示感谢。感谢本书原作者盖博坚教授，以及中国人民大学李晓菊、孔庙和国子监博物馆白雪松、中国社会科学院语言所连佳鹏、扬州大学王大文等各位学者，他们为译稿核校提供了宝贵意见。感谢中国政法大学刘雪梅同学帮助录入英文原文索引。感谢中国人民大学出版社王琬莹和李文等编辑，她们为译稿的编校出版付出了辛勤劳动。

译稿仓促出版在即，心中惴惴不安，恳望诸君指正。

郑云艳

2019 年 4 月 10 日

The Emperor's Four Treasuries: Scholars and the State in the Late Ch'ien-lung Era

By R. Kent Guy

First published by the Harvard University Council on East Asian Studies, Cambridge, Massachusetts, USA, in 1987.

Copyright © 1987 by the President and Fellows of Harvard College

Translated and distributed by permission of the Harvard University Asia Center.

Simplified Chinese version © 2019 by China Renmin University Press

All Rights Reserved.

图书在版编目（CIP）数据

皇帝的四库：乾隆朝晚期的学者与国家/（美）盖博坚（R. Kent Guy）著；郑云艳 译. —北京：中国人民大学出版社，2019.10
ISBN 978-7-300-26950-4

Ⅰ.①皇… Ⅱ.①盖… ②郑… Ⅲ.①中国历史-研究-中国-乾隆（1736—1795） Ⅳ.①K249.307

中国版本图书馆CIP数据核字（2019）第082577号

海外中国研究文库
皇帝的四库：乾隆朝晚期的学者与国家
［美］盖博坚（R. Kent Guy） 著
郑云艳 译
Huangdi de Siku: Qianlongchao Wanqi de Xuezhe yu Guojia

出版发行	中国人民大学出版社			
社　　址	北京中关村大街31号	邮政编码	100080	
电　　话	010-62511242（总编室）	010-62511770（质管部）		
	010-82501766（邮购部）	010-62514148（门市部）		
	010-62515195（发行公司）	010-62515275（盗版举报）		
网　　址	http://www.crup.com.cn			
经　　销	新华书店			
印　　刷	涿州市星河印刷有限公司			
规　　格	160 mm×230 mm　16开本	版　次	2019年10月第1版	
印　　张	16.75　插页3	印　次	2020年4月第2次印刷	
字　　数	270 000	定　价	69.00元	

版权所有　侵权必究　　印装差错　负责调换